F

Pour leMé

rite

Franz Kurowski

Panther nach vorn!

Mit der Panzer-Lehr-Division bis zum bitteren Ende

- Normandie
- Ardennen
- Ruhrkessel

Pour le Mérite

Titelseite: Collage unter Verwendung eines Fotos von SV-Bilderdienst/Scherl;
oben Mitte: Generalleutnant Fritz Bayerlein; oben rechts: Generalmajor Horst Niemack

Bibliographische Information der Deutschen Bibliothek
Die Deutsche Bibliothek verzeichnet diese Publikation in der Deutschen Nationalbibliographie; detaillierte bibliographische Daten sind im Internet über http://dnb.ddb.de abrufbar.

ISBN 978-3-932381-70-6

Pour le Mérite – Verlag für Militärgeschichte
Postfach 52, D-24236 Selent

Gedruckt in Österreich

1

KEIMZELLEN DER PANZER-LEHR-DIVISION

Eine der Keimzellen der Panzer-Lehr-Division war das Panzer-Lehr-Regiment, das im Jahre 1938 bei der Panzertruppen-Schule in Wünsdorf bei Berlin aufgestellt wurde. Teile dieses Regimentes rückten mit der 3. Panzer-Division in den Polenfeldzug. Auch am Westfeldzug waren Teile des Regimentes beteiligt. Im Herbst 1940 bestand das Pz.Lehr-Rgt. aus der

I. Abteilung: 1. — 4. Kompanie; Panzer.
II. Abteilung: 5. — 8. Kompanie; Schützen (spät. Panzergrenadiere).
III. Abteilung: 9. — 12. Kompanie; Panzer-Abwehr (spät. Panzerjäger).

Im Sommer 1941 wurde das Pz.Lehr-Rgt. zum Einsatz im Rußlandfeldzug aufgeteilt. Die I. Abteilung wurde abermals einer Panzerdivision unterstellt. Sie kam in Rußland nicht zum Schlagen, sondern kehrte nach Abgabe von Gerät und Waffen nach wenigen Monaten des Einsatzes nach Wünsdorf zurück.

Die II. (Schützen)-Abteilung wurde zusammen mit dem I. Bataillon (mot) des Inf.Lehr-Rgts. Döberitz, unter Oberst Müller-Bülow, einer Artillerie-Abteilung des Art.Lehr-Rgts. Jüterbog, einer Nachr.Lehr-Kp. (Halle) und der San.Lehr-Kp. (Berlin-Reinickendorf) zur Lehrbrigade (mot) 900 zusammengefaßt und in Ostpreußen ausgebildet. Hinzu kam noch der 1. Zug der Aufkl.Lehr-Abt. Krampnitz.

Kommandeur der Lehrbrigade wurde Oberst Walther Krause von der Infanterie-Schule in Döberitz. Als taktisches Zeichen erhielt die Lehrbrigade 900 einen Turm mit einem stilisierten L (der Turm war das Symbol für den Turm des Reichssportfeldes in Berlin).

Die Lehrbrigade 900 war als voll motorisierter Verband mit Räder- und Halbkettenfahrzeugen ausgerüstet. Keiner der in dieser Einheit zusammengefaßten Verbände hat mit dem anderen gemeinsam eine Einsatzübung durchgeführt.

Mit dem ersten Tag des Rußland-Krieges stand die Lehrbrigade 900 im Einsatz. Über Thorn und Suwalki ging der Vormarsch nach Wilna. Die Kessel von Minsk, Lepel, Witebsk und Smolensk waren die nächsten Einsätze. Nordwestlich Smolensk, an den Flüssen Wopj, Wotrja und Zarewitsch, erlitt die Brigade im ersten Großeinsatz schwere Verluste, als sie als Abschirmung des Smolensker Kessels gegen Nordost im Raume Duchowtschschina kämpfte.

Nach dreiwöchigen Abwehrkämpfen nahm sie an dem Vorstoß über Beloj auf Rshew teil. Hier wurde sie abermals eingesetzt, als die Sowjets am 5. August 1941 mit starken Panzerkräften die deutsche HKL zu durchbrechen versuchten.

Mit einer Pak 41 stand an einer der gefährlichsten Stellen Unteroffizier Kintzel von der 2./Pz.Jg.Abt. 900. Er war eben erst mit seiner Pak in Stellung gegangen, als die ersten T 34 und KW 1 zum Angriff angerollt kamen. Aus 800 m nahmen die Panzerjäger den Gegner unter Feuer. Nach zwei Schuß war der erste T 34 durch Unteroffizier Kintzel ausgeschaltet. Zwei weiteren T 34 ging es nicht besser. Dann tauchte 200 m rechts von der Pak ein KW 1 auf. Die Pak drehte, doch nach fünf Abschüssen waren die übrigen Gegner bis auf 50 m an das einzelne Geschütz herangekommen. Unteroffizier Kintzel konnte beobachten, wie eines der Pak-Geschosse den Turm eines T 34 durchschlug.

Die Panzergrenadiere waren durch die Wucht des russischen Angriffes zurückgeworfen worden. Das Pak-Geschütz Kintzel stand nun völlig isoliert. Als dann auch die russische Infanterie stürmte, mußte das Geschütz aufgegeben werden. Es fiel — da keine Sprengmittel zur Verfügung standen — mit den letzten 10 Schuß Munition in russische Hand. Die deutsche HKL wurde einige hundert Meter zurückgenommen.

Am 6. August erkannte der VB, daß ein russischer Aufklärer neben dem Geschütz landete und kurz darauf wieder aufstieg. Da das Geschütz noch im Feuerbereich der eigenen Artillerie lag, hätte es durch Artilleriebeschuß vernichtet werden können. Unteroffizier Kintzel wurde mit dem Eisernen Kreuz I. Klasse ausgezeichnet.

In den frühen Morgenstunden des 8. August durchbrachen die Sowjets dann nach starker Artillerie-Vorbereitung, aus dem Raume Gorbatowsky angreifend, den Abschnitt des II./I.R. 56 und standen bald darauf mit ihren Angriffsspitzen 3 km ostwärts Lossewo. Das in Reserve des V. A.K. liegende I.R. 900 wurde sofort zum Gegenstoß angesetzt und trat mit seinem II. Btl. und unterstellter 14. Kp. um 9.00 Uhr an. Abermals wurde die 2./Pz.Jg.Abt. 900 als Pakreserve zum Regiments-Gefechtsstand befohlen, da mit feindlichen Panzern zu rechnen war.

Um 14.00 Uhr blieb das II. Btl. in Höhe Sujewa im gegnerischen Panzerangriff liegen. Es gelang ihm, nach wechselvollen Kämpfen, die sowjetische Infanterie abzuwehren. Doch die schweren russischen Panzer blieben zwischen den deutschen Schützenlöchern stehen und nahmen alles unter Feuer, was sich sehen ließ.

Zur Vernichtung dieser Panzer wurde der 5-cm-Pakzug alarmiert, der durch einen Offizier des Regimentes eingewiesen wurde. Pak-Zugführer war Leutnant Oventrop. Es gelang Leutnant Oventrop, der allein seinem Zuge vorauseilte, den Gefechtsstand des II./I.R. 900 zu finden. Nach kurzem Einblick in die Lage nahm Oventrop Verbindung mit dem Chef der 7. Kp. auf, in dessen Abschnitt sämtliche Feindpanzer standen. Dann befahl er zwei 5-cm-Pak im Mannschaftszug nach vorn.

Zwischen Bäumen und Sträuchern und mitten durch fast undurchdringliches Buschwerk arbeiteten sich die beiden Geschütze auf die ständig wechselnden Panzerstellungen vor. Bis auf 30 Meter gelangten sie an die vordersten Feindpanzer heran.

Leutnant Oventrop berichtet darüber:
„Feuerbefehl — Schuß — Treffer — Stichflammen. Ein Panzer, der zweite, der dritte stehen in Flammen. Die Mannschaften sind tot oder verwundet. Ein paar können auch infolge des günstigen Geländes entkommen. Nun wird auch die feindliche Artillerie wach. Sie belegt unsere Geschütze mit Feuer aller Kaliber. Doch sie vermag den Bedienungen nur geringe Verluste zuzufügen. Ausdauer, Mut und Entschlossenheit der Pak-Bedienungen lassen den Gegner zurückweichen. Gegen 19.00 Uhr steht der Zug wieder zur weiteren Verfügung 1 km ostwärts Sujewa aufgeprotzt bereit."

Anfang Oktober wurde die Lehrbrigade 900 der 14. I.D. (mot) unterstellt und stieß auf Kalinin vor. Kalinin wurde genommen und nordöstlich Kalinin, bei Thoshok, kam es abermals zu starken Kämpfen. Der weitere Vorstoß ging in Richtung Klin. Die Lehrbrigade 900 stieß bis 35 km nordwestlich Moskau vor. Hier überraschte sie der grimmige Winter des Jahres 1941. Der kälteste Winter seit 150 Jahren in Rußland. Der russische Gegenangriff begann. Im Zuge der Rückwärtsbewegungen erreichte die Brigade Kalinin. Major Georg Scholze, der Chef des I. Bataillons, bewährte sich hier als Mann, der seinen Soldaten mit dem guten Beispiel voranging.

Anfang März 1942 wurden die letzten Teile der Brigade aus der Front herausgelöst und zu ihren Stamm-Einheiten nach Wünsdorf und Döberitz zurückverlegt. Die Lehrbrigade 900 wurde aufgelöst.

Noch im gleichen Jahre wurden das I./Inf.Lehr-Rgt. Döberitz und das II./Pz.Lehr-Rgt. Wünsdorf zu einem geschlossenen Kampfverband zusammengefaßt. Dieser Verband wurde Lehr-Rgt. 901 genannt (das spätere Pz.Gren.Lehr-Rgt. 901 der P.L.D.).

Das Regiment wurde nach Rußland in Marsch gesetzt und gelangte während der Winterkämpfe 1942/43 im Raume Starobjelsk zum Einsatz. In den harten Winterkämpfen bewährte es sich unter Führung von Oberst Scholze in ständig heftiger werdenden Kämpfen. Am 31. Dezember 1942 war es vor allem das II./Pz.Gren.Rgt. 901, das im Raume Strelzowka zum Angriff bereitstand. Unter Führung von Major Kübler leisteten die Männer Außerordentliches.

Am 19. Februar 1943 erhielt Oberst Scholze den Befehl, das Regiment zurückzunehmen. In den folgenden Tagen versah das Regiment Sicherungsaufgaben vor der eigenen HKL. Die verschneiten Straßen verwandelten sich in Moräste. Die Schlammperiode 1943 setzte ein. Am 24. Februar wurde der Einsatz des Regimentes durch die Verleihung des Ritterkreuzes an Oberst Georg Scholze gewürdigt.

Über der harten Lebensschule von Oberst Scholze standen die schlichten Worte: „Mehr sein als scheinen!"

Dieser Offizier hatte sein Regiment in den schweren Wochen des Rußland-Einsatzes in allen Abwehrkämpfen selbst geführt. Seine Soldaten lernten ihn nicht nur als einen Kommandeur kennen, der bei seinen Entscheidungen großes taktisches Können verriet. Sie erkannten auch, daß der höchste Wert dieses Offiziers auf der Tiefe eines Verantwortungsbewußtseins beruhte, das neben dem erfahrenen Soldaten auch einen echten Menschen und guten Kameraden enthüllte. Georg Scholze sah in der Verleihung des Ritterkreuzes die Überbewertung einer für ihn selbstverständlichen Pflicht. Seine Soldaten jedoch wußten, daß keiner diese Auszeichnung mehr verdiente, als er.

Das Regiment hatte an den Brennpunkten der Kämpfe Brückenköpfe gebildet. Es hatte zäh verteidigt und immer wieder gehalten und seine Pflicht getan.

Am 27. März konnten die Grenadiere den über den Donez angreifenden Gegner im Gegenstoß wieder über den Fluß zurückwerfen. Abermals war das II. Btl. unter Major Kübler maßgeblich am Erfolg beteiligt. Ende April 1943 wurde das Regiment aus der Front herausgelöst und im Eisenbahntransport wieder nach Wünsdorf zur Auffrischung zurückverlegt. Dort war zur gleichen Zeit das Pz.Lehr-Rgt. Wünsdorf aufgestellt worden. Das Lehr-Rgt. 901 blieb als Regiment bestehen. Zusammen mit dem Pz.Lehr-Rgt. wurde es ab Mitte Juli 1943 von Wünsdorf nach Fallingbostel/Örbke verlegt, da die Kasernen in Wünsdorf für das OKH benötigt wurden.

Im Oktober verließ das Restkommando des Pz.Lehr-Rgts. unter Leutnant Kues Wünsdorf.

Das Pz.Gren.Lehr-Rgt. hatte schon Anfang Mai 1943 den Befehl erhalten, folgende neue Einheiten aufzustellen:

1. 9. (s.I.G., Sfl)-Pz.Gren.Lehr-Rgt.
2. 10. (Fla-MG)-Kp.

Kompaniechef der 9. Kp. wurde Oberleutnant Hennecke. Die Stämme der beiden Kompanien wurden zu 1. aus der Inf.Gesch.Ers.Kp. Burg/Magdeburg und zu 2. vom Pz.Gren.Rgt. 69 gestellt.

Am 8. Juni wurden diese beiden Kompanien durch den Regiments-Adjutanten, Hauptmann Weber, in Ludwigsburg besichtigt. Von hier aus traten sie den Marsch nach Wünsdorf an.

Im Juli trafen hier auch die Sfl-Geschütze ein. Es waren Skoda-Panzer T 34 mit eingebauter 15-cm-Kanone. Die amtliche Bezeichnung lautete: 15 cm schweres Infanteriegeschütz 33/1 auf Sfl 38.

Anfang August 1943 war die Kompanie einsatzbereit und stellte diese Bereitschaft bei ihrem ersten Scharfschießen unter Beweis, dem auch der Regimentskommandeur, Oberst Scholze, beiwohnte. Mitte August wurde diese Kompanie dann im Zuge der Verlegung nach Fallingbostel in Marsch gesetzt. Hier erreichte sie am 16. September 1943 der Einsatzbefehl für Italien.

Am 17. September begann das Verladen. Auf dem Bahnwege ging es über Hannover — Magdeburg — München — Wien — Postumia nach St. Pietro del Carso. Hier wurde die Kompanie in einer ehemaligen italienischen Kaserne untergebracht und trat wenig später den Vorstoß in das dalmatinische Bandengebiet an. Das ganze Regiment traf im Laufe des September im Raume Dalmatien ein und wurde zur Partisanenbekämpfung eingesetzt.

Vom 20. September 1943 bis zum 14. Januar 1944 stand das Regiment in teilweise erbitterten Kämpfen. Hier wurde zum erstenmal der Flammenwerferzug eingesetzt, der aus vier zu Flammpanzern umgebauten SPW bestand. In den Räumen Fiume, Dugaresa und Tuzla kam es teilweise zu gnadenlosen Kämpfen. Oberleutnant Philipps erhielt hier für seinen persönlichen Einsatz und den Einsatz seiner Kompanie in diesen Kämpfen am 14. April 1944 das Ritterkreuz.

Am 16. Januar 1944 wurde das Regiment 901 in Agram verladen und erreichte — wieder im Bahntransport — über Wien — München — Straßburg den Raum Nancy, wo es zur neu aufgestellten Panzer-Lehr-Division stieß.

Neben der Lehrbrigade 900 war es also das Pz.Gren.Lehr-Rgt. 901, das zu den Eckpfeilern der neuen P.L.D. wurde und sich in den nachfolgenden schweren Kämpfen bis zum Kriegsschluß immer wieder bewährte.

2

GEBURTSSTUNDE DER PANZER-LEHR-DIVISION

Als am 30. Dezember 1943 mit Fernschreiben OKH/Chef H. Rüstung und BdE/AHA Gr. (I) Nr. 7190/43 g. Kdos. die Verlegung der Lehrregimenter der Panzertruppenschule I (Bergen), der Panzertruppenschule II (Krampnitz) und des Kommandostabes der Panzertruppenschule II nach Frankreich befohlen wurde, hatte die Geburtsstunde der Panzer-Lehr-Division geschlagen.
Das Vorkommando des Panzer-Lehr-Regimentes wurde nach Lunéville in Marsch gesetzt, während das Pz.Gren.Lehr-Rgt. 901 und der Kommandostab der Panzertruppenschule II nach Nancy fuhren. Am 5. Januar 1944 erfolgten dann Verladung und Abtransport der Teile aus Bergen und Krampnitz. Einen Tag später jedoch bat der Generalinspekteur der Panzertruppen, Generaloberst Guderian, mit Fernschreiben um eine von der Anordnung abweichende Unterkunft der neuen Panzer-Lehr-Division. Nach diesem Fernschreiben wurde die neu aufzustellende Division wie folgt untergebracht:

In Nancy:

Div.Stab und Div.Begl.-Kompanie
Pz.Gr.Rgt. I (Anm. 901) mit
Rgts.Stab, Rgt.-Einheiten und
I. Btl. Pz.Aufkl.Lehr-Rgt.

In Verdun:

Panzer-Lehr-Regiment
II./Pz.Gren.Rgt. 901
Pz.Jäg.Lehr-Abteilung
Panzer-Pionier-Bataillon
II./Artillerie-Regiment
Flak-Artillerie-Abteilung 311

In Lunéville:

Pz.Gren.Lehr-Regiment II (Anm. 902).

Um das Panzer-Lehr-Regiment überhaupt nach Verdun bringen zu können, mußte die Eisenbahnbrücke über die Maas in Verdun erst für die Benutzung durch Tiger- und Panther-Panzer hergerichtet werden. Die vorhandene 20-Tonnen-Straßenbrücke wurde durch ein Brückenbau-Bataillon auf 70 Tonnen Tragkraft verstärkt.

Am 7. Januar 1944 trafen die ersten Teile der Division in Verdun und Lunéville ein. Die restlichen Teile folgten am 8. Januar. Am 9. Januar verlegte das II. Pz.Gren./Pz.-Lehr-Regiment im Landmarsch von Verdun nach Lunéville.

Die im Aufstellungsraum eingetroffenen Einheiten der neuen Panzer-Lehr-Division wurden von Major i. G. Kurt Kauffmann, dem ehemaligen Ordonnanzoffizier von Generalmajor Fritz Bayerlein, geführt. Zum Kommandeur dieser neuen Panzer-Lehr-Division, die die bestausgerüstete Panzer-Division werden sollte, hatte der Generalinspekteur der Panzertruppen den Generalmajor Fritz Bayerlein vorgesehen. Generalmajor Bayerlein hatte schon während des ersten Jahres des Rußland-Feldzuges unter Guderian gedient. Als Stabschef der Panzerarmee Afrika hatte er in der Marethstellung unter General Messe das DAK vor der drohenden Gefangennahme bewahrt und es zurückgeführt. Nach Ende des Afrika-Feldzuges war Fritz Bayerlein wieder zur 3. Panzer-Division zurückgekehrt, die ihn mit Freuden aufgenommen hatte. Generalmajor Groling, der vorübergehend bis zum Eintreffen von Generalmajor Bayerlein die Division führte, sollte Mitte Januar 1944 die 21. Panzer-Division übernehmen.

In einer ersten Besprechung des Ia, Major Kauffmann, mit seinen Sachbearbeitern am 13. Januar 1944 stellte sich heraus, daß der Aufstellungsbefehl der Panzer-Lehr-Division große Lücken aufwies. Es wurde demzufolge mit Fernschreiben beim Generalinspekteur der Pz.Tr. die Aufstellung der fehlenden Teile gefordert.

Die fernmündliche Rücksprache von Major Kauffmann mit dem Chef des Generalinspekteurs der Pz.Tr., Generalmajor Thomale, am 15. Januar hatte die lückenhafte Kriegsgliederung der Division zum Gegenstand. Großzügige Hilfe wurde zugesagt. Statt des mobmäßig vorgesehenen Pi.Lehr-Bataillons (mot) sollte ein Pz.Pi.Btl. und ein Brüko neu aufgestellt und der Division zugeführt werden. Die Zuführung einer Art.Abt. (SF) wurde vom Gen.Insp. beim OKW/Heeresstab gefordert und auch zugesichert. Damit entfiel die mobmäßige Bereitstellung der le.Art.Abt. durch die Art.-Schule Mourmelon. Die Eingliederung einer Tiger-II-Kompanie in das Pz.Lehr-Rgt. wurde ebenfalls angekündigt.

Alle diese Vorarbeiten für die Aufstellung der Division zur stärksten deutschen Panzerdivision, der nach den Worten des Generalinspekteurs die Aufgabe zufallen würde, einen an der Atlantikküste landenden Gegner im Gegenstoß ins Meer zurückzuwerfen, stießen auf Schwierigkeiten.

Nach einer Besprechung mit dem Kommandeur der Pz.Jäg.Lehr-Abt., Major Joachim Barth, bat Major Kauffmann den Generalinspekteur, die Pz.Jäg.Lehr-Abt. mit dem neuen Panzer-Jäger IV auszurüsten, falls die Abteilung nicht in absehbarer Zeit mit dem Panzer-Jäger Tiger ausgerüstet werden könne. Immer wieder wurden alle diese Ausrüstungsfragen fernmündlich und über Funk angeschnitten, um die Aufstellung so schnell wie möglich durchführen zu können. Gleichzeitig ging folgender Antrag über Fernschreiber an den Generalinspekteur:

1. Antrag zur Aufstellung eines Werkstatt-Zuges für die Pz.Jäg.Lehr-Abt. Da Instandsetzung der Kriegsgliederungsmäßig zustehenden 2 Vollketten-Kompanien mit der I-Staffel allein nicht gewährleistet ist, wird
2. um Auffüllung der Pz.-Werkstatt-Kompanie (ohne 2. Zug) des Pz.Lehr-Rgts. auf eine volle Werkstatt-Kompanie gebeten, damit Instandsetzung des um Tiger- und FKL-Kompanien verstärkten Rgts. sichergestellt und außerdem noch die zugesagte Art.Abt. (Sf) instandsetzungsmäßig auf das Pz.Lehr-Rgt. angewiesen werden kann.

Nach einer fernmündlichen Mitteilung des Generalinspekteurs der Panzertruppen vom 17. Januar sollten die Pz.Gren.Regimenter, die Pz.Aufkl.Abt. und die Panther-Abteilung nach der freien Gliederung aufgestellt werden. Das heißt, die Abteilung, bzw. das Bataillon, besteht aus den Gefechtskompanien ohne Trosse und einer Versorgungskompanie. Letztere hat die Aufgabe, die zentrale Versorgung der Gefechtskompanien durchzuführen.

Einen Tag später traf die Mitteilung des Generals der Pioniere ein, daß das Pi.Btl. für die Division in Holzminden aufgestellt werde. Aufstellender Truppenteil sei die Pionier-Schule in Dessau-Roßlau.

Nacheinander erreichten die einzelnen Einheiten die Unterkunftsräume der Division. Mit der am 23. Januar 1944 in Nancy eintreffenden 2./Pz.Gren.Lehr-Rgt. 901 war das Regiment 901 mit allen Teilen im Divisionsbereich eingetroffen. Sein Kommandeur, Oberst Scholze, befand sich seit dem 19. Januar in Nancy.

Am 24. Januar 1944 erschien in den späten Abendstunden der Kdr. der Pz.Tr.-West, General der Panzertruppe von Geyr, auf dem Divisions-Gefechtsstand. In einer Besprechung mit Major Kauffmann wies General von Geyr besonders auf folgende Punkte hin:

1. Schulung der Kampfgruppenführer in der Gefechtssprache.
2. Aufgelockerte Gefechtsform, nicht nur die Bewegung der Truppe, sondern auch ihr Feuer muß sorgfältig organisiert werden. Diese Organisation muß sich nicht nur auf den Beginn, sondern vor allem auf den weiteren Verlauf des Gefechtes erstrecken.
3. Angriff in Breite und Tiefe ansetzen.

Ferner wünschte der Kdr.d.Pz.Tr.-West, daß Ver- und Entladeübungen bei Tag und Nacht durchgeführt würden; auf freier Strecke und in enger Fühlung mit dem Luftwaffen-Verbindungsoffizier der Heeresgruppe D.

Die besonderen Schwierigkeiten, die bei der Aufstellung der Division auftraten, wurden in einem Brief vom 27. Januar Generaloberst Guderian mitgeteilt. Als Vorbereitung für einen bevorstehenden Einsatz befahl die Division vorsorgliche Straßenerkundung. Es waren in dem Bewegungsstreifen der P.L.D. 2 Haupt- und 2 Nebenstraßen festzulegen, die zur Verlegung der gesamten Division einschließlich Tiger und Panther geeignet sein mußten. Am gleichen Tage noch rief General Bayerlein an, der nach Vortrag von Major Kauffmann die sofortige Verlegung der Artillerie in den Divisionsbereich forderte, um ihre Zusammenarbeit mit allen Verbänden der Division sicherzustellen.

Als am 29. Januar auch die Heeres-Flak-Abteilung 311 in Verdun eintraf, atmete Major Kauffmann auf, denn General Bayerlein hatte noch am 28. Januar mit Nachdruck auf die Wichtigkeit der Luftabwehr für die Division hingewiesen.

Am 1. Februar 1944 kündigte der Generalinspekteur der Panzer-Truppen, Generaloberst Guderian, seinen ersten Besuch bei der Division am 18. Februar an.

Im Divisions-Tagesbefehl Nr. 4/44 vom 3. 2. 1944 legte Generaloberst Guderian folgende Aufgaben für die Division fest:

> „Ausbildung: Die vordringlichste Aufgabe ist die Zusammenschließung der Division zu einem geschlossenen Kampfverband unter Betonung der Zusammenarbeit der Waffen. Im Mittelpunkt der Ausbildung hat der unbedingte Angriffsgedanke zu stehen: er gilt gleichmäßig für alle Waffen, also z. B. auch für die Pz.Jäg.-Lehr-Abt. Rücksichtslose Zusammenfassung aller Kräfte am Schwerpunkt der Kampfhandlung bildet die Grundlage der Führung. Nachtmärsche der geschlossenen Division nach kurzfristiger Alarmierung sind zu üben. Die Division hat bis zum 1. März verwendungsbereit zu sein."

Am 4. Februar übernahm Generalmajor Bayerlein die Division. Sofort ordnete er für den 5. Februar die erste Übung an. Mit dieser Übung des Panzer-Lehr-Regimentes unter Oberst Gerhardt begann ein Abschnitt intensivster Ausbildung. Übung folgte auf Übung. Alles, was die Division im Ernstfalle zu tun hatte, wurde geübt, um die Truppe zu Härte und Kampfbereitschaft und -verwendung zu erziehen. Generalmajor Bayerlein setzte alles darein, diese junge Division, die aus so vielen Teilen zusammengesetzt war, zu einer homogenen schlagkräftigen Waffe zu machen.

Als die Ausgliederung der Heeres-Flak-Abt. 311 drohte, kämpfte der Divisionskommandeur um den Verbleib dieser Abteilung in der Division. Neben der hundertprozentigen Ausrüstung der P.L.D. mit Kettenfahrzeugen war die bestmögliche Flak-Ausrüstung die Hauptvoraussetzung für einen erfolgreichen Einsatz dieser stärksten deutschen Panzer-Division.

Am 17. Februar traf der neue Ib der Division, Hauptmann Berend Werncke, von der Kriegsakademie bei der Division ein. Am gleichen Tage erfuhr General Bayerlein von der Absicht des OKW, die Division nach ihrer Aufstellung in den Bereich des AOK 19 zu verlegen. In einem Fernschreiben an den Generalinspekteur nahm General Bayerlein gegen diese Absicht Stellung. Der Kernpunkt seiner Stellungnahme lautete:

„Eine Verlegung der Division, ohne daß sie voll für den Großkampf einsatzbereit ist, könnte zu ähnlichen Katastrophen führen, wie sie bei zwei anderen Panzer-Divisionen im Osten in gleichen Fällen eingetreten sind. Bei der einmaligen Ausstattung der Division und den großen Erwartungen, die höchste Stellen in die Division setzen, wäre dies s e h r bedauerlich."

Bei seinem Besuch am 18. Februar 1944 untersagte Generaloberst Guderian der Division, irgendwelchen Stellen Termine für Beendigung der Ausbildung und Aufstellung zu nennen. Er behielt sich die Festsetzung des Termines selbst vor.

In dreitägigen Übungen aller Einheiten konnte sich Generaloberst Guderian davon überzeugen, daß der Divisions-Kommandeur alles getan hatte, um seine neue Division bestmöglich auszubilden. Im Grand-Hotel in Nancy gab er der Überzeugung Ausdruck, daß die Division ihre große Aufgabe — die ihr bei einer kommenden Invasion zufallen würde — erfüllen würde. Um zu gewährleisten, daß dieser Division alle Mittel zur Verfügung gestellt würden, ließ Generaloberst Guderian sie sich am 26. Februar direkt unterstellen.

Am 6. März ging dann ein Anruf des Ia/Pz.Gruppe-West bei der Division ein. Er lautete:

„Division wird in den Raum Wien verlegt. Transportbewegung Kartoffel. Beginn 8. März 1944, 00.00 Uhr. Ende 13. März 1944."

Gleichzeitig traf der Verlegungsbefehl der Panzergruppe West ein. Generalmajor Bayerlein ließ seine Kommandeure um 10.00 Uhr zu einer Besprechung zusammenrufen. Das Vorkommando wurde zusammengestellt und der Abmarsch dieses Kommandos für den 7. März 1944, 06.00 Uhr, auf dem Landmarsch befohlen.

Mit der Verlegung der Division in den Raum südostwärts Wien schloß eine zehnwöchige Aufstellungs- und Ausbildungszeit ab.

3

IN WIEN UND BUDAPEST

Übungen, Übungen

Schon Ende Februar 1944 waren aus der ungarischen Hauptstadt Meldungen nach Berlin gegangen, in denen von einer Krise gesprochen wurde. Es bestand Gefahr, daß die Ungarn überraschend — ähnlich den Italienern Anfangs September 1943 — „umfallen" würden.
Da zu dieser Zeit kaum Truppen im Raume Budapest standen, die imstande gewesen wären, die deutschen Belange zu vertreten und den Nachschubraum für den Südteil der Ostfront zu sichern, wurde die noch in der Aufstellung befindliche P.L.D. zur Verwendung in Ungarn vorgesehen. Einmal brauchte durch den Einsatz der P.L.D. keine der Kampf-Divisionen aus der Front herausgelöst zu werden; und zum anderen traute man der P.L.D. die Erfüllung dieser Aufgabe trotz der nicht abgeschlossenen Ausbildung zu.
Die P.L.D. würde im Einsatzraum dem dort stehenden LVIII. Reserve-Panzer-Korps (Generalleutnant Krüger) unterstellt werden. Da die Stellung des ungarischen Heeres noch nicht geklärt war, stand auch eine Auseinandersetzung mit ihm zu befürchten. Die P.L.D. wurde angewiesen, j e d e n Widerstand mit Waffengewalt zu brechen. Andererseits sollte das ungarische Heer jedoch — wenn eben möglich — für die deutschen Belange eingesetzt werden.
Ob nach der Besetzung von Budapest und Entwaffnung des ungarischen Heeres (falls dies erforderlich sein sollte) eine neue National-Regierung eingesetzt, oder aber Ungarn eine Gouvernement-Regierung bekommen würde, stand noch nicht fest. Sicher war nur, daß die P.L.D. in Ungarn fast auf sich allein gestellt sein würde; und daß sie in dieser Situation in Ungarn, wo es unter der politischen Oberfläche gärte, und wo sie zugleich „Gast der ungarischen Wehrmacht" sein sollte, einen schweren Stand haben würde.

Am 8. März 1944 traf das Vorkommando des Divisions-Stabes in Wien ein. Hier wurde in einer Besprechung mit dem Komm. General des LVIII. Res.Korps — Generalleutnant Krüger — und dem Ib des Gen. Kdos. XVII. A.K. der Unterkunftsraum der Division festgelegt, der sich nördlich und ostwärts des Neusiedler Sees befand. Da hier wenig Unterkünfte verfügbar waren, wurden vor allem Teile des Pz.Gren.Lehr-Rgts. 901 auf dem Truppenübungsplatz Bruck an der Leitha untergebracht. Durch Fernschreiben bat der Ia der P.L.D. am 9. März alle an der Aufstellung beteiligten Stellen darum, die Nachschubtransporte beschleunigt nach Bruck an der Leitha umzuleiten. Noch am gleichen Tage traf die Pz.Aufkl.Lehr-Abt. 130, unter ihrem Kommandeur Hauptmann Gerd von Born-Fallois, dort ein.

In der Besprechung am 10. März bei Generalleutnant Krüger, dem die P.L.D. unterstellt wurde, erfolgte die Einweisung zum Einsatz der Division. Sie gehörte nun zu den Truppen, die sich im Raume Belgrad, Wien und Breslau sammelten. Sie sollten Ungarn vorbeugend besetzen, um einen Abfall zu verhindern.

Die P.L.D. erhielt Auftrag, zwei Kampfgruppen unter Führung eines Regimentsstabes zu bilden, diese am 17. März vormittags in sechs Zügen zu verladen und im Eiltransport bis zum Abend des gleichen Tages nach Budapest zu bringen. Dort seien die wichtigsten Gebäude zu besetzen und die ungarischen Truppen zu entwaffnen. Nähre Einzelheiten würde Generalmajor Bayerlein am 13. März durch General von Pfuhlstein, den Führer der „Aktion Trojanisches Pferd", erhalten. Rechts von der P.L.D. würde die 16. SS.-Pz.Gren.Div. auf das Industriegebiet westlich Budapest vorgehen.

In der Besprechung am 11. März 44 mit Generaloberst Guderian beschloß der Generalinspekteur nach Vortrag, sich bei der Heeresgruppe dafür zu verwenden, daß die Division von der Aufgabe „Trojanisches Pferd" entbunden werde, da dies eine Zersplitterung der Division bedeuten würde.

Die Heeresgruppe lehnte diesen Vorschlag ab. So wurden am 12. März die beiden Kampfgruppen gebildet und Ritterkreuzträger Oberst Joachim Gutmann, der Kommandeur des Pz.Gren.Lehr-Rgts. 902, mit deren Führung beauftragt.

Laufend trafen in diesen Tagen die Einheiten im neuen Unterkunftsraum ein. Um die Verlegung der Division in den Raum südostwärts Wien zu tarnen, wurde der Truppe durch Korpsbefehl als neue Aufgabe die Vorbereitung einer Frühjahrsoffensive im Osten bekanntgegeben.

Am 15. März wurde die Kampfgruppe „Trojanisches Pferd" verladen. Generaloberst Guderian, der die Division am gleichen Tage besuchte, sprach vor den versammelten III./A.R. 130, Pz.A.L.A., und I./Pz.Rgt. 6. Er wies auf die Lage des Reiches unter besonderer Berücksichtigung der Ostlage hin und betonte die Stärke der Division und den Grundsatz, alle Kräfte zusammenzufassen. Abschließend sagte er:

„Ich bin der festen Überzeugung, daß diese Division unter ihren hervorragenden Kommandeuren und mit ihrer vorzüglichen Ausstattung Großes leisten wird. Ich fordere Sie zur größten Schonung des Gerätes auf und verlange Treue zur Waffe und den Willen zum Sieg. Es gibt für uns nur eines: Sieg oder Untergang, aber keinen Kompromiß."

Den Offizieren gegenüber brachte er anschließend zum Ausdruck, daß sich eine Division auf die Dauer nur von Herren führen ließe.

Durch einen Bombenangriff am 17. März auf den Südostrand von Wien und Umgebung wurde auch der Unterkunftsraum des Pz.Pi.Lehr-Btl. 130 — die Ortschaft Deutsch-Haslau — getroffen. Es gab einen Toten und drei Verletzte zu beklagen. Dieser Angriff galt ohne Zweifel den im Raum Wien versammelten deutschen Verbänden.

Am 18. März 1944 wurde dann im Rahmen einer Kommandeurbesprechung der Divisionsbefehl „Vormarsch auf Budapest" ausgegeben. Um 23.30 Uhr erfolgte die Vororientierung durch den Adjutanten des Gen. Insp., daß der Einmarsch in Ungarn mit dem Reichsverweser vereinbart sei. Das Korps befahl, daß die ungarischen Truppen nicht entwaffnet werden sollen. Nur dort, wo Widerstand geleistet würde, sei hart durchzugreifen. Einen Tag später, um 06.05 Uhr, erreichten die vordersten Einheiten der P.L.D. Raab. Die Kasernierung der Garnison wurde unter Führung von Generalmajor Bayerlein reibungslos durchgeführt. Um 07.15 Uhr wurde Komaron erreicht.

Mit der Masse der Kampfgruppe wurde gegen 14.05 Uhr der Divisionsraum um Pilisvörösvar erreicht. Um 15.00 Uhr standen die Spitzen im Raume westlich Budapest. Die Kasernierung der ungarischen Garnison Gran wurde von einem Bataillon Pz.Gren.Lehr-Rgt. 901 durchgeführt. Gegen 22.30 Uhr traf ein Korpsbefehl ein, der die Besetzung des Raumes Komaron — Stuhlweißenburg — Ascod durch die Division zum 20. März vorschrieb. Das Divisionsstabsquartier wurde in Pilisvörösvar eingerichtet.

Der Marsch auf Budapest war für die Division eine gute Übung. Es zeigten sich Mängel in der Marschdisziplin, die der Divisionskommandeur zum Anlaß für weitere Ausbildungsübungen nahm.

Am folgenden Tage traf Generalfeldmarschall von Weichs, der OB der Heeresgruppe, auf dem Divisionsgefechtsstand ein und ließ sich von General Bayerlein über den Ablauf des Einmarsches berichten. Der Chef des Generalstabes der Heeresgruppe brachte abschließend zum Ausdruck,

daß die P.L.D. nur kurze Zeit im ungarischen Raum verbringen und bald wieder nach Frankreich zurückverlegt werden würde.
Am Nachmittag wurde der Divisionsgefechtsstand nach Gran verlegt. Hier fand am 21. März eine Besprechung aller Divisionskommandeure mit Generalleutnant Krüger statt. Es wurde den Kommandeuren eröffnet, daß die Entwicklung der politischen Lage eine Entwaffnung des ungarischen Heeres verbiete. Da es unter der politischen Oberfläche gäre, sei die Truppe in Bereitschaft zu halten. Es sei darauf zu achten, daß die Truppe Gast der ungarischen Wehrmacht und nicht Eroberer sei. Widersetzlichkeiten seien jedoch auf keinen Fall zu dulden. Guter Anzug und gutes Benehmen seien die beste Propaganda.
Die P.L.D. erhielt folgende Aufgaben zugeteilt:

1. Sofortmaßnahmen: Abschließung von Budapest für alle deutschen Verbände und Dienststellen. Beginn 23. März 1944, 18.00 Uhr. Für später sollten planmäßige Besichtigungsfahrten vorgesehen werden. Generale und Generalstabsoffiziere dürfen den Kordon passieren, alle anderen nur mit Bescheinigung des Komm.Generals.
2. Die Besetzung weiterer Teile Ungarns ist durch das Korps vorzubereiten.
3. Vorbereitung der Besetzung Budapests durch die Division. Die Verteilung der Truppen ist festzulegen und der Anmarsch ist zu regeln. Hierfür werden der Division
   a) sofort unterstellt:
      Rgt. Brandenburg im Raum südostwärts Budapest; SS-Fallschirm-Btl. und Fsch.Jäg.Btl. Brandenburg in Gegend 412.
   b) mit Einmarsch unterstellt:
      Gren.Rgt. (mot) 92 im Raume Czeged.
      Weitere Einzelheiten wegen Besetzung gibt Militärattaché General von Greifenberg.

   Verteilung der Truppen:
      Westufer: 1 Pz.Gren.Rgt., 1 Art.Abt., 1 Pz.Abt. und 1 Fsch.Jäg.Btl.
      Ostufer: Südabschnitt
      Gren.Rgt. (mot) 92, 4. Rgt. Brandenburg, 1 Art.Abt., 1 Pz.Kp.
      Mittelabschnitt:
      1 Pz.Gren.Rgt., 1 Art.Abt., 1 Pz.Kp.
      Nordabschnitt:
      1 Pi.Btl., 1 Pz.Kp.

Für das Verhalten in Ungarn wurden folgende Einzelheiten festgelegt:
   a) Vorsicht bei Einladungen in Zivil- und Militär-Kreisen.
   b) Requirierscheine nur im Notfall durch Regimentskommandeure.
   c) Grußpflicht mit ungarischer Wehrmacht.

d) Die Division wird beauftragt, zum ungarischen I. Korps in Budapest und zum ungarischen II. Korps in Stuhlweißenburg Verbindungs-Offiziere abzustellen. Die Aufträge dieser Verbindungsoffiziere sind: Bereinigung aller auftretenden Schwierigkeiten.

Mit der Durchführung der Besetzung des Sperrgürtels um Budapest wurde das Pz.Gren.Lehr-Rgt. 901 beauftragt. Auf Befehl des Korps hatte die Division auch noch Stuhlweißenburg zu besetzen. Noch am 21. März führte die Pz.Aufkl.Lehr-Abt. 130 den Auftrag bis 17.00 Uhr durch und besetzte Industrie- und Eisenbahnanlagen.

Major Joachim Barth, Kommandeur der Pz.Jäg.Lehr-Abt. 130, erstattete am 22. März einen Bericht über die Kfz.-Lage seiner Abteilung. Aus diesem Bericht war zu ersehen, daß die 31 Panzerjäger IV nur unvollkommen ausgerüstet waren. Major Barth, der als Hauptmann und Kommandeur der Pz.Jäg.Abt. 13, der 13. P.D., im Dezember 1942 das Ritterkreuz erhalten hatte, wußte um die Notwendigkeit einer hundertprozentigen Ausrüstung, wenn seine Abteilung im Einsatz bestehen sollte. Seine Forderung nach Ersatzteilen vor allem für die schon auf dem Antransport beschädigten Pz.Jäg. IV, wurde von General Bayerlein sofort unterstützt und durch Schreiben an das OKH / In 6 weitergeleitet.

Am Abend des 22. März wurde Major Kurt Kauffmann zum Chef des Stabes LVIII. Pz.Korps befohlen. Es wurde ihm mitgeteilt, daß sich die P.L.D. bereitzustellen habe, um auf Befehl binnen sechs Stunden in Budapest einzurücken.

Im „Divisionsbefehl Nr. 3" befahl General Bayerlein, daß sich die Division bis zum 23. März um 18.00 Uhr an die Sperrlinie Budapest heranzuschieben habe, um auf Befehl die Stadt sofort besetzen zu können. Für den Anmarsch wurden vier Straßen benannt. Die Besetzung sollte auf das Stichwort „Donaustadt" in drei Phasen erfolgen.

Der Division waren zu dem Zeitpunkt unterstellt:

4. Rgt. Brandenburg.
Gren.Rgt. (mot) 92.
SS-Fsch.Jäg.Btl.
Fsch.Jäg.Btl. Brandenburg.

Der Divisions-Gefechtsstand wurde am 23. März um 13.00 Uhr nach Budakezy verlegt.

Am Abend des 23. März stand die Division um Budapest aufmarschiert. Der 24. März ergab keine Änderung. Gegen 13.00 Uhr traf eine Weisung des Korps ein, daß eine Entscheidung nicht mehr am 24. zu erwarten sei. Auch am 25. März geschah nichts. Gegen 22.45 Uhr kam ein Anruf des Korps-Chef an den Ia der P.L.D., daß die 16. SS-Pz.Gren.Div. sofort über Budapest nach Ostungarn verlegt werde und daß die P.L.D. den Auftrag erhalte, den bisherigen Raum der 16. SS-Pz.Gren.Div. mit zu sichern. Hierzu sei aus Reserven unter einem Sonderstab ein Verband aufzustellen, der diese Aufgabe übernimmt. Der Sonderstab wurde dem Korps direkt unterstellt. Diesem Verband wurden das Pi.Bau-Btl. 798 und das Landesschützen-Btl. Ödenburg unterstellt.

Es gelang General Bayerlein durch ein Gespräch mit dem Korps-Chef zu erreichen, daß das Gren.Rgt. (mot) 92, das Brigadestärke hatte und von einem Oberst geführt wurde, diese Aufgabe übernahm. So wurde eine Zersplitterung der Division verhindert.

Es kam jedoch nicht zum Marsch auf Budapest. Eine halbe Stunde nach Mitternacht wurde vom Korps durchgegeben, daß die „Festsetzung" der ungarischen Truppen aufgehoben worden sei und daß nur die Sicherung von Brücken, Eisenbahnanlagen und Industrie-Objekten bestehen bleibe. Noch am gleichen Tage begann General Bayerlein mit der Weiterausbildung seiner jungen Division. Das Pz.Lehr-Rgt. 130 erhielt einen Übungsauftrag: „Überwinden eines Minenfeldes im Zusammenhang und unter Mitarbeit von Panzern, Panzergrenadieren und Pionieren." Das Pz.Pi.Lehr-Btl. 130 unter seinem Kommandeur Major Walter Brandt, erhielt einen Übungsauftrag, bei dem gemeinsam mit dem Schw.Brüko Brückenschlag und Fährenbau geübt werden sollte. Das Artillerie-Rgt. führte ein Schießen der Schw.Art.Abt. durch.

Am Abend des 27. März erhielt die Division durch Korps-Chef an Ia einen Erkundungsauftrag. Im Streifen rechte Grenze: Bistritz — Radauz, linke Grenze: Sabu — Mare — Stanislau sollten folgende Karpathenpässe erkundet werden:

a) Tataren- oder Jablonitzapaß.

b) Stielpaß.

Folgende Dinge sollten festgestellt werden:

1. Der Straßenzustand (Breite, Gegenverkehr, Steigungen und Kehren, Tragkraft der Brücken).
2. Sperrmöglichkeiten.
3. Schneeverhältnisse.
4. Wegezustand außerhalb der Straßen für Infanterie, motorisierte Truppen und Panzer.
5. In welcher Zeit und mit welchen Mitteln sind die Pässe befahrbar zu machen?

Diese Erkundung war innerhalb von drei Tagen durchzuführen. Ab Debrecin war durch Draht oder über Funk dem Id/Heeresgruppe das Ergebnis zu melden.

Mit dieser Entwicklung schien sich ein Einsatz in besonders ungünstigem Gelände für die Division abzuzeichnen. Die Division war für den Gebirgskampf nicht ausgerüstet. Aus diesem Grunde rief Major Kauffmann am 28. März den Generalinspekteur d.Pz.Tr. an und meldete die Befürchtungen der Division.

Generaloberst Guderian konnte diese Befürchtungen jedoch zerstreuen. Er sagte, daß die Division nach ungefähr vier Wochen weiterer Ausbildung nach Frankreich zurückverlegt werden würde.

Am 29. März nahm General Bayerlein mit dem Kommandierenden General und dem Ia der P.L.D. an einer Besichtigung und an einem Scharfschießen der ungarischen Panzerwaffe auf dem Schießplatz Esztergom teil.

Am 1. April kehrten die ausgesandten Erkundungstrupps (vom Pz.Pi.Btl. gestellt) von den Karpathenpässen zurück. Die Ergebnisse wurden dem Korps über Funk mitgeteilt.

Für General Bayerlein begann die Ausbildung der einzelnen Einheiten. Er wollte die Division zu einem homogenen Kampfverband zusammenschweißen. Am 1. April beantragte der General bei dem Gen.Insp.d.Pz.-Tr., die Heeres-Flak.Abt. 311 der Division endgültig zu unterstellen. Er begründete diesen Antrag damit, daß eine Division wie die P.L.D. aufgrund ihrer wertvollen Ausstattung uneingeschränkt über eine Flak. Art. verfügen müsse. Die H.Flak-Abt. 311 erfülle alle Ansprüche in dieser Hinsicht.

Die H.Flak-Abt. 311 unter ihrem Kommandeur, Hauptmann Gustav Weinkopf, wurde nun endgültig der P.L.D unterstellt. Woher sie kam, ist schon erwähnt worden. Hier sei noch einmal eingehend über Herkunft und Ausstattung berichtet.

Die Heeres-Flak-Abteilung 311 war im Oktober/November 1943 in Belgard/Pommern neu aufgestellt worden. Sie setzte sich zusammen aus Angehörigen der Genesenden-Batterie der H.Flak-Abt. 282 sowie Ersatz der H.Flak-Abt. 272. Sie bestand aus einer Stabsbatterie und vier schweren Batterien zu je sechs speziell für den Erdeinsatz mit Panzer-Schutzschilden versehenen 8,8-cm-Geschützen, sowie einer leichten Batterie mit 4 (ebenfalls mit Schutzschilden versehenen) 2-cm-Geschützen. Ferner gehörten zu jeder Batterie ein Funk- und ein Fernmeldetrupp. Die Abt. war voll motorisiert.

Nach einigen abschließenden Gefechtsübungen im Dezember 1943 war die gesamte Abteilung im Januar 1944 von Belgard nach Verdun in Marsch gesetzt und vorläufig der P.L.D. unterstellt worden.

Von Verdun aus war die Abteilung im Zuge der „Kartoffel-Bewegung" nach Enzersdorf bei Wien verlegt worden und hatte von hier aus am Einmarsch in Ungarn teilgenommen. Bei Hygeshalom war die ungarische Grenze überschritten worden. Über Komaron war die Abteilung bis Budakalasc bei Budapest gelangt. Anfangs April ging die Abteilung wieder in Komaron in Quartier. Hier wurde sie voll in den Ausbildungsplan der Division einbezogen.

Am 3. März fand eine Großübung des Pz.Lehr-Rgts. statt. Folgende Aufgabe wurde gestellt:

„Zusammenwirken von Panzern, Pz.Grenadieren und Pionieren beim Durchschreiten eines Minenfeldes."

Dieser Übung wohnte auch der Kommandierende General bei. Während der Übung und bei der anschließenden Kommandeurbesprechung wies General Bayerlein auf die besondere Bedeutung des Minenkampfes hin. Er betonte ausdrücklich die Forderung von Generaloberst Guderian, daß besonders die Panzergrenadiere im Minensuchen, Minenräumen und Minenlegen geschult sein müßten. General Bayerlein schloß mit den Worten:

„Der Angriff über ein verteidigtes Minenfeld bedarf eingehender Übung innerhalb der Einheiten, sowie in der Zusammenarbeit der Verbände. Ich befehle daher, daß in den nächsten Tagen alle Pz.Gren.Bataillone in Zusammenarbeit mit Panzern, Panzer-Pionieren und einem Artillerie-Stab diese Übung wiederholen."

Um diese Ausbildung im Minensuchen und -räumen in den Einheiten zu vertiefen, wurde das Pz.Pi.Btl. mit der Durchführung von Kurz-Lehrgängen beauftragt. Von jeder Grenadierkompanie hatten 1 Offizier, zwei Unteroffiziere und acht Mannschaften teilzunehmen.

Alle diese Maßnahmen des Divisionskommandeurs waren nur auf das eine Ziel gerichtet: die Divisions-Angehörigen für den Ernstfall zu schulen und unnötige Verluste zu vermeiden.

Am 2. April 1944 hatte der Chef-H.-Rüstung endgültig über die Benennung der Truppenteile der Division entschieden. Danach erhielten folgende Einheiten zusätzlich die Bezeichnung „Lehr" zu ihren Regiments- oder Abteilungsnummern:

Das Panzer-Regiment 130.
Panzergrenadierregiment 901.
Panzergrenadierregiment 902.
Panzer-Aufklärungsabteilung 130.
Panzerjäger-Abteilung 130.

Fernmündlich erhielt Major Kauffmann am 6. April vom Chef-Korps die Nachricht, daß das Generalkommando des Korps nach dem Westen verlegt würde, und daß die Division die Aufgaben des Korps übernehmen solle. Dazu sei die Führungsstaffel nach Budakezsi — dem alten Korps-Gefechtsstand — zu verlegen. Am folgenden Tage wurde die Führungsstaffel nach Budakezsi verlegt.

Mit Wirkung vom 8. April 00.00 Uhr übernahm die P.L.D. den Befehl über den bisherigen Korpsabschnitt mit Ausnahme des Abschnittes der

289. I.D. Da der neue Abschnitt führungsmäßig auch von Esztergom beherrscht werden konnte, stellte General Bayerlein beim Chef der Heeresgruppe den Antrag, den Befehl zur Verlegung der Führungsstaffel nach Budakezsi rückgängig zu machen. Dieser Antrag wurde von der Heeresgruppe genehmigt.

Noch einmal wurde dem Gen.Insp.d.Pz.Tr. und dem OKH/Chef H.Rüst. u. B.d.E. ein Bericht über die 39 Panzerjäger IV der Pz.Jäg.Abt. 130 übersandt, in dem zum Ausdruck gebracht wurde, daß dieses Fahrzeug nicht frontverwendungsfähig sei. General Bayerlein wollte k e i n e n seiner Männer mit unwirksamen Waffen in den Kampf ziehen lassen. Er kämpfte mit allen Mitteln um eine gute und moderne Ausrüstung seiner Division. Gleichzeitig wurde Generaloberst Guderian gebeten, die 3./Pz.Jäg.Lehr-Abt. 130 statt mit Tigern II mit Panzerjägern V auszustatten, da das Beschaffen von Ersatzteilen der Panzerjäger V keine Schwierigkeiten mache, weil ja das Pz.Rgt. über eine Panther-Abteilung verfüge.

Alles dies zeigt die unendliche Kleinarbeit auf, die nötig war, um die P.L.D. zum D-Tage voll einsatzbereit zu haben. Der OB der Heeresgruppe, Generalfeldmarschall von Weichs, besuchte die Division am 11. April und ließ sich von General Bayerlein über Unterkunft, Gliederung der Division und das Verhältnis zu den Ungarn berichten. Der Divisionskommandeur stellte dieses Verhältnis als gut heraus. Zum Abschied teilte Feldmarschall von Weichs noch mit, daß die P.L.D. von der Heeresgruppe freigegeben worden sei, daß sich aber das OKW/West den Zeitpunkt der Verlegung vorbehalte. Die Heeresgruppe habe die Absicht, die von ihr neu aufzustellende SS-Kavallerie-Division im Raume westlich Budapest bis Plattensee unterzubringen.

Dennoch ließ General Bayerlein die Ausbildungsarbeit nicht abreißen. Die Durchführung weiterer Übungen wurde von ihm befohlen, um die bis zum neuen Einsatz zur Verfügung stehende Zeit für die Ausbildung zu nutzen. Besonderer Wert müsse auf die Schießausbildung gelegt werden. Ferner sei wichtig: der Geländedienst, auch ohne Fahrzeuge, und die Ausbildung bei Dunkelheit. Der richtige Ansatz aller schweren Waffen und die Feuerzusammenfassung mit der Infanterie sei besonders zu schulen. Vor allem aber müsse jeder Divisionsangehörige in aktivem und passivem Luftschutz ausgebildet werden.

Am 13. April griffen die Bomberverbände der 8. U.S.A.A.F. den Raum Budapest und Raab an. Da sowohl das ungarische Militär als auch die Zivilbevölkerung völlig kopflos wurden, mußten die Einheiten der P.L.D. allein die Löscharbeiten übernehmen. Am Nachmittag dieses Tages unterrichtete die Heeresgruppe die Division von der bevorstehenden Auflösung des Operationsstabes Margarete.. Von diesem Zeitpunkt an sei der Bevollmächtigte Deutsche General in Ungarn der oberste Vertreter der Wehrmacht. Dazu wurde der bisherige deutsche Wehrmachts-Attaché in Ungarn, Generalleutnant von Greiffenberg, ernannt.

Am 14. April wurde Major Kauffmann vom Generalinspekteur benachrichtigt, daß mit einer baldigen Verlegung der Division auf den Truppenübungsplatz Bergen zu rechnen sei. Der Generalinspekteur wurde daraufhin gebeten, die Verlegung der P.L.D. in den alten Raum in Frankreich zu erwirken, da dieser Raum für Unterbringung, Ausbildung, Verpflegung vorteilhafter sei und die Truppe dort von Fliegerangriffen mehr verschont bleibe, als im Reichsgebiet. Ferner wurde gebeten, die Verlegung der Division bis mindestens zum 22. April hinauszuzögern, um die bereits angelaufenen und noch geplanten Übungen der Division abzuwickeln. Generaloberst Guderian sicherte dies zu.

Die Ausbildung ging weiter. Jeder Mann der P.L.D. erkannte nun, daß ein Kommandeur an der Spitze der Division stand, der sein Handwerk auf den Kriegsschauplätzen im Osten und in Afrika gelernt hatte und der den Wert der guten Ausbildung über alles stellte. Auf den Schießplätzen Ezstergom und Vezsprem wurde das Gefechtsschießen des Pz.Rgts. durchgeführt. Die Pz.Gren.Rgtr. und die Pz.A.L.A. übten inzwischen auf den anderen im Divisionsraume vorhandenen Plätzen. Diese Einheiten wurde insbesondere im Gebrauch der schweren Waffen geschult; und hier speziell in Feuerzusammenfassung. Das Artillerie-Regiment verlegte seine II. und III. Abt. auf den Tr.ÜPl. Vezsprem.

Im Gebiet des Gren.Rgt. (mot) 92, das nach wie vor der P.L.D. unterstand, wurden vier Amerikaner, die mit Fallschirm von ihrem abgeschossenen Bomber absprangen, in der Luft von der ungarischen Bevölkerung erschossen.

Am 17. April 1944 fanden abermals zwei Angehörige des Pz.Gren.Lehr-Rgts. 902 bei Bombenangriffen auf Budapest den Tod.

Während der am folgenden Tage stattfindenden Übung „Zusammenwirken von Panzern und Artillerie", die unter Leitung von Oberst Rudolf Gerhardt stand, wies General Bayerlein auf die Wichtigkeit der aktiven und passiven Panzerabwehr hin. Bei Auswahl der Stellungen, so betonte er, sei besondere Wichtigkeit auf Panzersicherheit zu legen. Die Vernichtung feindlicher Panzer müsse von allen Waffen durch Ausbildung geschult werden. Zur Verstärkung der Panzerabwehrkraft sei der Einsatz von Minen vorzusehen.

Der Gen.Insp.d.Pz.Tr. wurde gebeten, die Div. über die Dauer des Verbleibens in Ungarn zu orientieren, damit die Übungsvorhaben der Div. darauf abgestellt werden können. Für die Zeit vom 24. — 30. April wurde für die P.L.D. ein Programm befohlen, in dem Nacht- und Dämmerungseinsätze besonders zu üben waren. Gefechte mit scharfem Schuß und Verbandsübungen, Flußübergänge im Zusammenwirken mit den Pionieren, und ein Schießen aller verbundenen Waffen der Division, waren außerdem in diesem Programm enthalten. Vorher jedoch fand am 22. April das Gefechtsschießen der Panther-Abteilung auf bewegliche Ziele statt. Die Gren.Rgtr. 901 und 902 wickelten wie befohlen „Ausräuchern eines feindlichen Widerstandssystems mit Unterstützung von Flamm-Panzerwagen im Nachstoß hinter eigenem Pangerangriff" ab.

Kurz nachdem die Übungen für die Zeit vom 1. — 6. Mai festgelegt waren, traf am Abend des 29. April der Befehl des Generalinspekteurs ein, die Division — beginnend am 1. Mai — im Eiltransport in den Bereich des Oberbefehlshabers West zu verlegen.

Bereits am 30. April wurde das Pz.Gren.Lehr-Rgt. 901 auf dem Bahnhof Buda-West verladen. Im Blitztransport ging es ohne einen Halt über Wien — München — Straßburg — Nancy nach Orleans. Hier wurde wegen der Jabogefahr beschleunigt ausgeladen und im Mot.-Marsch erreichten die Einheiten den Unterkunftsraum Illiers.

Am gleichen Tage — nur einige Stunden früher — war auch das Vorkommando nach Meaux, zur Pz.Gr. West, in Marsch gesetzt worden. Die Verbände stellten ihre Transporte so zusammen, daß jeder Transport-Zug eine kampfkräftige Einheit bildete. Auf die erhöhte Luftgefahr und die damit verbundene Abwehrbereitschaft im westlichen Reichsgebiet und in den besetzten Gebieten wurde ausdrücklich hingewiesen. Es gelang, die gesamte Division bis zum 15. Mai mit allen schweren Waffen und Geräten in 70 Eisenbahnzügen nach Frankreich zu transportieren. Die Einheiten wurden bei Illiers und in Gruppen um Nogent-le-Rotrou — im Gebiet zwischen Le Mans und Chartres — stationiert. Insgesamt störten nur zwei Tieffliegerangriffe die Verlegung; und die gesamte Division war ohne nennenswerte Verluste im neuen Einsatzraum angekommen.

Die sechs Wochen des Einsatzes in Ungarn hatten der P.L.D. trotz der zuerst auftretenden Schwierigkeiten dennoch Gelegenheit gegeben, die Aufstellungs- und Ausbildungsarbeiten zu einem gewissen Abschluß zu bringen. Wenn auch die enge Zusammenarbeit der Waffen noch weiterer Übung bedurfte, so hatten doch die Einheiten in der Einzel- und Waffenausbildung gute Fortschritte gemacht. Die Übungen haben das Verständnis für die Eigenart des Einsatzes der einzelnen Verbände gefördert.

Am 1. Mai 1944 wurde Fritz Bayerlein zum Generalleutnant ernannt.

In Westfrankreich nahm die Division die Ausbildung sofort wieder auf. Stabsoffiziere untersuchten eingehend die Verteidigungsmöglichkeiten und -anlagen am Atlantikwall zwischen der Halbinsel Cotentin und Le Havre.

Generalleutnant Bayerlein, der in Rußland und vor allem in Afrika mit der alliierten Luftwaffe Erfahrungen gesammelt hatte, war ein strikter Verfechter für die Tarnungen gegen die feindliche Luftwaffe, die im Raume Westfrankreich ununterbrochen Aufklärung flog. Er war überzeugt, daß die P.L.D. nach ihrer Rückkehr aus Ungarn nicht vom Gegner entdeckt worden sein konnte. Während des gesamten Monats Mai gab es auch im Unterkunftsraum der Division keine Luftangriffe. Kein Fahrzeug durfte sich tagsüber ohne zwingende Notwendigkeit auf den Straßen bewegen. Das Gros der Division war in den Wäldern untergezogen, oder in kleinen Einheiten verstreut in den Dörfern untergebracht.

Verbände Fliegender Festungen überflogen fast jeden Tag das Divisionsgebiet, um ihre Angriffe auf Deutschland zu fliegen. General Bayerlein konnte der Versuchung nicht widerstehen und gab der 8,8-cm-Flak Feuerbefehl. Die Flak-Abt. 311 schoß vier Fliegende Festungen ab. Am 2. und 3. Juni erschienen Bomber und vor allem Jabos, welche die Wege und Ziele im Aktionsbereich der P.L.D. beschossen. Aber die Verluste der Division waren gering.

Die P.L.D. besaß nun 260 Panzer und 800 armierte Kettenfahrzeuge.

Damit war sie als e i n z i g e deutsche Panzer-Division zu 100 Prozent gepanzert und voll mit Kettenfahrzeugen ausgerüstet. Sie war nun in der Lage, die Aufgabe zu erfüllen, für die Generaloberst Guderian sie ausersehen hatte. Und der Generalinspekteur der Panzertruppe hatte dies Ziel klar ausgedrückt als er sagte:

„Bayerlein, Ihr Ziel ist nicht die Küste! Ihr Ziel ist das M e e r!"

Eine solche Division — in Rußland eingesetzt, wo sie sich ihrer Eigenart gemäß hätte entfalten und bewegen können — besaß den Wert von drei anderen voll ausgerüsteten Panzer-Divisionen. Doch im Heckengelände der Normandie, mit den „Straßenkehrern Frankreichs" — den Jabos — als Feinde, stand sie auf verlorenem Posten.

Ein weiterer Nachteil lag für die P.L.D. darin, daß sie im Bereitstellungsraum s o aufgestellt war, daß die Panzer, die am langsamsten waren, am weitesten zurückhingen. Und General Bayerlein durfte sie nicht umgruppieren. Trotz d a u e r n d e r Vorstellungen beim Chef des Wehrmachtsführungsstabes, General Warlimont, behielt sich das OKW alle Befehle an die P.L.D., die als Eingreifreserve d i r e k t dem OKW unterstand, ausdrücklich vor.

Neben der P.L.D. gehörte noch die 21. Panzer-Division und die 12. SS-Panzer-Division „Hitlerjugend" zur Eingreifreserve.

Diese drei Divisionen zusammen bildeten eine Streitmacht, die wohl im Stande gewesen wäre, j e d e n landenden Gegner im sofortigen Gegenstoß wieder ins Meer zurückzuwerfen. Wenn, ja, wenn das OKW sie rechtzeitig freigegeben hätte.

Hat das OKW die Möglichkeit dazu gehabt?

Noch vor Beginn der Invasion war der OB-West in Frankreich über den Beginn der Landung unterrichtet. Die deutschen Panzer-Divisionen der OKW-Reserve mußten am Morgen des 6. Juni 1944 nicht bis 150 km vom Invasionsraum entfernt stehen.

Ein Mitglied der Deutschen Abwehr des Admirals Canaris, der zugleich Mitglied der französischen Sabotageorganisation war, die auf ein allgemeines Zeichen schon vor Invasionsbeginn losschlagen sollte, brachte dem Chef der deutschen Abwehr ein Gedicht. Es war das „Herbstlied" von Paul Verlaine. Dazu brachte er das Geheimnis dieses Gedichtes:

Sobald die erste Zeile des „Herbstliedes" in der Sendung des BBC für Frankreich ausgestrahlt wurde, stand die Invasion bevor. Die zweite Zeile stellte die „B-Botschaft" dar. Wurde sie durchgegeben, dann begann die Invasion innerhalb der nächsten 48 Stunden.

Von Stund an saß auch die Funkhorch-Abteilung der 15. Armee in Tourcoing hinter den Empfängern und hörte den BBC ab. Vom 1. bis 3. Juni wurde die erste Zeile des „Herbstliedes" gehört. Die zweite Zeile nahm ein Horchfunker am 5. Juni 1944 um 21.15 Uhr auf. Sofort wurden alle Stellen benachrichtigt. Keine Stunde später wußten OKW und Führer-Hauptquartier, daß die Invasion unmittelbar bevorstand.

Der deutsche Gegenschlag hätte eingeleitet werden können. Die P.L.D., die ja eigens für diesen Gegenschlag aufgestellt und ausgebildet worden war, hätte marschieren können. Unbehelligt vom Gegner wäre es ihr möglich gewesen, im Morgengrauen des 6. Juni im Invasionsraum zu stehen und in der schwächsten Stunde des Gegners — der Stunde unmittelbar nach der Landung — diesen anzugreifen und wirklich ins Meer zurückzuwerfen.

Doch im Führer-Hauptquartier und bei der Heeresgruppe B sagte man sich:

„Das ist doch Unsinn! Eine Invasion wird doch nicht durch ein Gedicht im Rundfunk angekündigt."

So traf der alliierte Überraschungsschlag die wenigen deutschen Truppen in den Landeabschnitten völlig unvorbereitet. Die P.L.D. blieb 150 km vom Ort der Invasion entfernt stehen.

Es war am 6. Juni 1944, um 01.11 Uhr, als im Haupt-Gefechtsbunker des LXXXIV. A.K. der Feldfernsprecher rasselte. General der Artillerie Erich Marcks, der Kommandierende General, der eben mit einigen seiner Stabsoffiziere auf seinen Geburtstag angestoßen hatte, ergriff den Hörer. Der Ia der 716. I.D. (Kommandeur General Richter) war am Apparat. Was er meldete, ließ General Marcks emporfahren:

„Feindliche Fallschirmjäger ostwärts der Ornemündung abgesprungen. Hauptraum Breville-Ranville und Nordrand des Waldes von Bavent. Gegenmaßnahmen laufen."

Wenig später, um 01.45 Uhr, meldete sich die 709. I.D. aus Valognes:

„Feindliche Fallschirmjäger südlich St. Germain de Varreville und bei Ste. Marie-du-Mont. Zweite Gruppe westlich der Hauptstraße Carentan — Valognes beiderseits des Baches Merderet und längs der Straße Ste.-Mère-Eglise und Pont-l'Abbé niedergegangen. Um die Übergänge wird gekämpft."

Um 02.30 Uhr des gleichen Tages ging auch im Gefechtsstand von Generalleutnant Bayerlein, in Dogent-le-Rotrou, das Telefon. General Warlimont vom Wehrmachtsführungsstab gab General Bayerlein den Befehl des OKW durch, die P.L.D. zum Abmarsch in Richtung Caen in Alarmzustand zu versetzen. Weitere Befehle würde die Division durch die Heeresgruppe B erhalten.

General Bayerlein handelte sofort. Die Division sammelte. Die Invasion hatte begonnen.

4

DER MARSCH ZUR FRONT

Die Straßenkehrer Frankreichs

Am 6. Juni 1944 um 02.30 Uhr rasselte im Stabsquartier der Panzer-Lehr-Division, in Nogent-le Rotrou an der Huisne, 60 km nordostwärts Le Mans, der Fernsprecher. Die Stunde X war gekommen. Die Invasion hatte begonnen. Hauptmann Alexander Hartdegen, General Bayerleins Ordonnanzoffizier, weckte den General.

General Warlimont vom Wehrmachtsführungsstab war am Apparat. Was er berichtete, ließ General Bayerlein sofort hellwach werden:

„Feindliche Fallschirmlandungen an der Calvadosküste und an der Ostküste der Halbinsel Cotentin. Vielleicht die erwartete Invasion. Wahrscheinlich aber nur Scheinmanöver, denn die Flugmeldezentralen Kap Gris Nez und Kap d'Albrecht, ferner die Fu.Me.-Station Le Touquet — Paris — Plage, melden ebenfalls Annäherung großer Verbände über See. — Die P.L.D. ist zum Vormarsch mit Stoßrichtung Caen in Alarmzustand zu versetzen."

In den Dörfern der Umgebung begannen die fieberhaften Vorbereitungen. Nun rächte es sich, daß die Division seit ihrer Rückkehr aus Ungarn keine Bewegung durchführen konnte ohne den Befehl des Wehrmachtsführungsstabes.

Zusammen mit der 21. P.D. und der 12. SS-P.D. „Hitlerjugend" gehörte die P.L.D. zur Eingreifreserve des OKW und jede Bewegung wurde vom OKW befohlen. So waren am 6. Juni 1944 die schnellen Einheiten der Division am weitesten nach Norden, Richtung Caen, gestaffelt, während die Panzer am weitesten südlich Caen standen; obgleich doch die langsamsten Einheiten stets vorn zu stehen hatten. Mehr als einmal hatte General Bayerlein ausdrücklich darauf hingewiesen. Nun war es zu spät.

Während der Nacht und in den frühen Morgenstunden wartete die P.L.D.

auf den Einsatzbefehl. Sie brannte darauf, zu marschieren und ihre Pflicht zu tun: den Gegner gemeinsam mit den beiden anderen Divisionen wieder ins Meer zu werfen. Doch das OKW zögerte. Man war dort noch nicht davon überzeugt, daß dies die Invasion sei. Es wurde ein Scheinangriff vermutet. Die wirkliche Invasion würde — das schien feststehen — am Pas de Calais erfolgen.

In einer großangelegten alliierten Täuschungsaktion — der „Operation Fortitude" — wurde diese deutsche Meinung noch bestärkt.

Die „Operation Fortitude" hatte die Aufgabe, alle taktischen Ziele zwischen Calais und Le Havre anzugreifen. Vor allem die Straßenbefestigungen und Küstenbatterien von Kap Gris Nez, Fort Mahon, Pointe du H-Blanc und einige andere wichtige strategische Punkte.

Noch in der Nacht ließ General Bayerlein alle befohlenen und zum Teil schon angelaufenen Transporte seiner schweren Panzerabteilung, die durch das OKW mit ihren Tigern und Panthern nach Polen in Marsch gesetzt worden war, selbständig stoppen. Die Teile, die noch auf die Verladung warteten, rollten sofort in den Alarmraum zurück. Was schon auf der Schiene gen Osten rollte, wurde zurückbefohlen.

Immer wieder rief General Bayerlein an. Doch das OKW ließ die Division auf der Stelle stehen. Noch am Mittag des 6. Juni stand die P.L.D. im Aufmarschraum. Heiß brannte die Sonne vom Junihimmel. Die Männer, die in Sitzbereitschaft in ihren Panzern hockten, murrten. Die Unsicherheit der Lage zerrte an ihren Nerven. Immer wieder wurde der Himmel abgesucht. Jabos fegten über sie hinweg. Aber kein deutsches Flugzeug. Wo waren die 5000 Düsenjäger, die ihnen versprochen waren? Zusammen mit seinem Ordonnanzoffizier fuhr General Bayerlein nach Le Mans, dem Hauptquartier der 7. Armee. Unteroffizier Kartheuß war der Fahrer. Als sie dort eintrafen, erfuhr General Bayerlein eine neue Überraschung. Generaloberst Dollmann, der OB der 7. Armee, empfing sie mit der Nachricht, daß die P.L.D. ab sofort dem Oberbefehl der 7. Armee unterstellt worden sei. Ebenso die 12. SS-P.D. „Hitlerjugend". Generaloberst Dollmann befahl den Abmarsch der P.L.D. um 17.00 Uhr. Generalleutnant Bayerlein, der die verheerende Wirkung alliierter Luftangriffe aus Afrika zur Genüge kannte, schlug vor, bis zum Einbruch der Dämmerung zu warten. Doch Generaloberst Dollmann war unerbittlich. Nachdem die Division so lange stehengeblieben war, sollte sie nun unbedingt marschieren. Generalmajor Pemsel, der Chef des Stabes AOK 7, verlas einen Funkspruch:

„Der OB-West weist auf Wunsch des OKW darauf hin, daß der Gegner im Brückenkopf noch am 6. Juni abends vernichtet wird, da Befürchtungen verstärkter Luftlandungen und Seenachlandungen bestehen. Gemäß Befehl Generaloberst Jodl sind alle Truppen auf die Einbruchsstelle

Calvadosküste in Marsch zu setzen. Der dortige Einbruch muß heute noch bereinigt werden."

General Bayerlein wies darauf hin, daß die Division schon seit 9 Stunden auf der Stelle stehe. Er verhehlte nicht, daß dieser widersinnige Befehl einem Todesurteil für die Division gleichkomme und daß nicht einmal etwas damit erreicht werden könne.

Generaloberst Dollmann jedoch beharrte auf Ausführung dieses Befehls. „Die P.L.D. muß in den frühen Morgenstunden des 7. Juni im Raume südlich Caen stehen. Die britische 185. Brigade unter Oberstleutnant Maurice ist bei den Höhen von Périers durchgebrochen und marschiert auf Caen zu. Caen ist aber von größter Wichtigkeit für uns."

Auch der Hinweis des Kommandeurs der P.L.D., daß die Marschgeschwindigkeit bei der erhöhten Luftgefahr kaum mehr als 8 km betrage, und daß auf keinen Fall der Raum südlich Caen (150 km weiter nördlich) am Morgen des 7. Juni erreicht werden könne, fruchtete nichts. Es wurde General Bayerlein allen Ernstes vorgeschlagen, den direkten Weg nach Caen zu nehmen. Dazu aber hätte die gesamte P.L.D. umdirigiert werden müssen.

Generalleutnant Bayerlein fuhr nach Nogent-le-Rotrou zurück. Er ließ die Kommandeure in seinem Gefechtsstand zusammenrufen.

„Sehen Sie zu, daß Sie auf oder neben den Straßen möglichst schnell und ungerupft vorankommen", schärfte er ihnen zum Schluß ein.

Alle Panzer und Kettenfahrzeuge wurden getarnt. Um 17.00 Uhr gab Generalleutnant Bayerlein den Befehl:

„Panzer maarsch!"

Die Panzer-Lehr-Division, die bestausgerüstete Panzer-Division der Wehrmacht, setzte sich in Bewegung. Es galt, der 21. Panzer-Division zur Hilfe zu kommen, die schon in Gefechtsberührung mit dem gelandeten Gegner stand.

Panzer, Ketten- und Halbkettenfahrzeuge glichen einem wandernden Wald. Sie schmuggelten sich von Deckung zu Deckung, um dem Gegner aus der Luft auszuweichen und seinen Spähern zu entgehen. Aber die beste Tarnung war nicht viel wert. Riesige Staubwolken wirbelten hinter den Fahrzeugen in den Himmel empor und bezeichneten die fünf Vormarschstraßen der Division.

Wie Generalleutnant Bayerlein diesen ersten Tag erlebte, sei hier festgehalten:

„Ich fahre mit den zwei Pkw und zwei Funkstellen meines Gefechtsstabes vor der mittleren Kolonne — dem Pz.Gren.Lehr-Rgt. 901 — auf der Straße Alencon — Argentan — Falaise. Schon bei Beaumont-sur-Sarthe zwingt uns der erste Jaboangriff in Deckung. Es geht noch mal gut. Aber die Kolonnen werden immer weiter auseinandergerissen. Da die Armee

Funkstille befohlen hat, besteht nur Melder-Verbindung. Als ob die Funkstille verhindern könnte, daß uns die Jabos und die Aufklärer, die am Himmel hängen, erkennen. Dafür aber wird die Divisionsführung daran gehindert, sich ein Bild vom Stand des Vormarsches zu machen, ob er rollt, ob es Stauungen gibt oder Verluste, wo die Spitzen stehen. Dauernd muß ich Offiziere losschicken und selbst zu den Verbänden fahren.

Alle fünf Marschstraßen sind von meinen Einheiten belegt. Natürlich ist der Vormarsch durch die feindliche Luftaufklärung erkannt worden. Und bald hängen Bomber über den Straßen, zerschlagen Kreuzungen, Dörfer und Städte, die im Vormarschbereich liegen, und stürzen sich auf Fahrzeugschlangen. Um 23.00 Uhr durchfahren wir den Ort Sèes. Er liegt unter ‚Christbaumbeleuchtung' und schwere Bomben krachen in das bereits brennende Städtchen. — Durch!

Gegen 02.00 Uhr nähern wir uns Argentan. Es ist taghell — von Bränden und Explosionen. Die Stadt bebt unter dem Bombenhagel der rollenden Angriffe. Wir gelangen bis in den südlichen Vorort, dann ist es unmöglich, weiterzukommen. Ganz Argentan brennt. Wir befinden uns in einem Hexenkessel. Auch hinter uns ist die Straße blockiert. Wir sind in dem brennenden Ort eingeschlossen. Staub und Rauch nehmen die Sicht.

Funken sprühen über die Fahrzeuge. Glimmende Balken und eingestürzte Häuser versperren die Wege. Noch immer hängen die Flugzeuge am Himmel. Ihre Leuchtbomben hüllen die brennenden Häuser in strahlendes Licht. Beißender Qualm verschlägt uns den Atem. Wir müssen zu Fuß einen Ausweg erkunden. Pioniertrupps arbeiten an der schwer beschädigten Orne-Brücke. Um 03.00 Uhr gelingt es uns, aus dem brennenden Gefängnis über die Felder in Richtung Flers auszubrechen. Die Bombardierung läßt gegen Morgen nach. Die Straße über Ecouché — Briouze — Flers ist gut zu befahren. Wir sind um 04.00 Uhr in Flers, das auch schwer gelitten hat. Um 05.00 Uhr erreichen wir Condé-sur-Noireau. Von den Marschkolonnen der Division ist weit und breit nichts zu sehen. Sie quälen sich mühselig über die zerbombten Wege. Wie Argentan waren alle anderen Knotenpunkte hinter der Invasionsfront zusammengebombt, offensichtlich mit dem Ziel, den Vormarsch der Reserven zum Einsatz bei Caen zu verhindern." (Caen sollte nach dem alliierten Angriffsplan am Tage D plus 1 genommen werden).

Und wie sah das Panzer-Regiment diesen ersten Tag des Schreckensmarsches zur Invasionsfront?

„Dröhnend rollen die Panzer nach Norden. Die Besatzungen suchen unentwegt den Himmel ab. Plötzlich sind sie da. Niemand weiß, woher sie gekommen sind. Röhrend kommen die Jabos näher. Im Tiefflug flitzen sie über Büsche und Heckenreihen hinweg. Eine begleitende Vierlingsflak eröffnet das Feuer. Durch konzentriertes Feuer werden die anfliegenden

Maschinen aus dem Kurs gebracht. Vorn an der Kolonnenspitze dröhnt eine erste Detonation. Die es hören, sehen sich an.

‚Ist das einer der Unseren?'

Man kann diesen Gedanken von den Gesichtern der Männer ablesen.

Vorrollend sehen die wieder in den Luks auftauchenden Besatzungen neben der Straße einen abgeschossenen Jabo. Das ausgelaufene Benzin brennt lichterloh. Bordmunition zerplatzt mit lautem Geknatter. Doch der Tod hat auch in den eigenen Reihen zugeschlagen. Ein Kübelwagen wurde Opfer des Tieffliegerangriffes. Zwei Männer fanden dabei den Tod. Der Richtkanonier der Begleitflak ist gefallen. Die ersten Toten der Division. Noch drei Fliegerangriffe mußte das Pz.Lehr-Rgt. 130 über sich ergehen lassen, bevor die Dunkelheit hereinbrach. Aber an Rast war nicht zu denken. Der Marsch ging weiter. Erst um Mitternacht zwang der Spritmangel zu einem kurzen Halt. Panzerbesatzungen tankten ihre Panzer auf. Die Gefechtsfahrzeuge wurden ebenfalls aufgetankt. Kettenbolzen mußten ausgewechselt werden. Motorendeckel knallten zurück. Die Fahrer beugten sich darüber. Nach einer Stunde wurde wieder aufgesessen.

‚Panzer Maaarsch!' hieß es statt der ersehnten Pause."

Das Pz.Gren.Lehr-Rgt. 901 rollte auf der befohlenen Marschstraße Illiers — Domfront — Rennes — Falaise — Condé St. Marie (Caen). Wo die Einheiten auch durch Städte rollten, waren diese schon von den alliierten Bombergeschwadern heimgesucht worden. In Falaise waren ganze Straßenzüge dem Erdboden gleichgemacht. Erst am 8. Juni, gegen 18.00 Uhr, traf das Regiment in St. Marie, hart südlich Caen ein.

Caen brannte lichterloh. Schwere Schiffsartillerie der Alliierten streute das gesamte Aufmarschgebiet der Division ab. Die 9. (sI.G.-Sfl.) Pz. Gren.Lehr-Rgt, 901 unter Hauptmann Hennecke ging direkt in St. Marie in Stellung. Auch diese Kompanie hatte die ersten Ausfälle erlitten. 2 von Maultieren gezogene Munitionswagen mit 100 Granaten waren von Raketenbomben vernichtet worden. Der Troß-Lkw wurde ebenfalls von Jabos abgeschossen. Der Fahrer des Troß-Lkw, Obergefreiter Griethe, konnte nicht mehr aus dem zerschossenen Führerhaus befreit werden. Er verbrannte im Wagen. Nach Einbruch der Dunkelheit erreichte die 9./901 Vendés, erkundete das Gelände und ging sofort in Stellung.

Das Pz.Gren.Lehr-Rgt. 902 unter Oberst Gutmann war am 6. Juni um 17.00 Uhr aus Vibraye aufgebrochen. Am frühen Morgen des 7. Juni begann auch ihr Leidensweg. Mit dem ersten Tageslicht kamen die Jabos. In der grellen Helligkeit dieses 7. Juni erkannten die Thunderbold-Jabos jedes Ziel, mochte es auch noch so gut getarnt sein.

In ihren offenen Schützenpanzern wurden die Grenadiere immer wieder überraschend angeflogen und förmlich herausgeschossen. Besonders hart traf es das I. Bataillon, dem schließlich nichts anderes übrigblieb, als in einem Waldstück u n t e r z u z i e h e n , und die Dunkelheit abzuwarten.

Einige Kilometer vor Brouay blieb das Regiment 902 liegen. Oberst Gutmann errichtete den Regiments-Gefechtsstand, der aus einem Deckungsloch von eineinhalb Meter Tiefe bestand. Über diesem Regiments-Gefechtsstand kreiste wenig später schon ein Artillerie-Beobachter. Fast unmittelbar nach der Ankunft des Artillerie-Beobachters begann die Schiffsartillerie aus dem Landebereich der beiden britischen Korps zu feuern.

Eine Stunde lang dauerte das Trommelfeuer schwerer und schwerster Kaliber. Das Pz.Gren.Lehr-Rgt. 902 erlitt schwere Verluste. Und noch immer hatte es nicht in den Kampf eingegriffen.

Zur gleichen Zeit, da die P.L.D. am Abend des 6. Juni, noch weit vom Einsatzort entfernt, zum Teil festlag und die ersten Verluste durch Jabos erlitten hatte, war die Invasion so weit fortgeschritten, daß die Alliierten auf einer Breite von 30 Meilen an der Calvadosküste Fuß gefaßt hatten. Die deutschen Küstenanlagen waren teilweise in der Hand des Gegners. Nur der amerikanische Landekopf „Utah" war noch isoliert.

Vorn am Strand, im Bereich des deutschen LXXXIV. Armee-Korps, (General der Art. Marcks) verteidigte die 709. I.D. (Ostflanke der Halbinsel Cotentin). Nach Osten schloß sich die 352. I.D. (HQ in Littry) an. Zwischen diesen beiden Divisionen lag das Fallschirmjäger-Regiment 6 unter Major Frhr. von der Heydte. Dahinter stand die 91. Luftlande-Division. Die 716. I.D. (HQ in Caen) und die 711. I.D. (Lisieux) schlossen sich nach Osten an. Hinter der 716. I.D. stand (mit HQ in Falaise) als einzige Panzer-Division die 21. P.D. (General Feuchtinger).

Schon im Morgengrauen waren drei Luftlande-Divisionen des Gegners festgestellt worden: die 6. britische und die 82. und 101. amerikanische L.L.D.

Im Abschnitt „Utah" landete im Morgengrauen des 6. Juni das VII. US-Korps. Die 1. und die 4. US-Division waren schon am Morgen festgestellt worden. Wenig später auch die 29. US-Division.

Das V. US-Korps landete im Abschnitt „Omaha", zwischen Vierville und Port-en-Bessin. (1. am. Armee Bradley).

Die 2. britische Armee (2. brit. Armee Dempsey) landete auf einem 30 km breiten Streifen zwischen Arromanches und Quistreham, in den drei Abschnitten „Gold", „Juno" und „Sword".

Hier stießen die 3. brit. und die 3. kan. Division schnell an zwei Stellen durch die Küstenlinie. Die 7. brit. Pz.Division und die 50. I.D. folgten.

Ihr Ziel waren die großen Verbindungsstraßen nach Bayeux und Caen.

Seit dem Morgengrauen versuchte General Marcks, die Panzerverbände freizubekommen. Vor allem die am nächsten stehende 21. P.D. Die verzweifelt kämpfende 716. I.D. mußte unterstützt werden.

Erst um 17.00 führten seine Bemühungen zum Erfolg. Persönlich brachte er die Division aus dem Aufstellungsraum heraus, und gegen 20.00 Uhr stand das Panzerregiment 22, unter Oberst von Oppeln, mit den Spitzen bei Luc an der Küste. Es hatte mit der 716. I.D. Verbindung aufgenommen.

Wenn in dieser Situation die P.L.D. zur Verfügung gestanden hätte, dann wäre dieser Angriff der 21. P.D. durch starke kampfkräftige Reserven genährt worden. So aber mußte das Panzer-Regiment 22, das 25 Prozent seiner Panzer verloren hatte, bis nördlich Caen zurückgenommen werden.

Am Abend des 6. 6. waren die Alliierten an Land. Sie hatten bei Vierville einen Ausgang freigekämpft. Eine zweite Straße ins Hinterland war außerdem geöffnet. Und dennoch wären die Alliierten noch in den nächsten zwei Tagen nicht in der Lage gewesen, einen mit den drei Panzer-Divisionen der OKW-Reserve geführten Angriff auszuhalten.

Aber weder die Panzer-Lehr-Division, noch die 12. SS-P.D., die um 16.00 Uhr der 7. Armee unterstellt worden waren, vermochten es, rechtzeitig in die Schlacht um den Landekopf einzugreifen.

Der P.L.D. stand mit dem 7. Juni noch ein Tag großer Verluste und Ausfälle bevor, die hätten vermieden werden können.

Das Pz.Pi.Lehr-Btl. 130 stand im Raume Nogent-le-Rotrou seit der Morgenfrühe des 6. 6. 1944 abmarschbereit auf versteckten Waldwegen. Es wurde ebenfalls erst um 17.00 Uhr in Marsch gesetzt. Der Anmarschweg führte über Alençon — Argentan — Flers — Thury — Harcourt nach Villers — Bocage.

Auf dem Anmarsch fiel beim Nachrichtenzug 1 SPW aus. Funker Hans Thies, aus Ballersbach/Dillkreis, fiel bei einem der ersten Jabo-Angriffe. Weitere Verluste traten ein, bis nach einigem Hin und Her der Einsatz bei Tilly rollte.

Während alle Einheiten der P.L.D. aus annähernd dem gleichen Raum in Richtung Caen in Marsch gesetzt wurden, lag die Heeres-Flak-Abteilung 311 bei Invasionsbeginn in Paris und den Vororten dieser Stadt. Dieser Verband war der einzige, der schon in den Morgenstunden des 6. 6. Befehl zum Abmarsch via Caen erhielt.

Auch diese Einheit zollte am ersten Tage den anfliegenden Jabos Tribut. Diese ersten Jabos, die aus der Sonne heraus anflogen, wurden mit Messerschmitt-Jägern verwechselt. Die ersten Toten der Abteilung blieben zurück. Mehrere Fahrzeuge waren in Brand geschossen oder schwer beschädigt und mußten abgeschleppt werden. Angeschlagen erreichte die Abteilung dennoch sehr schnell das Einsatzgebiet.

Am Ende des ersten Marschtages hatte die P.L.D. nicht weniger als 30 Fahrzeuge verloren. Aber es würde noch schlimmer kommen. Diese Angriffe sollten noch nicht der Höhepunkt gewesen sein.

Um 05.00 Uhr des 7. Juni hatte der Divisionskommandeur mit seinen Wagen Condé-sur-Noireau erreicht. Hier — noch immer waren es 50 km bis Caen — wartete General Bayerlein auf das Eintreffen des Pz.Gren.Lehr-Rgts. 901, das die gleiche Marschstraße hatte. Eine Stunde vorher, um 04.00 Uhr, hatte General Bayerlein über Funk weitere Befehle von der 7. Armee angefordert. Er hoffte, daß Generaloberst Dollmann ein Einsehen haben und die Division bis zur Abenddämmerung hier stehenlassen würde. Aber der OB der 7. Armee befahl den s o f o r t i g e n Weitermarsch.

So verließ die P.L.D. ihre Deckungen und rollte weiter.

Als nach einer halben Stunde noch nichts vom Pz.Gren.Lehr.-Rgt. 901 zu sehen war, fuhr Hauptmann Hartdegen bis Condé zurück. Die Stadt war nur noch ein rauchender Trümmerhaufen. Auch die Straßenbrücke war durch Bombenwürfe vernichtet worden. Jenseits der Brücke lag das Regiment fest.

Die fünf Kolonnen rollten weiter in Richtung Caen. Um 05.30 Uhr dröhnten die ersten Bomber-Verbände aus Norden heran. In der Nähe von Falaise traf es die vordersten Einheiten der P.L.D. Geschwaderweise, wie bei einer Luftparade, flogen britische und amerikanische Bomber-Verbände an. Hier wurde zum erstenmal das Wort von „Parteitag- Geschwadern" gebraucht. Bomben fielen auf Straßen und Knotenpunkte. Maschinenwaffen ratterten. Raketenbomben hieben alles zusammen, was in ihrem Explosionsbereich lag. Schon standen die ersten der so unendlich wichtigen Tankwagen flackernd auf der Straße. Mit Bordwaffen fetzten die Jabos die Straßengräben leer, in denen die Grenadiere und Panzer-Besatzungen in Deckung gegangen waren. Die Fahrzeuge der I-Staffel wurden schwer getroffen. Und vor Condé blieben die Einheiten endgültig liegen.

Da die P.L.D. dem I. SS-Panzer Korps (unter SS-Oberstgruppenführer Sepp Dietrich) unterstellt war, versuchte General Bayerlein, Verbindung mit dem Korps aufzunehmen; vergebens. Erst am späten Nachmittag des 7. Juni gelang es, den Gefechtsstand des Korps bei Thury-Harcourt zu entdecken.

General Dietrich gab der P.L.D. Befehl, mit jeweils einer Kampfgruppe bis zum Morgengrauen des 8. Juni die Einsatzräume von Norrey und Brouay — an der Bahnlinie Caen-Bayeux — zu erreichen.

„Sie m ü s s e n diese Linie bis morgen früh erreicht haben. Von dort aus werden Sie zusammen mit der 12. SS-P.D. und der 21. P.D. auf breiter Front zum Angriff antreten, mit dem Ziel, den Gegner ins Meer zu werfen", schloß General Dietrich seinen Befehl ab.

Der Ia des I. SS-Pz.Korps gab weitere Erläuterungen zum geplanten Angriff. Danach hatte General der Waffen-SS Witt mit der 12. SS-P.D. bereits Feindberührung, ebenfalls die 21. P.D. unter General Feuchtinger.

Der Beginn des Angriffs wurde auf 12.05 Uhr festgesetzt. Das Panzerregiment 100, unter Oberst von Oppeln-Bronikowski, sollte gemeinsam mit dem Panzerregiment 25, unter Oberst Kurt Meyer, den Stoß nach Norden führen.

General Bayerlein befahl Unteroffizier Kartheuß, nach Proussy, dem Divisions-Gefechtsstand, zurückzufahren. Auf dieser Fahrt sahen die Männer im Stabswagen schon die verheerende Wirkung der alliierten Luftangriffe. Die ganze Straße war mit ausgebrannten und zerschossenen Fahrzeugen gesäumt. Feldküchen lagen neben umgekippten Zugmaschinen. Tankwagen glühten, schwarze Rauchwolken standen darüber. Der Straßenabschnitt Chaumont — Villers Bocage glich einer Höllenszenerie.

Es war 22.00 Uhr, als der Stabswagen die Höhe 238 erreichte. Plötzlich tauchten drei Jabos am Himmel auf. Sie stießen tief herunter und glitten dicht über der hier schnurgeraden Straße frontal auf den Wagen zu.

„Drei Jabos, Herr General"! rief Hauptmann Hartdegen.

„Stoppen, Kartheuß! Raus!"

Die Bremsen kreischten. Der BMW schlitterte am rechten Straßenrand entlang. Weit vor sich sah Fritz Bayerlein schon die Einschüsse der Bordkanonen, die den Asphalt perforierten. Mit einem Satz schwang er sich aus dem noch rollenden Fahrzeug heraus und landete der Länge nach im Straßengraben. Schattenhaft erkannte er vor sich Hauptmann Hartdegen, der in einer dicken Beton-Drainageröhre des Grabens verschwand. Der Fahrer schwang sich eben aus dem Wagen. In diesem Augenblick begannen die Bordkanonen zu feuern. Die Geschosse spritzten den drei Männern um die Ohren und zwangen General Bayerlein, wie schon zehnmal vorher, in volle Deckung.

Mit einem scheppernden Detonationsschlag stand der Wagen in Flammen.

„Weiter vom Graben wegrobben, Herr General"! schrie Kartheuß noch. Alles andere ging in dem Furioso der Granateneinschläge und des MG-Geschnatters unter. Der zweite Jabo flog genau über dem Straßengraben entlang. Granaten und MG-Kugeln zischten neben, vor und hinter General Bayerlein in den Boden. Splitter trafen ihn. Fester preßte sich der General gegen den Boden.

Zweimal, dreimal wiederholten die drei Jabos ihren Angriff, bis sie glaubten, alles Leben im Bereich dieses Angriffes ausgelöscht zu haben. Generalleutnant Bayerlein hörte, wie die Jabos abdrehten und nach Norden verschwanden. Er raffte sich auf und ging auf die Straße. Eben kroch Hauptmann Hartdegen aus seiner Drainageröhre heraus. Als rauchendes Wrack stand der Wagen auf der Straße.

„Kartheuß"! rief der General.

Doch der Fahrer konnte nicht mehr antworten. Unteroffizier Kartheuß war dem Feuerorkan dieser drei Thunderbolds zum Opfer gefallen. General Bayerlein wischte sich das Blut aus der Stirn, das aus einigen Schnittwunden und Splitterspritzern stammte. Wie durch ein Wunder war er dem Todeshagel entkommen.

„Wie steht es, Hartdegen?" fragte der General seinen Ordonnanzoffizier, der neben Kartheuß kniete.

„Kartheuß ist nicht mehr zu helfen, Herr General!"

„Wir müssen ihn zudecken"

Hauptmann Hartdegen zog seinen Pullover aus und bedeckte damit das Gesicht des Fahrers. Beide Offiziere erwiesen ihrem Fahrer die Ehrenbezeigung. Dann wandte sich Hartdegen seinem Kommandeur zu. „Herr General, wir müssen von diesem Rauchzeichen wegkommen. Vielleicht, daß sie uns noch Bomber auf den Hals schicken."

General Bayerlein nickte. Sie gingen hundert Schritte weiter und ließen sich in den Graben fallen. Die Erregung dieses Angriffes zitterte in ihnen nach. Die Dämmerung verdichtete sich. Bald würde es Nacht sein.

„Wie kommen wir von hier zum Divisions-Gefechtsstand, Hartdegen? Dort wartet Kauffmann bestimmt schon sehnlichst auf uns."

„Das Beste wird sein, wenn ich bis Coulvain zum Gefechtsstand des Regimentes 902 gehe und von Oberst Gutmann einen Wagen ranschaffe, Herr General."

Doch Hauptmann Hartdegen brauchte seinen Fußmarsch nicht anzutreten, denn eben kam ein Kübelwagen in voller Fahrt aus Richtung Coulvain angepresdit. Oberst Gutmann hatte diesen Jabo-Angriff von seinem Gefechtsstand aus beobachtet und vorsorglich nach dem Abflug der Jabos den Wagen geschickt.

In schneller Fahrt fuhr der Kübel nach Proussy, wo Oberstleutnant Kauffmann schon seit 24 Stunden auf den Divisionskommandeur wartete. Auf dem Divisions-Gefechtsstand hatte der Ia der P.L.D. inzwischen schon die hier einlaufenden Verlustmeldungen zusammenstellen lassen. Auf dem Marsch vom Unterkunftsraum bis hierher waren bis 19.30 Uhr des 7. Juni verlorengegangen:

5 Panzer
40 gepanzerte Benzin-Tankwagen mit jeweils zweieinhalb Tonnen Kapazität.
84 Halbketten-Fahrzeuge und Geschütze auf Sfl.
90 Kraftwagen.

Damit hatte die Division über ein Zehntel ihres Bestandes an Fahrzeugen verloren. Und noch keine Einheit hatte im Einsatz gestanden. Die Hauptstraße Vire — Beny Bocage war zur Jabo-Rennstrecke geworden.

Zusammen mit dem Stab erläuterte General Bayerlein die Befehle, die er für den am 8. Juni geplanten Angriff gegeben hatte.

Das Pz.Gren.Rgt. 901, verstärkt durch die 5. und 6. Kp. der II. Abt./Pz.Lehr-Rgt. 130 (unter Major Wilhelm, Prinz von Schönburg-Waldenburg) sollte im Raum um Norrey angreifen. Das Pz.Gren.Lehr-Rgt. 902, ebenfalls durch Panzer der II. Abt. verstärkt, erhielt den Kampfraum um Brouay zugewiesen. Letzteres sollte sich dann nach Erreichung dieses Raumes dem Angriff der 12. SS.-P.D. anschließen, der auf die Küste zielte. Der Großangriff schien nun endlich anrollen zu wollen. Aber — und das wußte niemand besser, als General Bayerlein — er kam zwei Tage zu spät.

Dies hatte General Bayerlein bis zu einem gewissen Grade befürchtet. Aber die alliierte Luftüberlegenheit übertraf noch alle seine Befürchtungen und die Flak-Ausrüstung der Division war — trotz aller Bemühungen Bayerleins — nicht stark genug, um mehr als Nadelstiche gegen diese Luftarmada auszuteilen.

Neben der Fehlleitung der deutschen Panzerdivisionen war die alliierte Luftwaffe der wesentlichste Faktor der alliierten Erfolge in diesen ersten beiden Tagen. Allein am 6. Juni flog sie 10 585 Einsätze, in die nicht einmal die 1730 Einsätze des Transportkommandos eingerechnet waren. Noch am Abend des 6. Juni telefonierte der OB der 7. Armee verbittert an Feldmarschall Rommel:

„Die deutsche Luftwaffe ist n i c h t erschienen."

Chester Wilmont, der Autor des Buches: „Der Kampf um Europa" schreibt dazu: (Seite 281)

„Der Wert der interalliierten Luftherrschaft kann kaum überschätzt werden. Sie war von den Einzelfaktoren des Invasionserfolges ohne jeden Zweifel der wichtigste, durchdrang ihre Wirkung doch fast jeden feindlichen Plan und fast jede feindliche Operation. Strategie und Taktik der Deutschen, Befestigungen und Ausrüstung, Truppenverschiebungen und -versorgung, seelische Verfassung und Kampfgeist; all dies wurde durch die Luftüberlegenheit der Verbündeten beeinträchtigt."

Kein anderer Verband hat die unerbittliche Wahrheit dieser Worte so erbarmungslos erfahren müssen, wie die P.L.D.

Wie war der „Sturmangriff von der See" im Abschnitt der britischen 2. Armee bis zum Abend des 7. Juni verlaufen? Welche Einheiten waren es, auf die die drei deutschen Panzer-Divisionen angesetzt waren?

Die „Britische Befreiungsarmee" unter General Dempsey bestand aus dem I. und dem XXX. britischen Korps. Im ersten Korps waren die britische 3. und die kanadische 3. I.D., die britische 49. (West Riding) I.D. und die Kommandos vereinigt, die im Jahre 1940 von Dünkirchen nach England zurückgekommen waren und sich bis zum 6. Juni 1944 auf ihre Rückkehr nach Frankreich vorbereitet hatten. Dem XXX. Korps unterstanden die 7. Panzerdivision und die 50. und 51. I.D. Alle drei Divisionen hatten in Nordafrika im Einsatz gestanden.

Der britischen 2. Armee war die Landung zwischen Bayeux und Caen vorbehalten. Von Westen nach Osten waren drei Lande-Abschnitte vorgesehen.

Der Abschnitt „Gold" an der Küste oberhalb Bayeux sollte vom XXX. brit. A.K. (Generalleutnant G. C. Bucknall) übernommen werden. Die 50. Nordhumberland-Div. und die 8. Pz.-Brigade landeten in der ersten Welle; die 7. P.D. und die 49. I.D. in der zweiten.

Im Abschnitt „Juno" war das I. A.K. eingesetzt. (Generalleutnant Crokker). Der ersten Welle des I. A.K. gehörten die 3. kan.I.D. und die 2. kan.Pz.Brigade an. Kommandos der 4. Spezial Brigade bildeten die zweite Welle.

Im Abschnitt „Sword" landete die 3. brit. I.D. mit der 27. Pz.Brig. in der ersten und die 51. Highlander-Div., mit der 4. Pz.Brig. und der 1. Spez. Brig. in der zweiten Welle.

Konteradmiral Sir Philipp Vian führte die Marinestreitkräfte dieser östlichen Einsatzgruppe, die zwischen Port-en-Bessin und der Ornemündung landen sollte. Es war die Aufgabe der britischen 2. Armee, die Flanke der amerikanischen 1. Armee zu decken, die auf die bretonischen Häfen und auf die Halbinsel Cotentin mit dem Hafen Cherbourg angesetzt war. Am Abend des X-Tages sollten General Dempseys Truppen ein Gebiet besetzt haben, das Bayeux und Caen einschloß. Von dieser Basis aus sollten noch am gleichen Tage Panzereinheiten nach Süden auf Villers Bocage und Evrécy, vorstoßen. So hatte General Montgomery seinen Plan ausgearbeitet. Wie verlief dann die Landungsoperation?

Nach einem Trommelfeuer aus den britischen Schiffsgeschützen, das vierzig Minuten vor Sonnenaufgang des 6. Juni begann, landeten im Abschnitt „Gold" die 231. Brigade bei Le-Hamel und die 69. Brigade bei La-Rivière, mit dem Ziel, über die Seulles zur Straße Caen — Bayeux vorzustoßen. Das Hampshire-Regiment der 231. Brigade wurde von Le-Hamel stark unter Feuer genommen und blieb liegen. Das Sturmbataillon des Dorsetshire-Rgts. ging außerhalb des Schußbereiches von Le-Hamel an Land. Die 69. Brigade, die im Ostteil des Abschnittes der 50. I.D. landete, kämpfte zwei Stunden um den Ort La Rivière. Um 11.00 Uhr landete die zweite Welle: die 56. und 151. Brigade. Der 151. Brigade gelang es drei Meilen südöstlich von Bayeux die Straße nach Caen zu erreichen. Die 56. Brigade drang sechs Meilen nach Süden vor, und auch der 69. Brigade gelang es, sechs Meilen tief vorzustoßen. Weniger erfolgreich war das I. Korps unter Generalleutnant J. T. Crokker. Die 3. brit. I.D., (unter Generalmajor T. G. Rennie) die Caen nehmen sollte, blieb mit ihren Spitzen nördlich Hermanville hängen. Die 8. britische Brigade blieb vor der Höhe von Périers liegen, die von Teilen der 21. deutschen P.D. verteidigt wurde. Die brit. 185. Brigade unter Oberstleutnant F. J. Maurice stieß an der Höhe von Périers vorbei nach Süden und erreichte um 16.00 Uhr Bieville. Sie stand damit nur drei Meilen vor der Nordvorstadt von Caen. Hier blieb sie ebenfalls liegen.

Erst am Mittag des 7. Juni fiel Bayeux in alliierte Hand. Die 50. brit. I.D. grub sich auf der Höhe südlich der Stadt ein. Die alliierten Gesamt-Verluste des ersten Tages beziffern sich auf 11 000 Mann.

Dröhnend schossen die alliierten Schiffsgeschütze den Morgen des 8. Juni ein. Oberst Scholze hatte mit dem Rgt. 901 bereits den Bereitstellungsraum um Norrey erreicht, während die Kampfgruppen des Rgts. 902 erst nach Kampf den Einsatzraum Brouay erreichten. Panzer der 3. kan. Div., die den Auftrag hatten, den Flugplatz Carpiquet zu nehmen, standen bereits mit den Spitzen in Brouay. In schweren Nachtgefechten erkämpfte sich das Regiment 902 seinen Einsatzraum und erlitt hohe Verluste, weil in der Nacht niemand wußte, wo sich Freund oder Feind befand. Im Nahkampf vernichteten die Grenadiere die Feind-Panzer, dann war Brouay feindfrei. Oberst Gutmann wurde verwundet. Für ihn übernahm Ritterkreuzträger Major Willi Welsch die Führung des Rgt. 902.

Die Einheiten des Art.Lehr-Rgts. 130 unter Oberst Luxenburger hatten den Bereitstellungsraum noch nicht erreicht. Mit seinen Abteilungskommandeuren Oberstleutnant Zeißler, Hauptmann Graf Clary-Aldringen und sechs Unteroffizieren und Mannschaften, fuhr Oberst Luxenburger am Morgen des 8. Juni nach vorn, um die beste Vormarschstraße für sein Regiment zu erkunden. Sie stießen auf ein Panzerrudel des kanadischen Rgts. „Inns of Court" und gerieten sämtlich in Gefangenschaft. Hier geschah etwas völlig Unverständliches.

Oberst Luxenburger, der im Ersten Weltkrieg einen Arm verloren hatte, wurde von zwei britischen Offizieren gefesselt, bewußtlos geschlagen und blutüberströmt als Kugelfang auf einen der Panzer gebunden.

Oberstleutnant Zeißler, dem es gelungen war, bei dem auf die Deutschen niederheulenden Vernichtungsfeuer der abrollenden Panzer zu entkommen, berichtete von dieser unglaublichen Tat. Hauptmann Graf Clary wurde schwerverwundet von Angehörigen des Bataillons Siebken (des Pz.Gren.Rgts. 2) aufgefunden. Der Sanitäter Klöden leistete ihm die Erste Hilfe.

Am anderen Tage wurde auch Oberst Luxenburger gefunden. Er hing noch immer festgebunden auf dem kanadischen Panzer, der von einer deutschen Pak abgeschossen worden war. Oberst Luxenburger starb drei Tage später in einem Feldlazarett.

Auf dem neuen Divisions-Gefechtsstand in Le-Mesnil-Patry trafen nacheinander bis zum Mittag des 8. Juni die Klarmeldungen ein. Alle Kampfgruppen hatten die zugewiesenen Ausgangsstellungen erreicht. Doch der Angriffsbefehl ging nicht ein. Eine Nachfrage beim Korps ergab, daß das Panzerregiment 12 und das Pz.Gren.Rgt. 25 Bretteville genommen hatten, dann aber zurückgehen mußten, weil der Gegner nun stark nachdrückte. Man wolle erst noch das Eintreffen von General von Geyr abwarten, der jeden Augenblick auf dem Korps-Gefechtsstand eintreffen müsse.

Es wurde Abend. Um 19.05 Uhr erschien Feldmarschall Rommel im Divisions-Gefechtsstand der P.L.D. Die beiden Männer, die in Afrika miteinander gekämpft hatten, begrüßten sich, und bald wurde General Bayerlein klar, daß der Angriff nicht stattfinden würde.

„Also, Bayerlein", in der Erregung schwäbelte der Feldmarschall etwas, „alle Dispositionen sind umgeworfen. Die 50. brit. I.D. hat Bayeux genommen. Unsere speziellen Freunde aus Afrika."

„Und was soll jetzt geschehen, Herr Feldmarschall?"

„Sie müssen beide Kampfgruppen und die Artillerie noch in dieser Nacht nach Westen umgruppieren; in den Raum Tilly. Von Tilly bis Bayeux sind es elf Kilometer. Das neue Angriffsziel der P.L.D. ist Bayeux. Sie haben die Stadt am 9. Juni zu nehmen."

Die Umgruppierung erfolgte noch in der gleichen Nacht. Unbemerkt vom Gegner rollten die Panzer in den neuen Bereitstellungsraum. Aber der Zufall wollte es, daß eigene Bomber in Fontenay-Le-Pesnel (genau ostwärts Tilly) die Truppenbewegungen erkannten, die P.L.D. für eine kanadische Einheit hielten und bombardierten. Es entstand zum Glück nur geringer Schaden. Am frühen Morgen des 9. Juni war diese Umgruppierung beendet.

Da jedoch schon die ersten britischen Panzerrudel auf der Straße von Bayeux nach Tilly rollten, mußte der Angriff westlich der Straße angesetzt werden.

An der Spitze der Panzer-Aufkl.Lehr-Abt. 130 (unter Hauptmann Gerd von Born-Fallois) trat General Bayerlein mit den Offizieren des Gefechtsstabes zum Angriff auf Bayeux an. Mittags umging die Abteilung Ellon und erreichte — daran vorbeistoßend — eine Stunde später Argandy.

Hier richtete sich der Div.Stab in einem Gehölz ein, um den letzten umfassenden Angriff auf Bayeux zu leiten. Bis Bayeux waren es noch genau 5 km. Und diesmal sollte es klappen.

Die britischen Schiffsgeschütze feuerten in den Aufmarschraum der Division. Die abgesessenen Panzergrenadiere suchten hinter den vorrollenden Panzern Schutz. Dichter Pulverdampf zog über das Gelände, aus dem immer wieder die Einschlagpilze schwerer Granaten emporstiegen. Doch die Panzer schoben sich weiter und weiter vor.

Die II./Pz.Lehr-Abt. 130 unter dem „Prinzen" rollte mit der 5. und 6., 7. und 8. Kompanie vor. Gegen Mittag tauchte im Norden der Kirchturm von Ellon auf. Der flache Hügel vor Ellon wurde genommen. Hinter den Panzern drängten sich die Grenadiere des Rgts. 901. Aus Ellon feuerten die Einheiten der 49. brit. I.D.

In breiter Front rollten die Panzer vor und brachen den Widerstand. Vor dem Panzer 602 (der 6. Kompanie) tauchte der erste Feindpanzer auf. Er rollte hinter der Kirche hervor. Die erste Panzergranate, die in diesem Kampf einem Feindpanzer galt, zerschmetterte dem Gegner die Kette. Die zweite ließ ihn in Flammen aufgehen. Eine Gruppe Engländer sprang den Panzer 604 an. Sie fielen im Feuerstoß des MG. Zwei, drei Handgranaten zerplatzten wirkungslos auf der Bugpanzerung.

Das Artilleriefeuer des Gegners konzentrierte sich nun auf Ellon. Es verstärkte sich mehr und mehr. Pausenlos krachten Granaten aller Kaliber auf die Häuser und Panzer herunter. Flügelminen überschwerer Granatwerfer platzten mit wütenden Schlägen auf dem Pflaster auseinander. Splitter kreischten, hämmerten gegen Seitenschürzen und Türme der Panzer und zerschroteten den Stahl. Aber die Panzer der 7. und 8. Kompanie rollten bis zum Nordrand von Ellon vor. Die folgenden Panzer-Grenadiere griffen die Gefangenen auf und schickten sie zurück. Ellon war wieder feindfrei. Die Besatzung der 5. und 6. Komp., die in Ellon zurückblieben, verließen ihre Panzer. Sie sahen die zerrissenen Seitenschürzen und die zerbeulten Stirnpanzerungen.

Major Prinz Schönburg-Waldenburg nahm seine verblichene Panzermütze ab, als die Toten der Abteilung zusammengetragen wurden.

Einige Kameraden waren mit ihm im ruhmreichen Pz.Rgt. 31 zusammen gewesen. Sie hatten in der 1. Kompanie, der Einheit des Prinzen gestanden, als jener das Ritterkreuz erhielt.

Der Ausgangspunkt für den Angriff auf Bayeux war auch hier erreicht. Dann aber traf ein Befehl vom I. Pz.-Korps ein, der alle Hoffnungen auf einen durchschlagenden Erfolg zunichte machte. Er lautete:

„Angriff auf Bayeux einstellen. Division auf Tilly zurücknehmen."

Die Männer der Division fluchten wild. Sie sahen das Ziel schon greifbar nahe vor sich. Hauptmann Hauck, Kdr. der Div.Nachr.Abt. 130, ließ über Funk alle Kampfgruppen verständigen.

Starke kanadische Kräfte waren in der Nahtstelle zwischen der 12. SS-P.D. und dem Pz.Lehr-Rgt. 130 eingesickert und in den Raum Tilly — Audrieu — Christot eingedrungen. Während das I./901 unter Major Uthe in Ellon liegenblieb, und die 5. und 6./Pz.Lehr-Rgt. 130 die Grenadiere sicherte, rollten die 7. und 8./Pz.Lehr-Rgt. 130 sofort zum Gegenangriff auf den eingebrochenen Gegner zu.

Es war gegen 14.00 Uhr, als Hauptmann Reche, der Chef der 8./Pz. Lehr-Rgt. 130, von seinem Abteilungskommandeur den Befehl zur Bereitstellung im Raume Fontenay erhielt. Die beiden Kompanien (7. und 8./Pz.Lehr-Rgt. 130) sollten den eingedrungenen Gegner werfen und — wieder einmal — zur Küste durchstoßen.

General Bayerlein fuhr sofort zum Korps-Gefechtsstand. Hier erhielt er den Auftrag, sich mit der Division im Raume Tilly zur Verteidigung einzurichten. Die Linie Christot — Verrières mit dem Mittelpunkt Tilly, sollte unbedingt gehalten werden. Auch wenn der Gegner mit seiner 50. und 51. brit. I.D. im Frontalangriff auf Tilly drückte.

Die Panzer rollten vor. Der Abend fiel ein. Das Getöse der Panzergeräusche verstärkte sich in der Nacht hundertfach. Weit auseinandergezogen rollten sie der Front entgegen. Die Panther der Abteilung erreichten die beiden Dörfer Audrieu und Chouain. Hauptmann Reche — seit Tagen schwer erkrankt — war vom Unterarzt der Abteilung ins Lazarett gefahren worden. An seiner Stelle hatte Oberleutnant Walter die 8. Kompanie übernommen.

Hier, zwischen den beiden Dörfern Audrieu und Chouain, hielt die Abteilung noch einmal. Eineinhalb Kilometer vor den Panzern mündete die Kusselebene, in der sie gut gedeckt standen, in zwei dichte Waldstücke. Nur ein schmaler Streifen von 300 m Breite führte genau zwischen diesen beiden Wäldern hindurch.

Noch wußte niemand, daß die Engländer am gleichen Tage den Nordteil von Tilly genommen hatten. Auf dem linken Flügel der Abteilung rollte der Panzer 801. Leutnant Stöhr war Kommandant dieses Panzers. Sie erreichten frisch ausgeworfene Stellungen des Gegners. Doch vom

Gegner selbst war nichts zu sehen. Er hatte diese Stellung beim Herannahen der Panzer geräumt und sich abgesetzt. Dann rollten die ersten Panzer in die Enge zwischen die beiden Wälder hinein, verlangsamten ihre Fahrt. Die nachfolgenden Panzer schlossen dicht zu ihnen auf.

Massiertes Artilleriefeuer traf die Panzer, als sie sich mitten in der Enge befanden. Da die letzten Panzer zu dicht aufgefahren waren, gab es für die vordersten keine Möglichkeit mehr, zu drehen. Sie mußten durch die Enge hindurchrollen.

Major Prinz Schönburg-Waldenburg rollte im Führungspanzer an der Spitze. Er ließ seinen Panzer mit Vollgas auf die Höhe 103 rollen, um von dort aus einen Überblick zu haben. Aus zweihundert Meter Entfernung war deutlich der Abschuß einer Feind-Pak zu sehen. Eine Granate durchschlug — frontal auftreffend — den Turm. Prinz Schönburg-Waldenburg fiel zur Seite. Er war sofort tot. Alle Männer der Besatzung waren schwerverwundet. Panzerkanonen krachten. Feind-Pak und Artillerie antwortete.

Hauptmann Ritgen übernahm auf dem Gefechtsfelde die Abteilung.

Gleich einem tödlichen Vorhang aus Feuer und Stahl lag das Artilleriefeuer des Gegners vor den deutschen Panzern. Jedes weitere Vordringen war Selbstmord. Hauptmann Ritgen entschloß sich, die Panzer zurückzunehmen.

Am Abend des 9. Juni zeigte sich deutlich, daß sich der Schwerpunkt der englischen Operationen in den Raum Tilly verlagert hatte. Nachdem es Montgomery nicht gelungen war, Caen in frontalem Ansturm zu nehmen, wollte er nun aus dem Raume Bayeux auf Tilly vorstoßen, die Höhen von Villers Bocage gewinnen und dann auf Caen eindrehen.

Ein neuer Abschnitt in der Geschichte der Invasion begann. Die Invasionsschlacht konzentrierte sich auf einen Höhepunkt: Tilly.

Und noch immer war vom I./Pz.Rgt. 130, das unter Major Markowski zur Ostfront in Marsch gesetzt, und von General Bayerlein zu Beginn der Invasion zurückbeordert worden war, nichts zu sehen.

5

DER KAMPF UM TILLY

Die Panzerreserve greift an

Feldwebel Brasche vernichtet 5 Feindpanzer

Feuerwände um Tilly

In der Nacht zum 10. Juni wurde die inzwischen vollzählig im Kampfraum eingetroffene P.L.D. in der Linie Christot—Tilly-Nord—Verrières und Bernières — La-Belle-Épine — Torteval — St.-Germain-d'Ectot eingewiesen. Die Division hatte einen 17 km breiten Streifen der Front zu halten. Der Divisions-Gefechtsstand war in Sermentot in einem Bauernhaus untergebracht.

General Bayerlein hatte alle erdenklichen Vorsichtsmaßregeln getroffen, damit dieser Gefechtsstand nicht vom Gegner erkannt und vernichtet werden konnte, wie dies mit dem Gefechtsstand der Panzergruppe West in La Caine geschehen war, wo der gegnerische Horchfunk den Funkverkehr angepeilt hatte; dann griff ein Jabogeschwader an. Zwölf Stabsoffiziere fielen bei diesem Angriff. General von Geyr wurde schwer verwundet.

Dies veranlaßte General Bayerlein, seine Funkstelle 2000 m vom Div.-Gefechtsstand entfernt aufzubauen. Kfz. durften sich bei Tage nur bis auf 500 m dem Gefechtsstand nähern. Die Tarnung wurde jeden Tag mehrfach kontrolliert.

Die Vorbereitung des britischen Angriffes auf Tilly begann am 10. Juni mit einer unglaublichen Konzentration schwerer Schiffsartillerie; jedoch ohne Luftangriffe. Hierzu sagt General Bayerlein:

„Dies war ein typisch britischer Angriff, der wie immer mit einem konzentrierten schweren Artillerie-Feuerschlag begann und verhältnismäßig wenig Luftunterstützung hatte. Im Gegensatz zum typisch amerikanischen Angriff, dem nur Artillerie-Streufeuer mit relativ geringer Wirkung vorausging, dem sich aber ungeheuer schwere Luftangriffe anschlossen."

Die amerikanische Luftwaffe griff am 10. Juni mit ganzen Geschwadern die Treibstoff-Wagen der Division an, die sich noch im westlichen St.-Lô-Sektor befanden.

Um den Aufmarsch der gesamten Division nach Westen und Nordwesten zu sichern, wurde die 1./Pz.Gren.Lehr-Rgt. 901, unter Oberleutnant Monz, in Richtung Balleroy angesetzt. Ihre Aufgabe war es, die linke Flanke der Division zu sichern.

Lassen wir hier Männer der Kompanie berichten. Unter ihnen auch Unteroffizier Rudolf Brasche, der am 9. November 1942 in den Vorbergen des Kaukasus als Obergefreiter das Ritterkreuz errungen hatte. Wie es Rudi Brasche gelang, am 10. und 12. Juni mit seiner Gruppe insgesamt sieben Feindpanzer zu vernichten, war eine besondere Leistung des jungen entschlossenen Unteroffiziers. Wie nachträglich festgestellt wurde, waren es Panzer der 7. brit. Husaren, die gerade zu einer Zangenbewegung ausholten, die über Balleroy — Chaumont — Villers Bocage führen und Tilly einschnüren sollte.

In Keilform arbeitete sich die erste Kompanie des Panzergrenadier-Lehr-Regimentes 901 nach vorn. Der dritte Zug, der die Spitze übernommen hatte, ging auf der Straße vor und erreichte eben den Rand des Wiesen- und Kusselgeländes, hinter dem eine der für diese Gegend charakteristischen Hecken sichtbar wurde. Und während der zweite Zug rechts der Straße vorging, hielt sich der dritte Zug schräg links dahinter auf der linken Seite in dem Gebüsch getarnt. Vielleicht hundert Meter weiter rückwärts hinter dem ersten Zug stand der vierte Zug, der mit sMG und 8-cm-Granatwerfern ausgerüstet war.

Oberleutnant Monz befand sich vorn beim dritten Zug.

Unteroffizier Rudi Brasche, der mit seiner Gruppe das „Ofenrohr" übernommen hatte, verhielt eine halbe Minute, als linkerhand ein Hohlweg sichtbar wurde, der in die Straße mündete. Er konnte ihn nur gut hundert Meter überblicken, weil der Hohlweg einen Bogen nach Norden beschrieb. Er war schon drei Schritte weitergegangen, als die Stimme von Jasper Lagemann ihn aufhielt: „Panzer von links, Rudi!"

Rudi Brasche raste die wenigen Meter zurück. Im gleichen Augenblick hörten alle das Aufbrüllen vieler Panzermotoren. Rudi Brasche sah den vordersten Panzer vorrollen. Er erkannte den flachen, ein wenig zu breiten Turm eines Sherman mit seiner kurzen Kanone und dem MG. links vorn unter dem MG.-Schützen-Luk. Und dahinter erblickte er den zweiten, dritten, vierten Panzer. Sie schoben sich mit kleiner Fahrt um die Biegung und rollten der Straße entgegen.

„Becker, Meldung an Kompaniechef. Panzer von links. Rollen genau in die Flanke der Kompanie."
Obergefreiter Becker raste nach vorn zum dritten Zug. Rudi Brasche lief zur rechten Seite des Hohlweges hinüber und warf sich dort in den Graben. Er richtete das Ofenrohr auf den ersten Panzer, dessen Kettengerassel ihnen allen dröhnend gegen die Trommelfelle schlug. Näher und näher kam der Koloß heran. Stinkender Ölbrodem drang den Männern beizend in die Nase.
Rudi Brasche visierte den vordersten Panzer an. Er feuerte das Ofenrohr ab. Ein Flammenstrahl zischte hinaus. Das Geschoß flog dem Panzer entgegen. Es schlug unten gegen den Turm. Wie von Geisterhänden aufgehoben löste sich der Turm aus dem Drehkranz. Er wurde zwanzig Meter durch die Luft gewirbelt und landete dann krachend auf dem zweiten Panzer. Eine Stichflamme sprang aus diesem zweiten Panzer in die Höhe. Im gleichen Augenblick feuerte der dritte Panzer und dann war an dieser Stelle des Kampfraumes um Tilly die Hölle los.
„Folgen!" rief Rudi Brasche. Er schnappte das Ofenrohr und rannte parallel zum Hohlweg nach Westen. Hannes Keck tauchte neben ihm auf. Dann kam Hill, und Lagemann trieb die letzten der Gruppe an. Sie sahen die flammenden Abschüsse der Shermans und hörten die krachenden Einschläge.
Sie hatten den Weg bis zur Biegung des Hohlweges nach Norden eben zurückgelegt, als schräg rechts vor ihnen ein paar Schnellfeuerkanonen und auch einige Panzerkanonen zu feuern begannen. Die Leuchtspur zog nach Nordosten, wo der dritte Zug lag.
„Weiter! Wir müssen den letzten Panzer der Kolonne abschießen, dann sitzen sie in dem Hohlweg fest und wir können sie der Reihe nach erledigen."
Sie arbeiteten sich tiefgeduckt weiter vor. Rasendes MG.-Feuer peitschte ihnen entgegen. Dann hatten sie diese Todeszone passiert. Ein flammender Abschußblitz zeigte ihnen den Standort des letzten Panzers an. Rudi Brasche drang durch die Kussel zum Hohlweg vor. Auf einmal tauchte der Turm des Panzers durch das Gebüsch auf. Das Ofenrohr wurde in Stellung gebracht.
Abermals zog eines der tödlichen Geschosse durch den Nachmittag und bohrte sich in den Feindpanzer hinein. Mit schmetternden Schlägen detonierte die Bereitschaftsmunition des Panzers. Alles, was in dem Bereich dieses feuerspeienden Vulkans lag, wich zurück.
Dort, wo der vierte Zug lag, ploppten die Werfer los. Keine Sekunde zu früh, denn nun drang die Infanterie vor, die hinter den Panzern folgte. Die 8-cm-Werfer hieben in die dichten Gruppen der Engländer hinein und ließen sie in Deckung gehen.
„Hill und Lagemann folgen. Die anderen sichern."

Rudi Brasche rannte durch das Gebüsch. Zweige peitschten sein Gesicht. Er riß sich die Hände an dem Brombeerranken blutig. Dann erreichte er den Wall des Hohlweges.

Unmittelbar neben ihnen brüllte eine Panzerkanone auf. Abermals spuckte sie ihren Stahlkern aus, der der Kompaniespitze galt.

Sie warfen sich auf den Panzer. Rudi Brasche sah eine Gruppe Engländer. Seine MPi herumschwenkend, feuerte er drei kurze Feuerstöße ab. Und als die Gegner in Deckung gingen, schnellte sich Hans Hill dem Sherman entgegen. Er trug drei gebündelte Handgranaten. Mit einem Satz schwang er sich auf den Panzer. Das Luk sprang unter seinem Zugriff zurück. Er schleuderte die Handgranaten hinein, knallte es zu und warf sich mit einem weiten Satz wieder vom Panzer herunter. Schüsse peitschten durch die Dämmerung des Hohlweges. Lagemann und Brasche hielten den feuernden Gegner nieder und so gelang es Hill, den rettenden Wall wieder zu erreichen.

„Ihr gebt Feuerschutz!" befahl Rudi Brasche. Und ehe die Kameraden antworten konnten, war er im Unterholz verschwunden, das sich längs des Hohlweges hinzog.

Rudi Brasche kroch durch ein dichtes Haselgebüsch. Er wand sich unter Ginster den Wall empor und sah, daß er richtig geschätzt hatte. Keine fünf Meter neben ihm stand ein weiterer Sherman-Panzer. Auch er feuerte. Doch diesmal nach Süden, wo die Waffen des Schweren Zuges von der linken Flanke aus in die Infanterie-Ansammlung des Gegners hineinhieben und sie immer wieder auseinander sprengten.

Eine Sekunde zögerte Rudi Brasche. Er wußte, daß sein Leben keinen Pfifferling wert war, sobald er seine Deckung verließ. Überall im Hohlweg kroch der Gegner herum und lauerte darauf, einen Deutschen zu erspähen, um ihm diese vernichtenden Schläge heimzuzahlen.

Dann löste er die Handgranaten vom Gürtel. Er schraubte die Kappe der mittleren Handgranate ab und kroch nach vorn. Zum Glück war die Innenseite des Hohlweges, die er nun hinabkroch, mit Brombeeren bewachsen. Schräg vor ihm tauchten ein paar Männer mit flachen Stahlhelmen auf. Dort, wo Lagemann und die übrigen Männer der Gruppe lagen, flammten Feuerstöße. Der Gegner verschwand hinter dem zweiten Panzer, der noch immer qualmte. Mit einem langen Satz erreichte Rudi Brasche das Heck des Panzers. Für den Bruchteil einer Sekunde hörte er Sprechen. Dann ein Klirren, als eine neue Granate in den Verschluß geschnickt wurde.

Er zwängte die Handgranaten unter den überstehenden Teil des Turmes auf das empfindliche Heck. Dann zog er den Brennzünder ab und raste mit langen Sätzen schräg rückwärts. Er stolperte über eine hervorstehende Baumwurzel und stürzte der Länge nach hin.

Mit ohrbetäubendem Schlage detonierten die vier gebündelten Handgranaten. Aus dem Motor des Panzers zuckte eine Stichflamme. Vorn klapperten Lukendeckel. Wieder begannen die MPi zu bellen.

Robbend verschwand Rudi Brasche im Gebüsch. Keinen Augenblick zu früh, denn eben erschienen hinter dem letzten Panzer Infanterie-Gruppen. Sie feuerten blindlings in das Gebüsch hinein.

‚Sie haben dich gesehen!' zuckte es Rudi Brasche durch den Sinn. ‚Und nun werden sie dich hier ausräuchern!'

So schnell er vermochte, kroch er zur Seite. Wieder prasselte Feindfeuer in das Gebüsch. Ein MG. begann in rasenden Feuerstößen zu schießen. Dann barsten dort, wo der Gegner lag, Handgranaten auseinander und das Feindfeuer brach abrupt ab.

Rudi Brasche kroch die Böschung empor. Als er oben ankam, war sein Rücken schweißnaß.

„Rudi, der Zug hat nachgezogen. Wir liegen alle hier bereit."

„Gruppe Brasche geht am Rande des Hohlweges vor", befahl Oberleutnant Monz, der vom dritten Zug zum Gros der Kompanie zurückgekehrt war.

Die anderen Gruppen schlossen sich nach rechts an. Immer in der Deckung der Büsche und Hecken bleibend, erreichten sie das Ende des Hohlweges.

„Verdammt, das ist ja ein ganzes Infanterie-Bataillon!" rief Lagemann, als er die Ansammlung der Infanterie am Rande eines Kastanienwäldchens sah.

„Wir halten mal mit dem Ofenrohr rein!"

Der Schuß aus dem Ofenrohr überrumpelte den Gegner. Mitten in einer dichten Feindgruppe schmetterte das Geschoß auseinander. Es hatte eine verheerende Wirkung. Sofort zog sich der Feind in das Wäldchen zurück.

„Hier absichern!"

Sie blieben liegen. Der vierte Zug feuerte noch immer. So oft der Tommy versuchte, sich den abgeschossenen und brennenden oder qualmenden fünf Panzern zu nähern, empfing ihn das Feuer der sMG, die sie in der Flanke packten. Der Engländer zog sich zurück. Die erste Kompanie hatte ihre große Feuertaufe erhalten. Aber der dritte Zug, der vom Feuer der Feindpanzer voll erfaßt worden war, hatte einen hohen Blutzoll entrichtet.

Der Durchbruch des Gegners, der an dieser Stelle das weitmaschige Netz der P.L.D. durchstoßen wollte, war abgeschlagen worden. Die

Gruppe Brasche hatte fünf Sherman-Panzer mit Ofenrohr und Handgranaten vernichtet.

Im Divisions-Tagesbefehl vom 11. Juni wurde dieser Erfolg durch Hauptmann Ehricht — dem Regiments-Adjutanten — besonders gewürdigt.

Zwei Tage später, 12. Juni 1944. Die Abwehr im Raume Tilly hatte sich organisiert. Am 11. Juni waren die Engländer zu dem erwarteten Großangriff angetreten. In Tilly selbst schlug die 5./Pz.Gren.Lehr-Rgt. 901, unter Ritterkreuzträger Hauptmann Philipps, den englischen Angriff ab.

Westlich Tilly, bei Verrières, lag das I. Bataillon. Bei Lingèvres lag die erste Kompanie in einem Waldstück.

„Wir ziehen ostwärts Lingèvres vor. Dort haben wir bessere Verteidigungsmöglichkeiten", befahl Oberleutnant Monz, nachdem ihm freigestellt worden war, seinen Standort selbst zu wählen.

Am Nachmittag des 12. Juni setzte sich die Kompanie in Marsch. Während der erste Zug sich auf der rechten Flanke in Anlehnung an eine Straße vorarbeitete, schloß der zweite Zug schräg links dahinter an und der dritte Zug bildete die linke Flanke. Hinter dem dritten Zug lag — wie immer — der 4. (schwere) Zug.

Es dämmerte. Von Tilly hörten die Männer das Getöse der Granateinschläge. Hier hämmerten die Engländer mit Artillerie und Schiffsartillerie auf die Trümmer der Stadt herunter.

Je dunkler es wurde, desto gigantischer zuckten die Blitze über den Himmel nördlich der vorgehenden Kompanie.

„Die hauen vielleicht rein, was Rudi?"

„Die armen Schweine von der Fünften", warf Lagemann ein.

„Uns kann es jeden Augenblick ähnlich ergehen, Jungens", warnte Becker.

„Noch ist es ja nicht so weit. Sieht nicht danach aus, als sei der Tommy auch schon hier versammelt."

„Wir ziehen bis zur Wiese dort vorn vor und bleiben dort liegen. Südlicher Wiesenrand zweiter und dritter Zug. Ostrand erster Zug. Vierter Zug hinter dem dritten."

Sie stolperten durch das Kusselgelände. Das Ofenrohr der Gruppe schien zwei Zentner zu wiegen. Rudi Brasche erkannte schemenhaft die große Fläche mit dem niedrigen Buschwerk darin. Dann erreichte der zweite Zug eine Hecke, die diese Wiese einschloß.

„Prima Graben, Rudi. Haben es uns leicht gemacht. Hier haben wir Deckung genug."

Rudi Brasche sprang in den Graben hinein. Er versuchte, durch ein Loch in der Hecke auf die Wiese zu spähen, vergebens.

„Buddelt euch noch etwas tiefer ein, Kumpels. Je tiefer, desto besser."
Murrend machte sich die Gruppe an die Arbeit, während Rudi Brasche mit dem Spaten ein Loch in die Hecke hieb, durch welches er das Ofenrohr schob. Er konnte nichts erkennen, als die dunklen Schatten der Büsche, die seltsam gleichmäßig verstreut auf der Wiese standen.
„Los, Hannes, schneide auch für das zweite Ofenrohr ein Loch in die Hecke."
„Meine Güte, du willst es aber genau wissen, was? Warum dieser Zirkus?"
„Mach schon, ehe der Alte kommt und dich zur Schnecke macht, weil wir nicht bestens untergezogen sind."
„Der sitzt vorn beim ersten Zug."
„Ich geh mal rum!"
Rudi Brasche verschwand um die Hecke. Er sah, daß der Graben an der Ostseite kaum halb so tief war wie bei ihnen. Die Männer des ersten Zuges waren bereits am Schanzen.
„Wie sieht es aus, Karl-Heinz?" fragte Brasche seinen Freund, Unteroffizier Görenz.
„Hmm, nichts zu hören. Ich glaube, wir können gleich zusammen mit Wetterau vom Vierten einen Skat klopfen. Treffpunkt bei Wetterau im Funkwagen."
Als Rudi Brasche den Alten erkannte, duckte er sich im Graben und schlich um die Hecke herum zu seiner Gruppe zurück.
Er war kaum dort, als Oberleutnant Monz auch schon erschien.
„Hundertprozentige Wachbereitschaft, Brasche."
„Jawohl, Herr Oberleutnant!"
Der Kompanieführer ging weiter. Rudi hörte seine Stimme beim dritten Zug. Fünf Minuten später kam er in Begleitung des Kompanie-Truppführers Peter Kollmannsberger zurück und verschwand um den Heckenknick.
„Verdammt, Rudi, was ist das?"
Keine vierzig Meter vor der Hecke röhrte ein Panzermotor auf. Und dann knallten Flammen aus den Auspufftöpfen und der breite Schatten, der wie ein Gebüsch ausgesehen hatte, setzte sich in Bewegung und rollte am zweiten Zug vorbei in Richtung auf die Osthecke vor. Durch sein Loch in der Hecke starrte Rudi Brasche wie gelähmt auf den Stahlgiganten. Und so konnte er erkennen, wie plötzlich alle Schatten auf der Wiese in Bewegung gerieten und wie sich drei, vier Panzer der Osthecke näherten. Wenn sie die Hecke niederwalzten, konnten sie den gesamten ersten Zug in dem flachen Graben zerquetschen.
Rudi Brasche schnappte sich das Ofenrohr. Lagemann sprang hinzu und half. Sie rannten in ihrem Graben zum Winkel der Hecke. Es gelang

ihnen, den langsam vorrollenden Panzer zu überholen. An der Ecke sah Rudi Brasche eine Lücke in der Hecke. Er warf sich hinter das Ofenrohr. Da tauchte auch schon der Panzer auf. Er zeigte ihnen die schräge Silhouette. Dann kam er herum. Rudi Brasche zog durch.

Der brüllende Schlag des Abschusses und der harte metallene des Einschlages krachten wie ein einziger. Eine grellrote Flamme schlug aus dem Feindpanzer heraus. Dann wurde die Nacht von den rotglühenden Flammen der Panzerabschüsse durchzuckt. Die bis unmittelbar vor die Osthecke vorgerollten Panzer, die sich von vorn angegriffen wähnten, blieben stehen. Es gelang Rudi Brasche, noch einmal auf einen zum Schuß zu kommen. Auch er wurde getroffen und begann mit zuckenden Flammen zu brennen. Die Panzer rollten zurück in die Wiese. Zwei von ihnen blieben brennend dicht an der Hecke stehen.

„Zurück, Alter!"

Sie rannten zu ihrem Zug zurück und gingen wieder in den Gräben in Deckung.

Keine Sekunde zu früh, denn nun wurde die Nacht durch das Mündungsfeuer aus dreißig, vierzig Panzerkanonen zum Tage gemacht. MG fielen in das Feuer ein und schickten blitzende Leuchtspurfäden durch die Nacht.

„Gut, daß wir uns noch eingegraben haben. Das ist ja ein ganzes Panzerregiment."

„Wir sind wahrscheinlich in ihre Bereitstellung hineingeraten."

„Wenn du nicht die beiden Panzer abgeknallt hättest, Rudi, dann wären die Brummer alle durch die Hecke gerollt und hätten den ersten Zug zusammengekehrt."

„Unsinn."

Die Werfer des vierten Zuges begannen zu feuern. Ihre Einschläge lagen mitten in der Wiese. Und im zuckenden Feuer der Detonationen erkannten die Männer um Unteroffizier Brasche, wie aus dem Hintergrund auch Infanterie auftauchte und sich mit den ausgebüchsten Panzermännern vereinigte.

Die MG 42 begannen zu rasen. Sie rasierten einen halben Meter über dem Boden alles, was in ihrem Feuerbereich lag.

Ofenrohre und Panzerfäuste knallten. Panzergranaten rissen die Hekken auseinander. Stahl kreischte. Die Nacht war tobsüchtig geworden. Breitseitengleich feuerten die Panzer nun auf die Hecke. Eines der MG wurde von einer Panzergranate getroffen und zerschmettert.

Die Männer tauchten in den Gräben unter. Nur Rudi Brasche versuchte, etwa anschleichende Gegner zu erkennen. Er sah, wie eben am Südostwinkel der Wiese einer der Feindpanzer vorrollte. Für den Bruchteil einer Sekunde erkannte er im aufzuckenden Abschußlicht ein paar

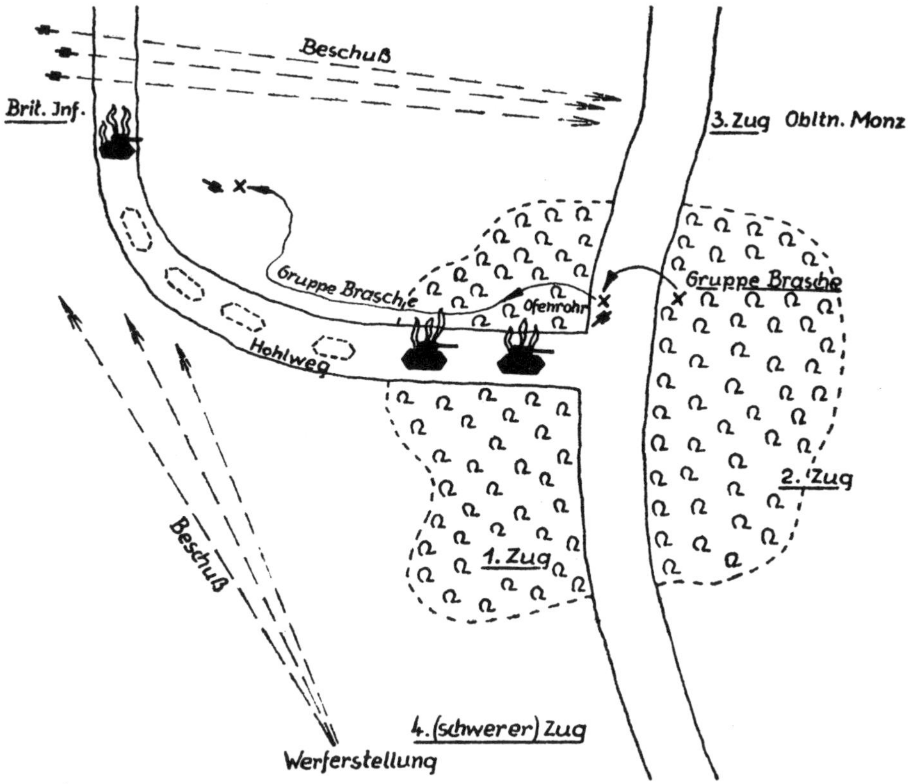

1./Pz.Gren.Lehr Rgt. 901 am 10.6.44. Uffz. Brasche vernichtet 5 Panzer

Gestalten. Er glaubte, Oberleutnant Monz zu erkennen. Dann sprang eine der Gestalten den Feindpanzer an. Schüsse krachten. Der Mann, der den Panzer angesprungen hatte, wurde von einer MG-Salve wieder heruntergefegt und krachte zu Boden.

Rudi hob die MPi und feuerte auf die Stelle, wo der Gegner liegen mußte. Sofort wurde das Feuer erwidert. Drei, vier Feuerstöße ließen ihn in Deckung gehen. Er verschwand im Graben und kroch ein paar Meter zur Seite. Dann versuchte er es noch einmal.

Er wühlte sich durch die zerfledderte Hecke. Dann schob er sich einen Viertelmeter vor. Er sah das Mündungsfeuer eines MG, sah die zuckenden Flammen aus den Kanonen der Panzer hinauszischen. Er hob seine MPi und feuerte. Im Feuerstoß erkannte er den Abschuß eines Sturmgewehrs und schwenkte ein. Im gleichen Augenblick zischte ein greller Leuchtspur-Feuerstoß an ihm vorüber. Dann krachte etwas in seinen linken Oberarm hinein und warf ihn zurück.

Eine Sekunde blieb er fest gegen den Boden gepreßt liegen. Dann kroch er zurück und ließ sich in den Graben fallen.

„Mensch, du bist ja verwundet! Du blutest ja!" rief Lagemann. Hannes Hill sprang hinzu. Gemeinsam rissen sie ihm die Feldbluse herunter und verbanden den Oberarm.

„Kein Ausschuß, Rudi. Schwein gehabt."

„Krieg zu Ende", sagte Lagemann noch lakonisch.

„So eine Sauerei!" fluchte Brasche. Er biß sich auf die Lippen, als nun der Wundschmerz einsetzte.

Das Infanteriefeuer, das zuerst nur zögernd einsetzte, verstärkte sich von einer Sekunde zur anderen.

„Oberleutnant Monz bei Panzerbekämpfung verwundet." Diese Meldung kam wenig später zu ihnen durch.

Oberleutnant Monz hatte einen der Feindpanzer angesprungen, der Männer des ersten Zuges bedrohte. Bei diesem Versuch, den Panzer zu vernichten, wurde er von einer MG-Salve erfaßt.

In Tilly hatten sich die Grenadiere des Regimentes 901 festgesetzt.

Major Uthe, der Kommandeur des I./Pz.Gren.Lehr-Rgt. 901, hatte seinen Gefechtsstand im Chateau Fontenay eingerichtet, das hart westlich des Dorfes Fontenay lag. Der Schloßpark mit den alten knorrigen Bäumen glich einer Waldlandschaft nach einem Hurrikan. Das Schloß selbst — von Bombenangriffen heimgesucht und durch Schiffsgeschütze mit Feuer belegt — war nun schon eine Ruine. Im Keller richtete sich Major Uthe ein. Auf einem Faß brannten ein paar Kerzen.

Nahebei befand sich auch der Gefechtsstand von Oberst Scholze, der immer wieder zu seinen Männern vorging, um nach dem Rechten zu sehen. Dies waren seine alten Döberitzer, mit denen er in Rußland gekämpft hatte. Ihnen galt seine besondere Fürsorge.

Am frühen Morgen des 10. Juni, um 05.00 Uhr, begann das Artilleriefeuer des Gegners. Der Viregrund war wenig später von Granattrichtern übersät. Mit zwei Meldern arbeitete sich Major Uthe im Feuer durch den Viregrund, dessen Erddecke immer wieder Flügel zu bekommen schien. Mitten durch das Chaos der Trichter kletterte er die Höhe empor, an deren oberem Hinterhang die Deckungslöcher seiner Grenadiere lagen: Oberleutnant Mersiowski mit der 2./901 und Hauptmann Salzmann mit der 3./901. Die 1./901 hatte ja eine Sonderaufgabe erhalten und stand hier nicht zur Verfügung.

Hauptmann Salzmann meldete dem Bataillonskommandeur, daß der Gegner sich in der Ferme Cheval rouge festgesetzt habe und von dort aus mit einigen Pak feuere, sobald sich jemand zeige. Major Uthe ließ sofort die Artillerie verständigen. So verging der 10. Juni im Bereich des Regimentes 901.

Besonders schweres Artilleriefeuer lag jedoch auf dem Abschnitt der 5./901 unter Hauptmann Philipps. Hier trommelte der Gegner pausenlos nach Tilly hinein. Doch die Grenadiere hielten in ihren Löchern aus. Sie ließen sich nicht hinausschießen.

Bedrohlicher wurde es jedoch im Abschnitt des I./902, das in dem fast deckungslosen Gelände nördlich Tilly eingesetzt war. Die 1. und 3. Kompanie war eben in dem leicht ansteigenden Höhengelände in Stellung gegangen, als das 45minütige Trommelfeuer der Engländer begann. Sie lagen fast ungedeckt in diesem Furioso, das auf sie herunterhämmerte. Das Trommeln riß unerträglich an ihren Nerven.

Als einige Männer aufsprangen und zurückhasteten, folgten andere. Ein Chaos bahnte sich an. Doch Oberleutnant Ritter, der Führer der 4. Kompanie, warf sich den kopflos fliehenden Männern entgegen. Er sammelte sie und führte sie wieder nach vorn. Zum Glück für das Regiment 902 führte der Gegner in dieser kritischen Stunde keinen Angriff durch, sonst wäre an dieser Stelle ein Durchbruch möglich gewesen, der unabsehbare Folgen gehabt hätte.

Eine weitere kritische Situation entstand gegen Mittag des 10. Juni, als eine Gruppe von fünf durchgebrochenen Feindpanzern überraschend vor dem Bataillons-Gefechtsstand des I./902 westlich Tilly auftauchte.

Die Panzer erinnerten an deutsche Panther. Als jedoch der vorderste, dessen Kommandant noch im offenen Luk stand, seine Kanone schwenkte, als der Kommandant blitzschnell im Luk verschwand und gleich darauf der orangerote Feuerstrahl des Abschusses durch den Mittag zuckte, wußten alle, daß diese fünf Kampfwagen durchgebrochene Feindpanzer waren.

Zum Glück für den Bataillons-Gefechtsstand lag die 1./Pz.Jäg.Lehr-Abt. 130 in unmittelbarer Nähe bereit. Sie hatte eben ihre neuen Panzerjäger-Selbstfahrlafetten bekommen. Leutnant Werner, der Kompanieführer, ließ das Feuer eröffnen. Der am weitesten vorgezogene Feindpanzer stand eine Minute darauf in Flammen. Dem zweiten wurden mit zwei Granaten die Ketten zerschossen. Als er noch immer wild in die Gegend feuerte, besiegelte eine dritte Granate sein Schicksal. Sie schlug zwischen Turm und Unterwagen in den Panzer hinein und tötete die Besatzung. Ein dritter Panzer gloste als brennendes Wrack in einem niedrigen Graben, in dem er liegengeblieben war. Die beiden letzten Feindpanzer fuhren sich fest. Sie wurden lahmgeschossen. Die Besatzungen stiegen aus und versuchten, am Gefechtsstand vorbei wieder zu ihrer Einheit zu gelangen. Sie wurden von den Männern der Begleitstaffel niedergekämpft. Der Rest gab sich gefangen.

Als die Nachricht vom überraschenden Auftauchen dieser Panzer Sermentot erreichte, ließ General Bayerlein sofort seinen Stabswagen klarmachen. Er erkannte, wie unendlich wichtig es war, genau zu wissen, was sie alles in diesem unübersichtlichen Gelände erwartete. Allein mit seinem Ordonnanzoffizier fuhr er persönlich Aufklärung. In schneller Fahrt verließ der Wagen den Bereich der eigenen Verteidigungs-Linien und erreichte die freie Plaine nördlich von Tilly.

Wenn der Gegner auch hierher Panzer vorgezogen hatte, stand endgültig fest, daß der feindliche Großangriff bald erfolgen würde. Der Wagen schoß durch eine Senke und als er den Hang emporgerollt war, stoppte der Fahrer plötzlich auf der Höhe und ließ den Wagen in der Deckung einer Haselhecke stehen.

„Panzer, Herr General!"

„Verdammt! Hartdegen, das ist ja ein ganzes Panzer-Regiment! — Und sie lagern wie im tiefsten Frieden. — Holen Sie rasch ran, was Sie greifen können, Hartdegen. Ich bleibe hier. — Vor allem ein paar Achtacht!"

Der Ordonnanzoffizier verschwand in Höchstfahrt. Es gelang ihm, vier Panther und zwei Achtacht-Geschütze aufzutreiben und schnellstens vorzubringen. Panzer und Achtacht schafften es, in die günstigsten Schußpositionen zu gelangen, ohne daß sie bemerkt wurden. Dann begann ihr Feuer.

Fast gleichzeitig begannen die Panzerkanonen zu hämmern. Und in ihre etwas dumpf knallenden Abschüsse fielen dröhnend die beiden Achtacht ein.

Der feindliche Panzer-Bereitstellungsraum verwandelte sich binnen weniger Sekunden in einen Ameisenhaufen. Schon die ersten Einschläge lagen deckend mitten im Gequirle der wild durcheinanderrollenden Panzer. Einigen Panzern gelang es, aus dem Tohuwabohu der Fahrzeuge herauszukommen, aus dem immer wieder die Treffer-Detonationen emporbliesen. Flammen stießen mit rotem Gezüngel gen Himmel.

Tankwagen platzten in einem grandiosen Feuerwerk auseinander. Zweihundert Meter hohe Flammensäulen stießen empor. Darüber ballten sich dicke Rauchwolken zusammen. Drei Feindpanzer versuchten, die Höhe zu erklettern. Doch bevor sie sie erreicht hatten, blieben sie im Feuer der Achtacht liegen. Rauch stieg aus den Wracks in die Höhe.

Qualmende Panzer, brennende Fahrzeuge und hellodernde Tankwagen bedeckten die Plaine. Dann jedoch brach für die deutschen Panzer und Flakmänner die Hölle los. Die ersten Salven schwerer und schwerster Schiffsartillerie heulten heran und verwandelten die Höhenstellung in einen feuerspeienden Vulkan. Einschläge wirbelten Bäume und Sträucher empor. Stahl barst brüllend auseinander, klirrte gegen die Panzerungen der Panther und gegen die Schutzschilde der Achtacht.

„Schiffsgeschützfeuer, Herr General!"

„Rückzug!" befahl General Bayerlein.

Verfolgt von dem urgewaltigen Hämmern und Dröhnen und dem Gekreische von Tonnen und Abertonnen Stahl, die nun auf diesen Flecken nördlich Tilly niederhagelten, rollten die Panzer, rollten auch die beiden Achtacht zurück. Sie hatten die Höhe eben verlassen, als sich das Getöse von der See her noch verstärkte. Von einer gewaltigen Feuerwalze wurde der Höhenzug Meter um Meter umgepflügt. Doch sie erreichten unangefochten die eigenen Stellungen. Dieses Panzer-Regiment nördlich Tilly würde nun nicht mehr angreifen; dafür war es zu sehr zerrupft worden.

Der 9. (s.I.G., Sfl.) Pz.Gren.Lehr-Rgt. 901, die westlich Tilly in Stellung gegangen war, gelang es am 10. Juni, den Bereitstellungsraum eines schottischen Bataillons vor den eigenen Stellungen ausfindig zu machen.

Hauptmann Hennecke ließ seine schweren Infanterie-Geschütze unter Zusammenfassung aller Feuerkraft auf das Birkenwäldchen feuern, in dem die Schotten untergezogen waren. Im Verlaufe des Tages zog die Kompanie weiter vor, mußte aber in der Gegend um Tilly—sur-Seulles angehalten werden, da der rechte Nachbar liegengeblieben war und somit diese Flanke der 9. Kompanie ungedeckt war. Die Kompanie grub sich ein.

In den ersten Morgenstunden des 11. Juni ließ General Bayerlein seine Kommandeure in den Divisions-Gefechtsstand nach Sermentot rufen. Er hatte die Meldung der noch im Rücken des Gegners sich haltenden deutschen Radarstation Douvres erhalten:

„Bei Anguerny Versammlung von bisher 200 feindlichen Panzern mit nach Süden aufgestellter Transportstaffel. — Anhaltende Bewegung schwerer und mittlerer Panzer südostwärts. Über 80 Panzer in einer Stunde gezählt."

Fast zur gleichen Zeit wurden auch dem Oberkommandierenden der brit. 2. Armee, General Dempsey, die Panzerbereitstellungen der P.L.D. gemeldet. Dies konnte — so argumentierte Dempsey — nur der große deutsche Gegenangriff sein, den die Alliierten erwarteten. Sofort forderte Dempsey ein starkes Luftbombardement Caens an und befahl Crocker, alle Kräfte des I. brit. Korps anstatt zur geplanten südlichen Umfassung Caens, zur Abwehr dieses Panzerangriffes bereitzuhalten. Vor allem sollte er seine Panzer auf der Höhe südlich Douvres sammeln. Die letzten Worte des Befehls von General Dempsey lauteten:

„Dieses Stück Boden ist das Herz des britischen Empire. Ziehen Sie dort Ihre Panzer n i e ab."

Auf dem Div.Gef.Stand in Sermentot erteilte General Bayerlein den Kommandeuren die Befehle. Major Uthe befand sich mit dem I./901 bei Fontenay und Hauptmann Philipps — mit seiner 5. Kp. und Teilen des zweiten Bataillons in der vordersten Linie in und hart nördlich Tilly.

Die Panzerreserve wurde südlich davon bereitgestellt, einschließlich der Panzerjäger unter Hauptmann Oventrop und der 9./901 mit ihren schweren Infanteriegeschützen. Die Artillerie hatte ihre Stellungen schon in der vergangenen Nacht bezogen. Die Pz.Aufkl.Lehr-Abt. 130 unter Major von Born-Fallois stand in La-Bellè-Épine.

Kurz darauf begann der feindliche Großangriff.

Den Hauptstoß fingen die Panzergrenadiere von Hauptmann Philipps auf. Lassen wir hier einen Augenzeugen über diesen 11. Juni berichten. Einen der Männer, die das vorausgehende Trommelfeuer und den nachfolgenden Sturmangriff der 49. und 50 brit. I.D. und Teilen der 7. P.D. über sich ergehen lassen mußten. Einen der Männer, die mit Oberfeldwebel Brombach das Schloß verteidigten.

„Die haben es ja! Immer ruhig rüberschicken!" schrie Stabsgefreiter Gerhard Kunze in einer Anwandlung von Galgenhumor, als das Trommelfeuer aus Schiffsgeschützen und Artillerie auf Tilly herunterhämmerte. Pausenlos hagelte dieser Feuerorkan auf die Panzerdeckungslöcher und Gräben nieder. Die Stellungen, durch die Bombenangriffe und das Feuer der Schiffsgeschütze schon einmal umgepflügt, verwandelten sich mehr und mehr in Kraterlandschaften.

„Die schießen auf jedes Loch einzeln, Gerhard", sekundierte der Schütze II seinen Kameraden hinter dem MG 42.

„Alles halb so schlimm, Jungens!" Oberfeldwebel Brombach grinste schief, als er dies sagte.

Als wieder eine Lage unmittelbar vor dem Graben einhieb und Stahl, Steine und Erde über sie ausgestreut wurde, drückten sie sich tiefer in ihre Deckungen hinunter.

„Hoffentlich wissen die Granaten auch, daß sie halb so schlimm zu sein haben", fiel Martin Schwab in das hastig und stoßweise geführte Gespräch ein, als sie wieder auftauchen konnten.

„Auf jeden Fall werden die Tommys antreten und dann können wir uns warm anziehen."

„Und was macht unsere Pak? Wo stecken eigentlich die Panzerjäger von Hauptmann Oventrop?"

„Wir haben doch unsere Taschenpak dabei, altes Haus!" Pfeiffer deutete auf die Panzerfäuste, die er neben sich aufgeschichtet hatte.

„Hauptmann Oventrop wird schon rechtzeitig eintreffen. Der war noch immer rechtzeitig da! — Auch in Rußland, als er noch in Kalinin bei der Lehrbrigade 900 Leutnant war."

Oberfeldwebel Brombach, der alte aktive Landser, hervorgegangen aus dem II. Bataillon des Infanterie-Lehrregimentes Döberitz-Elzgrund, hatte es eingeworfen. Nun versuchte er, voraus etwas zu erkennen, wo Einschlagfontänen, Pulverdampf und Staub den Grund und den Himmel vernebelten.

„Möchtet ihr noch einen Schluck, Kumpels? Ist noch aus dem Chateau. Ein guter Tropfen."

Max Niehüser, der Organisator der MG-Gruppe Kunze, reichte die Weinflasche zu Oberfeldwebel Brombach hinüber, der sie mit dem Korkenzieher seines Taschenmessers öffnete und mit einem kurzen Schwappen, gekonnt und viel geübt, die Korkreste ausschwemmte, bevor er die Flasche an die Lippen setzte und einen vorsichtigen Schluck nahm.

„Hmm, nicht schlecht! Alter Fine de Charente. Prima Marke! Sind noch mehr Pullen davon da. Niehüser?"

„Noch fünf Flaschen. Wenn die alle sind, brauchen wir uns bloß aus dem Schloßkeller zu bedienen."

„Bis uns dort die Decke auf den Kopf fällt."

Sie tranken der Reihe nach. Immer wieder unterbrochen durch die einhauenden Granaten.

Als auf einmal das Feuer weiter zurückverlegte, hoben sie fast gleichzeitig die Köpfe. Kunze sah Niehüser vielsagend an. In allen Löchern war man nun ganz gespannte Aufmerksamkeit. Jetzt mußte der Angriff rollen.

„Zug fertigmachen!"

„Alles, was zum Sterben taugt, Brust waschen!" rief Pfeiffer unterdrückt.

Doch niemand antwortete darauf. Die Spannung des Augenblicks ließ sie verstummen.

Doch der Gegner kam noch nicht. Noch war er nicht sicher, ob die Feuerwalze auch den letzten Deutschen hier im Getrümmer um Tilly vernichtet hatte.

„Jabos!" schrie Gerhard Kunze, der die silberblitzenden Vögel zuerst von Norden heranflitzen sah.

Sekunden später steigerte sich das Summen der Motoren zu einer dröhnenden Kakophonie der Vernichtung.

Die ersten Geschütze der He.Fla.Abt. 311 begannen zu feuern. Gleich grauen ausgezackten Wolken standen die Sprengwolken am Himmel. Einer der anfliegenden Jabos wurde von einer Achtacht getroffen und platzte in einer grellroten Flammenrosette auseinander. Die anderen aber stießen nieder. In fünfzig Meter Höhe rasten sie über die Kraterlandschaft hinweg. Ihre Bordwaffen spuckten rotzüngelnde Flammen aus. Dann fielen Raketenbomben. Mitten in den Stand eines VB fiel die erste Bombe hinein. Der Stand ging in einer grellen Detonation unter. Eine Pak wurde getroffen und außer Gefecht gesetzt.

Als Kunze den Kopf ein wenig hob, sah er, daß die Bombeneinschläge und die aufspritzenden Dreckfontänen der MG-Salven genau auf ihren Abschnitt zugerast kamen. Greller wurde das Pfeifen der niedersausenden Bomben. Dröhnender hallten die Einschläge in ihren Ohren wider. Die Erde schien betrunken um ihre eigene Achse zu kreisen.

Zehn Meter vor ihrer Stellung war der Teppich plötzlich zu Ende. In rasender Fahrt zogen die Thunderbolts über ihre Köpfe hinweg, beschrieben eine weite Kehre und rasten nach Norden zu ihren Einsatzhäfen zurück.

Die nächste Welle der Jabos glitt heran. Nun fielen alle Geschütze der Flak in das Feuer der Achtacht ein. Die blitzenden Lichtfinger der Geschoßbahnen schienen den hohen Frühhimmel aufspießen zu wollen. Sie woben ein verwirrendes Muster aus bunten Farben und rotem Feuer an den Himmel, durch das — wie Weberschiffchen — die Thunderbolts hindurchflitzten.

Grelle Flammen blitzten aus Rümpfen und Tragflächen. Bomben lösten sich blitzend, schienen in Erfüllung des Trägheitsgesetzes mit den Jabos um die Wette zu fliegen, um dann aber doch herunterzufallen; steiler und steiler, um mit donnerndem Krachen einzuhauen. Ein Wald von Sprengwolken färbte den Himmel grau. Einer der anfliegenden Maschinen wurde die rechte Tragfläche von einem 2-cm-Feuerstoß dicht am Rumpf durchsägt. Sie raste wie ein Geschoß der Erde entgegen und ging beim Aufprall in Flammen auf.

„Volle Deckung!" schrie Oberfeldwebel Brombach.

Die Männer preßten sich an die Grabensohle. Sie krallten sich in die Erde ein, um der auf sie herunterheulenden Vernichtung zu entgehen. Mit ohrbetäubendem Bersten detonierten die ringsherum einhauenden Raketenbomben. Eine krachte mitten in einem Trichter auseinander, in dem sich die Gruppe Bergmann eingerichtet hatte. Keiner der Männer überlebte. Dann war auch diese Welle wie ein Spuk im Hinterland verschwunden.

Und auf einmal hörten sie alle den dröhnenden siegessicheren Ruf des Todes. Aus ihren Bereitstellungen rollten die Feindpanzer an.

„Sie kommen!"

Dieser Ruf pflanzte sich von Deckungsloch zu Deckungsloch fort. Graben um Graben erreichte dieser Ruf. Und wo alles Leben erloschen schien, dort tauchten die Panzergrenadiere des Regimentes Scholze auf. Gerhard Kunze stellte sein MG in die dafür ausgesparte Einbuchtung des Grabens. Säuberlich, sein Schütze II, legte den Gurt ein und noch immer gurtete Schwab nach.

Durch das von Trichtern und zerfetzten Büschen übersäte Gelände arbeiteten sich die Angreifer vor. Ein Geräusch in unmittelbarer Nähe, kaum durch das Getöse zu hören, ließ die Männer im Graben zusammenfahren. Es war Oberleutnant Mahr, der Chef der 7. Kp., der aus dem Nachbarabschnitt auftauchte.

„Alles klar, Brombach?"

„Alles klar, Herr Oberleutnant!"

Ebenso schnell wie er gekommen war, verschwand der Kompanieführer in Richtung zum dritten Zuge.

„Feuer frei!"

„Feuer frei!"

Schon waren die ersten schemenhaften Gestalten mit den flachen Tellerstahlhelmen durch den Dunst zu erkennen.

Fast gleichzeitig begannen auf der gesamten Abschnittsbreite die auf den anrennenden Gegner gerichteten MG 42 zu bellen. Knapp über den Boden hinweg zischten die Feuerschlangen den Tommys entgegen.

Kunze lag hinter seinem MG. Er sah vor sich, keine 200 m entfernt, eine Gruppe Engländer aufspringen und im geschlossenen Sprung näherkommen. Er ratschte einen Feuerstoß hinaus, den er von links nach rechts führte. Der Gegner verschwand. Ein Hülsenklemmer ließ das MG verstummmen. Gerhard versuchte, die Waffe wieder klar zu bekommen. Er verbrannte sich dabei die Finger, dann war es wieder soweit.

Obergefreiter Säuberlich achtete darauf, daß die Gurte gut zuführten und nicht im Dreck hängenblieben. Er sah, wie das Schloß die Stahlkerne fraß und leere Hülsen zur Seite ausspie. Er sah, wie Gegner fielen, wie der englische Angriff an Schwung verlor und wie die Spitzen im Feuer der Verteidiger liegenblieben.

Ein paar Minuten später griff die zweite Welle an. Noch war sie nicht nahe genug herangekommen, als es mit einem Male über die Köpfe der Verteidiger hinweg feindwärts orgelte. Sie sahen grelle Feuerschweife hinter den 30-cm-Raketengeschossen, die von der 2000 m hinter ihnen liegenden Schweren-Nebelwerfer-Abt. der 7. Werferbrigade (unter Oberst Tzschökell) abgefeuert wurden. Die 24 Geschosse der 4 Werfer senkten sich mitten im gegnerischen Angriffszentrum herunter und hämmerten alles zusammen, was in ihrem Detonationsbereich lag. Dann begann die 9. (sIG, Sfl) 901 zu feuern, die sich zwischen dem ersten und zweiten Bataillon in den Viregrund eingeschoben hatte. Wieder brach der Angriff zusammen.

„Achtung, Panzer!"

Von Norden, wo die Kaminreste einer Ferme und Ruinenreste sichtbar wurden, rasselten Panzer heran. Es waren Cromwells, schnelle neue britische Panzer.

Oberfeldwebel Brombach ließ den Melder zum Schloß laufen und Hauptmann Philipps den Angriff melden.

Sekunden nach Eingang der Meldung war Hauptmann Philipps schon auf dem Wege zum Standort von Hauptmann Oventrop, der mit der Pz.Jäg.Lehr-Abt. 130 in Bereitstellung lag.

Hauptmann Oventrop ließ sofort sechs Panzerjäger V durch den Bachgrund vorrollen und dicht am Hinterhang in Stellung gehen.

„Da! Sie kommen auch aus dem Kastenwäldchen!"

Kunze deutete nach links, wo die zerfetzten Bäume ihre Stümpfe emporreckten und wo der Gegner gestern in die Ferme Cheval rouge eingedrungen war.

Die Feindpanzer rollten in dichter Formation vor. Einzeln blieben sie stehen. Aus ihren Kanonen leckten Abschußblitze heraus. Granaten hieben in die deutschen Verteidigungsriegel hinein.

Die schweren Infanterie-Geschütze begannen zu feuern. Der vorderste Cromwell, der eben aus dem riesigen Trichter eines Schiffsgeschütz-Einschlages emportauchte, ruckte unter dem Treffer in die Höhe. Dann stieß eine Detonationsflamme aus seinem Luk empor und gleich darauf detonierte die Bereitschaftsmunition in schnellen kurz aufeinanderfolgenden Schlägen. Zwei weitere Panzer blieben lahmgeschossen liegen. Die übrigen jedoch rollten vorwärts. Sie kamen in breiter Front. Und immer wieder feuerten sie auf die erkannten deutschen Abwehrstellungen.

„Sprenggranaten!" schrie Oberfeldwebel Brombach, als unmittelbar vor ihnen ein Splitterregen niederging.

„Infanterie!"

Hinter den Panzern tauchten die Gegner wieder auf. Tackend setzte das MG-Feuer ein. Der vom Meer her wehende Wind trieb den Männern Wolken von Gestank zu: Siedendes Öl und Pulverdampf, gemischt mit dem Ruch verbrannter Erde.

„Los Pfeiffer, die Taschen-Pak her. — Zeig was du gelernt hast!" Kunze deutete auf die beiden Panzer, die keine achtzig Meter vor ihnen aus einer Senke auftauchten, stehenblieben und gleichzeitig feuerten, um dann wieder anzurucken und die genau auf sie zugerollt kamen. Der am weitesten links herausgesetzte Panzer drehte plötzlich auf. In schneller Fahrt rollte er bis auf vierzig Meter an den Trichter heran. Seine Kanone spie einen orangeroten Feuerstrahl aus und dann perlten Flammenschnüre aus seinem MG.

Es war Heinz Pfeiffer, als habe sich das Feuer dieses Stahlkolosses *allein* auf *ihn* konzentriert. Es war ihm, als dürfe er jetzt auf keinen Fall aus der Deckung auftauchen, wenn er nicht von dem feuernden Ungetüm vernichtet werden sollte.

Dennoch richtete er sich auf. Er hob die Panzerfaust, legte sich das Rohr über die Schulter und visierte den noch immer stehenden und feuernden Panzer an.

„Schieße mit Panzerfaust!" warnte er mit sich überschlagender Stimme. Dann zog er durch.

Der blaffende Knall des Rückstoßes und das Blaken der meterlangen Flamme, die über den Grabenrand zurückschnellte, trieb den Sprengtopf auf den Cromwell zu.

„Deckung!" schrie Niehüser, als er sah, wie Pfeiffer gebannt dem Sprengtopf nachstarrte. Und noch einmal: „Deckung!"

Da fiel Pfeiffer schon hart zurück. Den Detonationsschlag jedoch, mit dem sich der Sprengtopf zwischen Turm und Unterwagen des Cromwell einfraß und den Turm aus dem Drehkreuz herausriß, hörte Heinz Pfeiffer kaum noch. Eine Garbe aus dem Bug-MG hatte ihm die Brust zerschmettert.

Eine Sekunde später brannte der zweite Feindpanzer, als Niehüser seine Panzerfaust abfeuerte. Dann warf sich Niehüser zu seinem Kameraden herum.

„Was ist, Heinz?"

„Mich hat es erwischt, Max."

Der Schwerverwundete keuchte. Zwischen seinen beiden Händen, die er auf die Brust preßte, sah Niehüser das Blut hervorquellen. Er sah die hellen Blutbläschen, die bei jedem Atemzug des Sterbenden auf dessen Lippen traten. Er robbte die drei Schritte zu ihm hinüber, während das Getöse der Panzerfaust-Abschüsse und das Gehämmer der Panzerkanonen zu einer ohrenbetäubenden Kakophonie anschwoll.

Als er den Kameraden im Rücken anhob, um ihn verbinden zu können, ertastete Niehüser die großen Ausschüsse auf dem Rücken. Er spürte, wie der warme Strom des Blutes aus den fürchterlichen Wunden fortfloß und dabei das Leben des Kameraden mitnahm.

Max Niehüser hörte nicht das Feuer der MG. Er hörte nicht die Befehle, die Oberfeldwebel Brombach durch dieses Getöse schrie. Er griff nur nach den Verbandspäckchen, die Kunze ihm in einer kurzen Feuerpause reichte.

„Hab ich — viel — abgekriegt?" fragte Pfeiffer mit Anstrengung und sah Niehüser aus schwimmenden Augen an.

„Ach wo!" log der. „Nur ein Heimatschuß. — Du mußt jetzt ruhig liegenbleiben."

Kunze kam zu ihnen auf die Grabensohle heruntergekrochen, als der Angriff stand und die Panzer sich zurückzogen. Er sah auf den Kameraden nieder. Er sah, daß die Röte aus dessen Gesicht gewichen war. Nur zwei kreisrote Flecke standen mitten im granitenen Todesgrau dieses Antlitzes. Die Stoppeln des Bartes wirkten jetzt so schwarz, als seien sie nur die mit Holzkohle hingeworfene Zeichnung eines Bartes. Stoßweise und keuchend sog der Sterbende die Luft ein, die verpestet war vom Gestank des Todes.

„Wasser!" bettelte er.

Verzweifelt blickte Niehüser auf den Oberfeldwebel. Der nickte.

Als Pfeiffer trank, wandte Niehüser den Kopf zur Seite. Das Nach-Luft-Schnappen des Freundes übertönte in diesem Augenblick sogar den Lärm des erneut einsetzenden Werferfeuers. Die überschweren Werfer des Gegners schleuderten ihre Geschosse auf das Trichtergelände. Und hier, auf der Sohle dieses Trichters, lag einer der Verteidiger von Tilly. Sein seltsam schmal gewordenes Gesicht war zum Getöse der Einschläge emporgerissen.

„Was — ist — das — für — ein — Lärm?" fragte er.

„Bleib liegen, Pfeiffer!"

„Zi — — — Zigarette!"

Wieder nickte der Oberfeldwebel.

Mit zitternden Händen setzte Kunze eine Zigarette in Brand und steckte sie dem Kameraden zwischen die Lippen.

Heinz Pfeiffer machte einen tiefen Zug. Auf einmal streckte er sich aus. Der Glanz des jungen Lebens verschwand jäh und unabänderlich aus den hellen Fenstern seiner Augen und machte der Starre des Todes Platz.

Und als ob dies das Äußerste an Rücksichtnahme gewesen sei, begann das Trommelfeuer aufs Neue. Sie warfen sich wieder in Deckung. Alles andere ging nun unter in dem einen, alle Herzen gleicherweise bewegenden Gedanken nach der eigenen Sicherheit. Sie krallten sich in die Erde. Sie wünschten sich, klein wie Insekten zu sein und in die Ritzen der Erde hineinkriechen zu können. Sie fluchten und baten. Sie warteten auf den Tod und hofften doch gleichzeitig auf Rettung.

Dreißig Minuten fiel Stahl vom Himmel und verbrannte die Erde. Dann rannten die Sturmeinheiten der 49. und 50. I.D. mit ihren Panzern erneut gegen Tilly an. Wieder rollten die Feind-Panzer vor.

Als sie in sichere Schußentfernung gekommen waren, stieß Hauptmann Oventrop den Arm in die Höhe. Dreimal zuckte der Arm herunter.

Fast gleichzeitig begannen die vorgezogenen 6 Panzerjäger V zu feuern. Aus ihren Langrohrmündungen flammten meterlange rote Blitze. Stahl hämmerte auf Panzerstahl. Kreischen und Bersten erfüllte die Luft.

Breitbeinig stand Hauptmann Oventrop vorn in einem Trichter und leitete über Funk das Feuer seiner Panzerjäger. Dann gab er den Angriffsbefehl. Die Panzerjäger der dritten Kompanie, geführt von Zugführer Leutnant Schönrath, rollten vor. Als zweiter Panzer, dicht hinter dem Zugführer, der Panzer von Oberfeldwebel Erich Stolz, mit dem Richtschützen Eduard Job. Dem gleichen Eduard Job, der mit Hauptmann Barth in der Panzerjäger-Abt. 13, der 13. P.D., bis zum Kaukasus vorgeprescht war und dort beide Eiserne Kreuze errungen, und drei schwere Verwundungen überstanden hatte. Der gleiche Job, der in wenigen Monaten zum besten Richtschützen der Panzer-Lehr-Division aufrücken sollte.

„Los, Ede!" befahl Oberfeldwebel Stolz, als er den Feindpanzer erkannte. Der Richtschütze sah den Cromwell in der Optik. Er feuerte und die Granate fraß sich in die Bugpanzerung des Gegners hinein und tötete — sie durchschlagend — die Besatzung.

Der Fahrer Krenstedt, den sie nur Ömmes nannten, schlug rechts ein. „Vierhundert — zwölf Uhr — Feuer!"

Wieder verließ eine Granate das Langrohrgeschütz, und abermals ging ein Feindpanzer in Flammen auf. Funker und Ladeschütze Heller arbeitete automatenhaft sicher. Schweißüberströmt rammte er Granaten in den Verschluß. Job visierte und schoß.

Die sechs Panzerjäger rollten durch. Sie trieben die eingedrungenen Feindpanzer zurück und säuberten das Gelände. Der Feindangriff war abgeschlagen.

Die Panzergrenadiere atmeten auf. Sie bargen ihre Verwundeten. In Reihen stolperten sie zurück zu den Verbandsplätzen. Viele von ihnen mußten zurückgeschleppt werden. Die 7. Kompanie, die den Hauptstoß des Gegners im Bereich des II. Bataillons getragen hatte, zählte noch 43 Mann.

Stabsarzt Dr. Selzer, der Bataillonsarzt, arbeitete pausenlos. Alle Verwundeten um Tilly landeten bei ihm. Weiter rückwärts kämpfte der Divisions-Arzt, Oberstabsarzt Dr. Wolfgang Schmidt, einen erbitterten Kampf gegen den Tod. Immer wieder gelang es ihm, einen der Männer seinen Händen zu entreißen. Und ebenso oft mußte er einem anderen die Augen zudrücken. Mit ihm kämpften Stabsarzt Dr. Wilhelm Heinemann und Stabsarzt Dr. Hans-Joachim Schulz-Merkel, der während seines Einsatzes in Rußland als einziger Arzt der Wehrmacht am 27. Dezember 1943 mit dem Ritterkreuz des Eisernen Kreuzes ausgezeichnet worden war.

Die Teile des Pz.Gren.Lehr-Rgts. 901 unter Hauptmann Philipps schlugen den Gegner ebenfalls zurück. Leutnant Stöhr, Zugführer in der 8./Pz.Lehr-Rgt. 130 tauchte gerade in dem Augenblick im Gefechtsstand von Hauptmann Philipps auf, als der Gegner zum drittenmal mit Panzern angriff. Mit seinen vier Panzern stieß Stöhr bis zum äußersten Schloßparkrand vor, wo die Panzergrenadiere in ihren Deckungslöchern lagen. Hier blieben die vier Panzer stehen und begannen zu feuern. Dann rollten sie vor und rangen im Duell Panzer gegen Panzer die Einheiten der 7. brit. P.D. nieder.

Gefangene mit der roten Springmaus — dem Divisionszeichen der 7. P.D. — am Oberarm wurden zurückgebracht. Der Gegner wurde geworfen. Ganz Tilly war wieder feindfrei. Und in den Kellern der Ruinen richteten sich die Panzergrenadiere zur weiteren Verteidigung ein.

Nur westlich von Tilly gelang es einer Brigade der 50. I.D., unterstützt von Panzern der 7. britischen P.D., durchzustoßen und Verrières zu erobern. Schon rollten die Panzerspähwagen des Gegners aus dem großen Walde nördlich der Stadt auf die Landstraße vor. In schneller Fahrt rollten sie durch Wiesen und Apfelgärten weiter. Lingèvres war in großer Gefahr. Die I./Pz.Gren.Lehr-Rgt. 902 geriet in Gefahr, eingekesselt zu werden. Die als Panzerreserve des Pz.Lehr-Rgts. 130 zurückgehaltene 6. und 7. Kp. rollte vor. Leutnant R. Ernst, Zugführer in der 6./Pz.Lehr-Rgt. 130 erlebte diesen Einsatz und die Einsätze der folgenden Tage gegen Lingèvres als Kommandant seines Panzers „Zitrone" mit. Sein Bericht sei hier widergegeben. Er atmet das Grauen der Schlacht um Tilly und läßt den Einsatz der Panzer-Männer deutlich werden:

„Es war ein stiller und gereifter Ernst, ja eine fast heitere Ruhe mit der ich die Kommandanten der Panzer und ihre Panzermänner den furchtbaren Erlebnissen und grausigsten Waffenkonzentrationen dieses Krieges entgegenfahren sah. So etwa der Kommandant eines meiner Panzer, Unteroffizier M., da er, mit der Hand die weißen Heckenblüten streifend, inmitten ohrenbetäubender Granateinschläge auf seinen Panzer zuschritt, als „Sitzbereitschaft" befohlen war. Vielleicht ahnte er die entscheidende Stunde voraus. Wenige Minuten später fand er in diesem Stahlsarg sein Ende. Oder der blondschopfige Leutnant, wie er — mit der Faust ein Luftloch schlagend — sagte:

‚So, mit einem Ruck, soll es aus sein!'

Ein paar Wochen später traf ihn dann der tödliche Splitter mitten in die Stirn; unmittelbar bevor der große Donnerschlag seinen Motor zerschmetterte und Mann und Wagen in Flammen aufgehen ließ.

Mit solchen Männern fuhr ich am 9. Juni durch das im Wehrmachtbericht genannte Tilly gegen den feindlichen Brückenkopf Bayeux. Der Stoß auf diese alte Normannenstadt — berühmt durch ihren einzigartigen Teppich, der die Überfahrt Wilhelms des Eroberers gegen England zum Motiv hat — mißlang. Dann begannen die Kämpfe westlich Tilly, die damals die Spalten der Weltpresse füllten. Und für uns bedeuteten diese Kämpfe: das Dorf Lingèvres. Lingèvres war für uns die Hölle und sie begann so:

Der Alarmruf ließ uns vorrollen. Aus den unübersichtlichen Hecken mit ihren uralten Dornenbüschen, den kleinen engen Wiesenstücken mit den breitkronigen Apfelbäumen darüber, ragte nur der massive, aus rohen Feldsteinen gefügte Kirchturm von Lingèvres hervor.

Ein Fernlenkpanzer des Gegners stand unter einer Linde in der Dorfmitte. Britische Panzertruppen waren bis an das große Waldstück nördlich des Ortes vorgestoßen, und einer ihrer Aufklärungspanzer fühlte fast bis zu der großen den Ort durchquerenden Landstraße vor, ohne daß wir ihn im Dschungel der engen Gärten, Wiesen und Apfelbäume hätten erwischen können. In diesem Augenblick erreichten wir Lingèvres und wurden sofort zum Gegenstoß angesetzt.

Mit ohrenbetäubendem Lärm ihrer Motoren und Raupenketten wälzten sich unsere Stahlkolosse durch die engen Gassen des Dorfes, kurvten quietschend vor der Kirche auf die Landstraße ein und verließen sie wieder dort, wo der abgeschossene Fernlenkpanzer stand. Auf einem Feldweg fuhren wir dem 300 m entfernten Waldstück entgegen.

„Gefechtsbereitschaft!" befahl Hauptmann Ritgen.

„Luken dicht!" folgte sofort der nächste Befehl.

Nun waren von den Hecken und Gräben, den Wiesen und dem Waldrand nur noch ein schmaler Ausschnitt durch das handbreite, schußsichere Kinonglas der Gefechtsluken im Kommandoturm zu sehen. Alle Geräusche von Motoren und Ketten waren angenehm abgedämpft, und im Innern des Kampfraumes herrschte eine erwartungsvolle spannungsgeladene Stille.

„Beide Waffen geladen und gesichert!" meldete sich der Ladeschütze über Bordfunk. Er meinte damit das MG und das lange 7,5-cm-Hochrasanzgeschütz, das — fast von der Länge eines Schiffsgeschützes — den Bug drohend überragte.

Vor uns fuhren drei Wagen. Alle in Kiellinie. Sie waren auf diesen einen schmalen Feldweg angewiesen, von dem sie am Südrande des Waldes auf einen Seitenweg nach links (Westen) abbogen.

Es stellte sich heraus, daß dieses Waldstück außer einigen riesigen Laubbäumen hauptsächlich aus einem Gewirr mannshoher Hecken und Büsche, verwilderter uralter Apfelbäume und unter ihnen sichtbar werdenden kleinen Wiesenstücken bestand.

Plötzlich bog der Spitzen-Panzer scharf nach rechts in ein frei werdendes größeres Wiesenstück dieses Wäldchens ab. Der zweite Wagen folgte sofort. Dann der dritte. Doch er war noch nicht halb herum, als ich im gleichen Augenblick durch den Kopfhörer erregte Meldungen und Befehle mehrerer Kommandanten gleichzeitig hörte:

„Achtung, Feindpanzer!"

„Feindpanzer. Richtung 11 Uhr! — Feuer!"

Mehrere Abschüsse unserer Panzerkanonen dröhnten durch die doppelte Abdichtung von Panzerwand und Kopfhörer.

„Rechts einschlagen!" befahl ich.

Als wir mit harter Drehung ebenfalls in das Waldstück einbogen, sah ich unmittelbar vor mir unsere drei Panzer rollen oder stehen. Fünfzig Meter weiter vorn stand ein qualmender abgeschossener Churchill-Panzer.

Hinter ihm wurden die Umrisse einiger weiterer Gegner-Panzer sichtbar, die sich hinter der jäh aufsteigenden Rauchwolke eines Verneblungstopfes zurückzogen und sofort hinter einer dichten Hecke verschwanden. Im gleichen Augenblick sah ich, daß sich auch rechts von uns hinter der Hecke ungefüge Panzerumrisse bewegten, die nach einigen Metern deutlich als Britenpanzer zu erkennen waren. Und fast gleichzeitig damit erkannte ich im Gebüsch links neben mir scharfe kantige Linien. Im selben Augenblick feuerte der rechts von mir stehende Cromwell.

„Feuer!" befahl ich dem Richtschützen.

Unsere Granate rasierte haarscharf über dem Turm des Cromwell hinweg. Der Gegner rollte hinter die Hecke zurück. Unmittelbar darauf erhielt ich auch Feuer von links.

„Links einschlagen!"

Ruckend und stuckernd rumpelte der Panther herum. Die Umrisse des Feindpanzers wuchsen ins Visier. Mit mächtigem Rückstoß, der den Panther zurückwippen ließ, sauste das Geschoß ins Gebüsch. Eine Trefferdetonation erklang. Rauch quoll in die Höhe. Doch nichts rührte sich dort. Offensichtlich hatte der Gegner — ebenso überrascht wie wir — seinen Panzer nach seinem ersten Schuß fluchtartig verlassen und war so der Vernichtung entgangen.

Die Cromwells zogen sich zurück. Das Feuer der deutschen Panzerkanonen folgte ihnen. Der britische Durchbruch war hier vorerst vereitelt.

In den nächsten zwei Tagen ging der Kampf um dieses Wäldchen weiter.

Kurze erbitterte Zusammenstöße forderten auf beiden Seiten ihre Opfer.

Und immer wieder hämmerten die Invasionstruppen mit Schiffsgeschützen, Artillerie und Fliegerverbänden auf Tilly und auch auf Lingèvres herunter. Panther und Tiger beschlichen ihre Gegner im unübersichtlichen Dickicht bis auf nächste Schußentfernung. Und mit der mit ihr verbundenen unvermeidlichen Treffsicherheit wurden Freund oder Feind abgeschossen. Je nachdem, wer eher feuerte.

Dann ging das heißumkämpfte Waldstück verloren. Die zahlenmäßige Überlegenheit des Gegners erwies sich als durchschlagender. Die vorderste Linie — dort, wo sich die Panzergrenadiere des Rgts. 902 eingegraben hatten — klammerte sich an den Feldweg, der zur Kirche führte. Wir spürten, daß der Feind bald zum entscheidenden Schlag ausholen würde.

Dann kam dieser Tag. Wir lagen gerade mit einem anderen Panzer zusammen in Ruhestellung an der Landstraße, die durch das Dorf Lingèvres führte. Gerade hatten wir ein gewaltiges Bauernfrühstück für uns fünf Mann auf dem Feuer brutzeln, als ein fürchterlicher Feuerüberfall der feindlichen Artillerie im zusammengefaßten Feuer mit allen Schiffsgeschützen auf Lingèvres niederging. Unmittelbar darauf erklangen im Kopfhörer unserer beiden eingeschalteten Funkgeräte dringende Hilferufe:

„Kirsche an Zitrone: sind von feindlicher Infanterie eingeschlossen, selber bewegungslos. Zitrone sofort kommen! — Zitrone sofort kommen!"

W i r waren gemeint. Das Bauernfrühstück flog in die Kochgeschirre. Unsere Decken, Brotbeutel, Waschzeug in den Panzer und wir selbst hinterher. Motoren anlassen, sich im Vorfahren gefechtsbereit machen. Wie oft hatten wir das in den vergangenen zwei Tagen hier bei Lingèvres exerziert.

Am Fernlenkpanzer kurvten wir in den Feldweg ein und brauchten an seinen Hecken nicht weit vorzufahren. Dicht vor uns stand unser Sicherungspanzer, — bewegungslos. Am Heckenrand waren die Tellerstahlhelme und dunklen Gestalten der Tommys sichtbar. Wir setzten einige MG-Garben zwischen sie, bekamen aber vom Waldrand her selber Feuer mit panzerbrechenden Granaten. Nun war der kritische Augenblick gekommen, wo wir die Gefechtsluken öffnen und im direkten Beschuß aussteigen mußten, um den havarierten Panzer vor uns abzuschleppen, während unser zweiter Panzer den Feuerschutz übernahm. Ich sah jedoch, wie er einen Volltreffer bekam, ohne allerdings sein eigenes Feuer deshalb einzustellen. Dann spannten wir mit den Männern des Panzers vor uns die Stahltrosse aus. Im gleichen Augenblick tauchte vor mir ein Schütze auf, dem eine Granate beide Arme weggerissen hatte und der Unverständliches in dem ohrenbetäubenden Gefechtslärm stöhnte. Wir hoben ihn auf unseren Panzer, um ihn in Sicherheit zu bringen.

Dann machten wir den ersten Abschleppversuch. Langsam, vorsichtig zogen die Kolosse an. Schrittweise ging es einige Meter, da riß das Seil. Der Panzerbeschuß vom Waldstück her wurde immer heftiger, äußerste Eile war geboten! Dies sind Augenblicke, in denen im Kriege gegen jede Erfolgswahrscheinlichkeit gehandelt werden muß. Ein junger Funker half mir, während Einschlag auf Einschlag mit ohrenbetäubendem Bersten gegen den Heckenwall neben uns krachte. Mir war es rätselhaft, daß die „drüben" nicht höher richteten, aber wahrscheinlich spielte sich alles in Sekunden ab. Eine Stimme in mir sagte:

„Es geschieht nichts!"

Und ich war völlig kaltblütig, als ich diesen Panzertreck durch die jetzt nutzlosen Hindernisse vor dem Dorfeingang zu Fuß einwies. In diesen Sekunden befällt uns eine merkwürdige innere Stille. In diesem Augenblick interessierte mich nur das mit mehr Glück als Verstand auszuführende Durchschleusen der schief ziehenden Panzer, um Millimeterbreite gelang es, und nach wenigen Metern waren wir in Sicherheit.

Mit Mühe wurde in den nächsten Tagen die HKL gehalten. Immer noch war Lingèvres in unserer Hand. Schöner und schöner zog der Juni herauf, die grüne Fülle der Hecken und Wiesen leuchtete in saftigen, satten Farben. Der feuchte Duft der dunklen Erde und der Tau satter Wiesen eines kleinen Gärtchens erfrischten uns, als unsere Schützen an einem Abend durch die dichte Hecke feindliche Panzerabwehrgeschütze ausgemacht hatten. Wir wechselten mit diesen einige Schüsse, traten dann aber zu einem Gegenstoß westlich Lingèvres inmitten von Gärten und baumbestandenen Wiesen an.
Der Kompaniechef fuhr vor mir, verfolgt von einigen Pakgeschossen, quer über eine Wiese und ich folgte ihm mit schnellster Gangart. Der Richtschütze verstand mein Kommando, den Turm gerade zu drehen, nicht richtig, und mit Entsetzen bemerkte ich, wie ein Apfelbaum sich mit rasender Geschwindigkeit dem Winkel zwischen Panzer und überlangem Geschützrohr näherte. Auch der Fahrer — irritiert durch die einschlagenden Pakgeschosse — war zu einer Kursänderung nicht zu bewegen.

Und so geschah das Unvermeidliche, daß der 5 Tonnen schwere Gefechtsturm mit furchtbarem Ruck durch Apfelbaum und Geschützrohr nach hinten gedreht wurde. Im gleichen Augenblick, als ich also gezwungenermaßen zum Feind sah, schlug mit donnerndem Einschlag eine Phosporgranate in die Seite unseres Panzers und eine meterhohe, schmale Flamme stieg unmittelbar neben mir steil hoch. Was nun geschah, weiß ich nicht, ich war durch den Einschlag unmittelbar neben mir wie gelähmt. Ich fühlte mich völlig kraftlos und von dem schier unwiderstehlichen Gluthauch der riesigen Flamme umgeben. Kameraden berichteten mir später, ich wäre im Augenblick des Einschlags sofort abgesprungen.

Zwei weitere Wagen ereilte das gleiche Schicksal. Wir versuchten, die brennenden Kameraden zu retten. Es gelang, einige aus ihrer qualvollen Lage zu befreien. Aber es war ein fast aussichtsloses Unterfangen, ihnen schnell genug die brennenden Uniformen vom Leib zu reißen, oder das Feuer mit Decken zu ersticken.

Inmitten dieser Bemühungen betrat völlig ruhig, aber vollkommen nackt, mit gedunsenem Leib, ein Mensch diese Szene des Schreckens, der auf unsere entsetzten Fragen nur antwortete:

„Ich bin doch der Schmielewski, ich bin doch der Schmielewski!"
Wir hatten keine Zeit. Inmitten des nun einsetzenden Artilleriefeuers packten wir ihn mit den anderen Verwundeten auf den letzten verbliebenen Panzer, der im Kampfraum und auf dem Motorheck von Panzermännern überfüllt war.

Diese letzte Fahrt von Lingèvres wird mir unvergeßlich bleiben. Auf dem Heck lagen und hockten die Verwundeten, die meisten mit schweren Brandwunden. Sie schrien auf, als die Auspuffrohre des mit höchster Geschwindigkeit aus dem Ari-Feuer herausfahrenden Panzers zu glühen begannen. Unmittelbar neben ihnen lag Schmielewski mit großen offenen Augen. Ohne einen Ton von sich zu geben und offensichtlich im letzten, schwersten Stadium verbrannt.

Meine linke Hand hatte durch die große Stichflamme in meinem Panzer schwere Brandwunden davongetragen, jetzt erst empfand ich den vollen Schmerz. Ich zählte die Minuten, bis wir endlich den Verbandplatz erreichten und Erste Hilfe erhielten.

Dann wurden wir zum Hauptverbandplatz zurückgeschafft, einem schönen Herrensitz aus Frankreichs großen Tagen. Eine große gotische Halle empfing uns, notdürftig mit einigen Kerzen erhellt. Im flackernden Licht und seinen huschenden Schatten erkannte ich ein fast lebensgroßes Porträt einer Dame der Renaissance-Zeit, aber fast noch mehr erinnerte mich das Bild an ähnliche Porträts der Elisabethanischen Zeit in englischen Schlössern.

Während draußen das Grollen der nächtlichen Schlacht noch drohend rollte, herrschte hier eine fast feierliche Stille. Die meisten Verwundeten waren nun mit schmerzstillenden Spritzen versorgt; auch meiner bemächtigte sich eine lösende Entspannung. Die Ärzte und Sanitäter sprachen nur im Flüsterton, und so konnte ich nur leise hören, wie ein Arzt neben mir sagte:

„Ich kann nicht spritzen, die Haut ist völlig ausgedünstet!"

Dort lag unser Schmielewski, bewegungslos und schweigend. Der Soldatentod erlöste ihn noch in der gleichen Nacht.

So endeten für uns die ersten Tage der großen Normandieschlacht. Die Landung des Feindes war nicht verhindert worden, aber die deutsche Abwehr zwang ihn, eine der größten Schlachten des vergangenen Krieges zu schlagen. In Angriff und Verteidigung wurde Übermenschliches geleistet, und die Erinnerung an die Kämpfer, an Opfer und Verluste, wird in der Geschichte der Beteiligten fortleben."

6

TAGE DES GRAUENS

Major Uthe steht vorn bei seinen Soldaten

La Belle Epine geht verloren

Während die 49. und 50. brit. I.D. unablässig Tilly und Lingèvres angriffen und Fliegende Festungen die Kraterlandschaft immer aufs Neue umpflügten, während aus 650 schweren und überschweren Schiffsgeschützen, mit einem Kaliber bis zu 38 cm, ein Fegefeuer auf die Verteidiger niederging, wurden General Bayerlein auf dem von der Divisions-Begleitkompanie unter Oberleutnant Ernst Erich Thies gehaltenen Flankenstützpunkt St. Germain-d'Ectot einige Gefangene vorgeführt. Es waren Angehörige der Springmaus-Division, der „Wüstenratten" aus Afrika (7. brit. P.D.).

General Bayerlein kannte diese Einheit nur zu gut. In seinem Kübelwagen nahm der General die drei Gefangenen mit nach Sermentot. Hier erfuhr Hauptmann Hartdegen von dem einen der drei Gefangenen, die vom Ic der Division verhört werden sollten, daß er Chef-Totengräber des Londoner Friedhofes Kensal-Green sei.

Und dieser Mann packte aus. Er berichtete, daß die 7. P.D. schon tief in der linken Flanke der P.L.D. stehe und eben dabei sei, sich in die Lücke zwischen dem britischen und amerikanischen Landebereich hineinzuschieben.

„Wenn das stimmt", sagte Major Werncke, der Ib der Division, dann ist unsere Lage verteufelt ernst. Wenn die Wüstenratten in den Rücken der Division geraten, dann können sie unsere Front zum Einsturz bringen."

Am 13. Juni wurden die Aussagen des Totengräbers von London bestätigt.

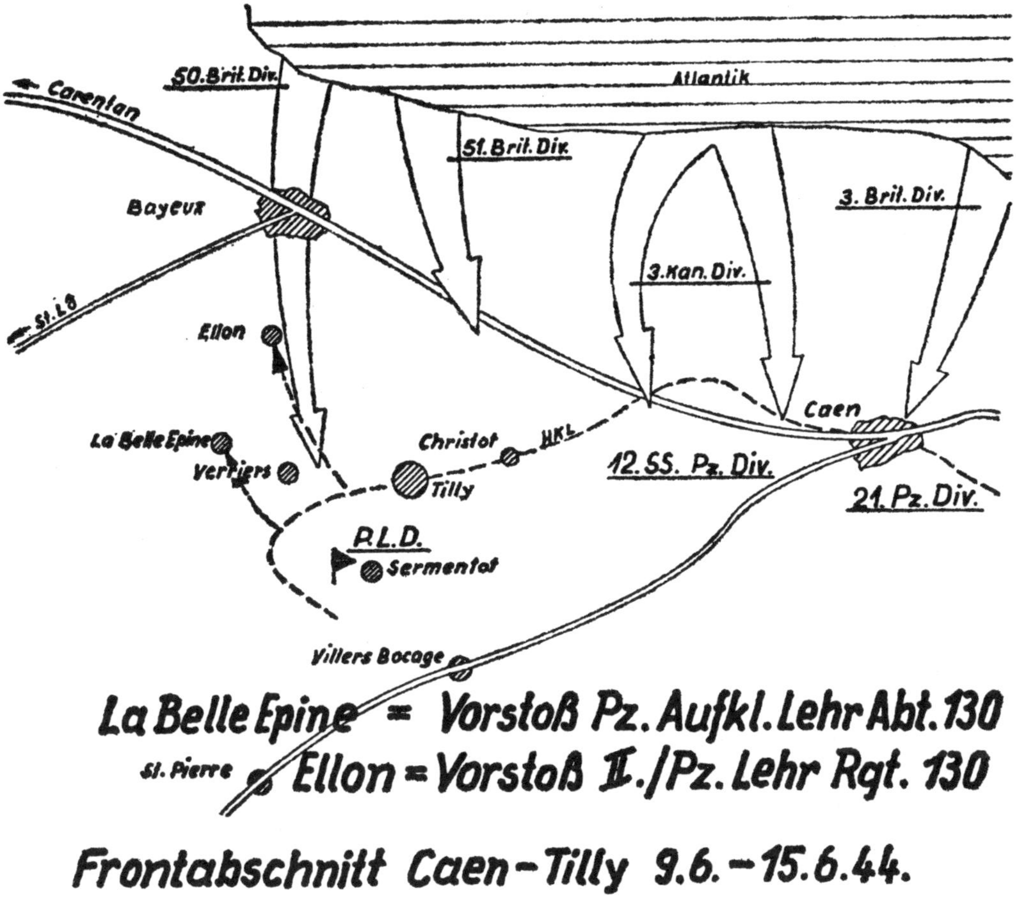

Während die 50. I.D. noch immer frontal gegen Tilly und Lingèvres anrannte und so die P.L.D. band, war eine starke Kampfgruppe der 7. P.D. an der linken Flanke der P.L.D. vorbei bis auf Villers Bocage vorgestoßen. Nur ein Zufall verhinderte den Zusammenbruch der Frontlinie um Tilly. Dieser Zufall kam in Gestalt von Obersturmführer Michel Wittmann, dem Kommandeur der 2./s.Pz.Abt. 501.

An der Ostfront waren Michel Wittmann am 13. Januar 1944 das Ritterkreuz und wenige Wochen später, am 30. Januar 44, das Eichenlaub zum Ritterkreuz verliehen worden. Allein mit seinem Panzer hatte er in dieser Zeit 119 russische Panzer vernichtet.

Am Morgen des 13. Juni rollte Obersturmführer Wittmann mit seinem Tiger und seinem alten Richtschützen Woll zur Erkundung aus Villers Bocage vor. Vier seiner fünf Tiger, die am Vorabend Villers Bocage erreicht hatten, mußten noch ihre Schäden beheben, die sie bei den rollenden Bombenangriffen des 8. Juni bei Versailles erlitten hatten. Alle übrigen Panzer seiner Kompanie waren an jenem Tage kampfunfähig geschossen worden.

Wittmann sah die Feindpanzer, die von der Höhe 212 auf Villers Bocage zurollten. Es waren die 22. Panzerbrigade und die 8. Husaren der 7. brit. P.D. Durch sein Glas erkannte der Obersturmführer, daß der Gegner ungehindert durch Villers Bocage rollte. Er sah, wie die Spitzen auf die Straße nach Caen eindrehten.

Diese Feindgruppe würde wie ein Sturmwind in den Rücken der deutschen Front hineinrollen, wenn niemand sie aufhielt. Michel Wittmann fuhr allein der Ansammlung der Feindpanzer entgegen. Als der vorderste Feindpanzer noch 80 m von ihm entfernt war, gab er den Feuerbefehl. Der Cromwell stand nach dem ersten Schuß in Flammen.

In rascher Fahrt brach Wittmann nun aus dem Walde heraus. Er hielt, feuerte, zog wieder an, um abermals zu halten und zu feuern. Eine Granate aus der Kanone eines Cromwells prallte von der Panzerung des Tigers ab. Binnen zweier Minuten hatte dieser eine Tiger die Spitze des Verbandes zusammengeschossen, so daß sie nicht mehr vorankam. Mit seiner Kanone und dem MG feuerte der Tiger auf die Wagen des Gegners. Er walzte Kräder und Pak zusammen und rollte an der Marschkolonne entlang. Dann brachen auch die vier übrigen Tiger an der Höhe 212 heraus und schossen die Aufklärungspanzer der 8. Husaren ab, die den Kommandeurpanzer umgehen wollten.

Alle Halbkettenfahrzeuge ein Dutzend Panzer des Regimentstabes und der Aufklärungskompanie standen in Flammen, oder waren bewegungsunfähig geschossen. Das Tohuwabohu war unbeschreiblich. Dann rollten die fünf Tiger in Villers Bocage ein. Über Funk wurde die 1. Kp./s.Pz.Abt. 501 verständigt. Mit acht weiteren Tigern rollte Hauptsturmführer Möbius los.

Wieder entbrannte das Panzergefecht um Villers Bocage. Die Kette von Wittmanns Tiger wurde zerschossen. Die Besatzung büchste aus. Aber sie hatten das schier Unglaubliche erreicht: Das Gefecht, das in die Annalen der britischen Kriegsgeschichte als die „Schlacht von Villers Bocage" eingegangen ist, wurde von nur einer Handvoll deutscher Tiger entschieden. Der von Montgomery selbst angesetzte gepanzerte Stoß in den Rücken der P.L.D. war dadurch vereitelt worden.

Michel Wittmann wurde für diese einmalige Leistung als 71. deutscher Soldat am 22. Juni 1944 mit den Schwertern zum Eichenlaub ausgezeichnet.

Aber noch war die Gefahr in Villers Bocage nicht gebannt. Wie leicht konnten unsere wenigen Panzer von der gegnerischen Infanterie im Nahkampf und mit Bazookas vernichtet werden.

Oberstleutnant Kauffmann, der Ia der P.L.D., raffte aus den Stäben und rückwärtigen Einheiten zusammen, was er an Leuten erreichen konnte. Mit zwei Achtacht-Geschützen und drei Feldhaubitzen stieß er von Norden nach Villers Bocage hinein und kämpfte die englische Infanterie nieder. Wenig später drang auch eine Vorausabteilung der 2. P.D. unter General von Lüttwitz von Süden her in Villers Bocage ein.

Die Straßenkämpfe dauerten noch bis in den späten Abend des 13. Juni. Dann räumten die Reste der 7. P.D. die Stadt und zogen sich auf Livry zurück.

Dieser britische Vorstoß, der zu einem großen Überraschungserfolg führen sollte, war ins Gegenteil umgeschlagen. Der gesamte Stab der 7. P.D. mit 27 Panzern und allen Ketten- und Räderfahrzeugen ging verloren. Der Kommandeur der 22. Pz.Brig., Brigadier W. R. N. Hinde, hatte 15 Offiziere und 176 Mann verloren. Die 1. Schützenbrigade 4 Offiziere und 60 Mann.

Generalleutnant Bucknell befahl Hinde, die Höhe 174 (bei Livry) so lange zu halten, bis ihn die frontal angreifende 60. I.D. entlasten konnte, die nach Süden durchstoßen würde.

Dies war allerdings zu optimistisch geplant, denn die P.L.D. hielt auch den Anstürmen der drei brit. Divisionen am 13. Juni stand. Sie verteidigte auf der Front zwischen Tilly und La Belle Épine. In La Belle Épine stand die Pz.Aufkl.Lehr-Abt. 130 unter Major von Born-Fallois und verteidigte mit höchstem Einsatz. Immer wieder war es Major von Born-Fallois, der seine Männer durch das persönliche Vorbild zur letzten Anstrengung mitriß.

Die britische 50. I.D. erneuerte ihre Angriffe beiderseits Tilly ständig. Doch die P.L.D. behauptete ihre Stellungen.

Durch das Mißlingen der „Operation Perch" wurde Montgomery und Dempsey klar, daß Caen doch nur frontal gestürmt werden konnte. General Dempsey kam zu dem Schluß, daß „jetzt keine Möglichkeit zu einer Umfassungsoperation mit Luftlandetruppen besteht, um Caen zu nehmen, oder den Landekopf vor der Front des XXX. Korps zu vertiefen. — — — Es ist jetzt klar, daß Caen nur frontal gestürmt werden kann. Wir haben zur Zeit aber weder die Männer, noch die Munition dazu."

Dennoch mußte Dempsey die einmal eingeschlagene Offensivtaktik fortsetzen, band sie doch allein alle vier deutschen Panzerdivisionen, die in den Kampf geworfen waren. Sie weiter so zu binden, daß sie nicht mit wohlüberlegten Gegenangriffen das Gesetz des Handelns an sich rissen, war das Gebot der Stunde.

Indem Feldmarschall Rommel durch den Einsatz dieser vier Pz.Div. das britische Vorstoßen unterband, hatte er sie dadurch gleichzeitig ihrer eigentlichen Bestimmung entzogen, nämlich: den Gegner im Gegenstoß mit diesen Panzer-Divisionen in die See zurückzuwerfen.

Aber Feldmarschall Rommel hatte keine andere Wahl, nachdem der erste Tag vertan war. Er war sich auch genau über die Folgen im klaren. In seiner Meldung am Abend des 12. Juni an das OKW tritt dies offen zu Tage:

> „Die Heeresgruppe muß sich zunächst damit begnügen, mit den nur allmählich herankommenden Kräften eine zusammenhängende Front zwischen Orne und Vire zu bilden und den Gegner anlaufen zu lassen. Dabei können die restlichen Panzerverbände nachrücken.
>
> Die Heeresgruppe strebt an, die eingesetzten Panzerverbände baldigst durch Infanterieverbände ablösen zu lassen und mit ihnen wieder bewegliche Reserven zu bilden. Den Schwerpunkt der eigenen Operationen beabsichtigt die Heeresgruppe in den kommenden Tagen in den Raum Carentan — Montebourg zu verlegen, um den dort befindlichen Feind zu vernichten und die Gefahr von Cherbourg abzuwenden. Erst wenn dies gelungen ist, kann der zwischen Orne und Vire liegende Gegner angegriffen werden."

Feldmarschall Montgomery dagegen meldete an sein Kriegsministerium, dem er Bericht zu erstatten hatte, folgendes:

> „Meine allgemeine Taktik ist, den Feind an die 2. (britische) Armee zu fesseln und es so der 1. (amerikanischen) Armee leichter zu machen, sich auszubreiten."

Diese beiden Pläne zeigen eine verblüffende Übereinstimmung in den beiden Operationsplänen.

In der Besprechung des Führerhauptquartiers mit Großadmiral Dönitz gelangten Feldmarschall Keitel ebenso wie der OBdM zu dem Schluß, daß ganz Frankreich verloren sei, falls es dem Gegner gelänge, aus dem jetzigen Brückenkopf heraus die operative Freiheit zum Bewegungskrieg zu gewinnen.

Nach dem vernichtenden Schlag gegen die 7. brit. P.D. bei Villers Bocage, stellte sich die Feindlage an der Invasionsfront etwa so dar:

Dem V. US-Korps war es gelungen, den Südzipfel des Waldes von Cérisy bei Litteau zu erreichen. Deutlich zeichneten sich die Bemühungen des Gegners ab, den deutschen Eckpfeiler St. Lô an der Front der 3. Fallschirmjäger-Division zu umfassen und auf breiter Basis eine gradlinige Front und damit eine sichere Verbindung mit der brit. 2. Armee herzustellen.

Bei Carentan stellte sich die 17. SS-P.D. „Frundsberg" zum Gegenangriff auf Carentan bereit, das von dem dezimierten Fallschirmjäger-Regiment 6 geräumt werden mußte. Der Gegenangriff mißlang.

Im Raume Cherbourg waren 4 deutsche Divisionen durch Führerbefehl festgelegt: die 77., 243. und 709. I.D. Ferner noch die 91. LL-Division. Als die Amerikaner nach der Zurückweisung des deutschen Panzer-Angriffes bei Carentan von dort aus mit der 9. US-Division und der 82. LL-Division nach Westen auf Haye du Puits vorstießen, drohten sie das LXXXIV. AK aufzuspalten.

Im britischen Abschnitt versuchte Montgomery, nach dem Fehlschlagen der Fesselungs-Operation der 7. brit. P.D., bei Tilly eine Durchbruchsschlacht zu entwickeln. Der Kampfraum Tilly — Caen wurde von der P.L.D. und der 12. SS-P.D. verteidigt.

Im gleichen Kampfraum stellten sich die 49. und 50. brit. I.D. zum Großangriff bereit.

In der Frühe des 15. Juni begann ein orkanartiges Trommelfeuer auf die deutschen Gräben und Deckungslöcher um und in Tilly herunterzuheulen. Es war genau 03.40 Uhr, als es begann, und jeder einzelne Mann des Regimentes Scholze wußte, was das bedeutete.

Es schien ihnen, als feuerten die schweren Schiffsgeschütze auf jedes Loch einzeln. Dann verlegte das Artilleriefeuer zurück, und in breiter Formation flogen drei Jabogeschwader im Tiefflug an. Raketenbomben heulten der Erde entgegen. Sie schmetterten alles zusammen, was heil geblieben war.

Als dann die britischen Panzer vorrollten, hatte Major Uthe in seinem Gefechtsstand im Schloß von Fontenay jede Verbindung mit seinen Männern verloren. Ausgeschickte Melder kamen ohne Ergebnis wieder zurück. Sie waren nicht durchgekommen. Der Pionierzug, der Major Uthe vom Pz.Pi.Btl. 130 unterstellt worden war, lag unter den Trümmern in den Löchern verschüttet. Hier im Gefechtsstand Fontenay befanden sich nur noch eine Handvoll Männer: Funker und Nachrichtenleute, Major Uthes Adjutant, Oberleutnant Gehrke und drei Melder.

Von vorn hallte der Kampflärm der Schlacht zu ihnen herein. Sie hörten die rasenden Feuerstöße der MG 42 und die trockenen Abschüsse der Panzerkanonen.

„Fertigmachen. Wir gehen zu den Männern vor!" befahl der Bataillonskommandeur.

Major Konrad Uthe griff zur Maschinenpistole und hängte sie um. Der Schreiber-Oberfeldwebel raffte die Unterlagen des Bataillons zusammen und verstaute sie in dem SPW, der in der Kellergarage des Schlosses stand. Der Unteroffizier, der diesen SPW fuhr, ließ bereits den Motor an. Die letzten des Bataillons schwangen sich auf den SPW, der mit aufheulendem Motor die Steilrampe emporjagte.

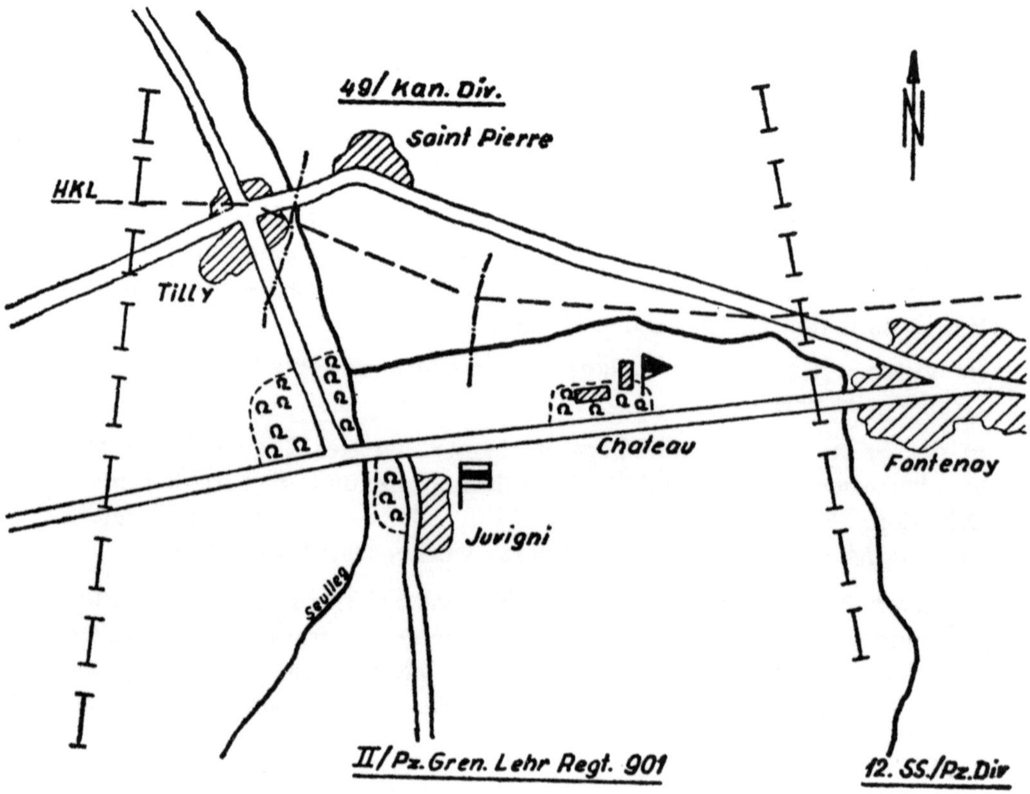

Kampfraum Tilly 15.6.44.

Mit wilder Fahrt rollte der SPW die zum Schloß führende Allee hinunter. In tollkühner Slalomfahrt wurde einer der umgestürzten Bäume umfahren. Dann erreichten sie die große Ost-West-Straße.
„Voraus Engländer, Herr Major!"
„Feuern Gehrke!"
Der Oberleutnant hinter dem Schutzschild des Bord-MG begann zu feuern. Die übrigen Männer schossen aus Sturmgewehren und MPi. Der Gegner ging blitzschnell in Deckung.
Mit einer jähen Kurskorrektur riß der Unteroffizier hinter dem Steuer des SPW den Wagen herum. Die Ketten schrien grell, dann kam der Motor auf Höchsttouren, und in wilder Fahrt raste der Wagen weiter. Im Dorf schwenkte der Fahrer ein. Am Waldrand hielt der SPW. Auf einmal tauchten die ersten versprengten und zurückgeworfenen Landser des Bataillons wieder auf. Sie krochen aus ihren Löchern und Unterschlupfen. Major Uthe organisierte hier die neue Verteidigungslinie.

Eine Kompanie der 12. SS-P.D. — es war die Div.Begl.Kp. der 12. SS-P.D. — tauchte von rechts aus dem Dunst auf. Rasselnd rollten die schweren Tiger bis an den Waldrand vor.

In knappen Worten erklärte Major Uthe dem Obersturmführer seine Absicht, die alten Stellungen einige hundert Meter weiter vorn wieder in Besitz zu nehmen. Der Obersturmführer nickte. Dann verschwand er in seinem Panzer.

Dröhnend setzten sich die Tiger in Bewegung, und dahinter gingen die Panzergrenadiere vor. Sie kamen vorwärts. Gegnerische Widerstandsnester wurden durch die Langrohrkanonen der Tiger zum Schweigen gebacht. Major Uthe ging an der Spitze seiner Männer. Er riß die Sturmreihen vorwärts, wenn sie im Feuer des durchgebrochenen Gegners liegenzubleiben drohten. Dann erreichten sie den Erdwall zweihundert Meter hinter der eigenen HKL. Major Uthe ließ halten, um die Lage zu klären. Männer tauchten aus den Trümmern auf. Verwundet die meisten. Fast alle am Rande der Erschöpfung. Es waren Männer des Bataillons.

In diesem Augenblick feuerten ein paar durchgebrochene Panzer. Man hatte sie vorher nicht gesehen. Dreck spritzte vom Erdwall hoch. Lohe grellte. Ein harter Schlag wirbelte Oberleutnant Gehrke zu Boden. Als er sich aufrappelte, sah er Major Uthe, keine zwei Meter neben sich. Der Major blutete leicht. Ein Splitter hatte ihm den Ärmel aufgerissen. Sonst war ihm nichts passiert.

Die Tiger feuerten auf die durchgebrochenen Feindpanzer. Zwei von ihnen blieben qualmend liegen. Die anderen rollten zurück.

„Achtung!" rief der Major. Die Männer strafften sich. „Sprung auf - - - marsch!"

Als erster war er auf dem Erdwall und raste nach vorn.

Die Männer schnellten hoch. Mit vorgereckten Waffen warfen sie sich den eingedrungenen Gegnern entgegen. Meter um Meter eroberten sie ihre alten Stellungen zurück. Aus den zerschlagenen Löchern tauchten weitere Männer auf, die den „toten Mann" gemacht hatten, als der Gegner einbrach.

Auf der rechten Flanke ihres Angriffskeiles rollten die wenigen Panzer der Div.Begl.Kp./12. SS-P.D., die sich ihnen angeschlossen hatte. Die Tiger hämmerten aus Kanonen und MG in die Flanke des Gegners hinein. Wo sie auftauchten, sprangen die Engländer aus ihren Löchern auf und rannten zurück.

Schneller, immer schneller geriet die Front in Bewegung. Und die zurückrennenden Engländer hielten auch nicht an, als ihre eigenen Panzer von Norden zum Gegenstoß ansetzten. Neue Infanterie tauchte aufgesessen auf den Panzern auf. Dahinter weitere.

Doch die Panzergrenadiere hatten ihre alten Stellungen erreicht. Sie richteten sich darin ein. Oberleutnant Gehrke versuchte, die Verteidigung zu leiten. Ein paar Panzerfäuste waren zur Stelle. Schon begannen die Feindpanzer zu feuern. Näher rollten sie heran. Einer glutete auf.

Die anderen rollten weiter. Ihre Abschüsse flammten. Auf einmal dröhnten auch im Rücken des Bataillons Panzermotoren auf. Oberleutnant Gehrke fuhr herum.

„Herr Major, die Panzerjäger!", schrie er erleichtert.

Über die Straße schob sich die 3. Kompanie heran. Allen voran Hauptmann Oventrop, der aufrecht in seinem Kübel stand und über Funk seine Panzerjäger dirigierte.

Das Duell Panzerjäger gegen Panzer war nur kurz. Dann drehte der Gegner und rollte wieder zurück. Der Feinddurchbruch war auch an dieser Stelle gestoppt.

An den zwei Stellen, wo der Gegner durchgebrochen war, wurde er nun abgekniffen und vernichtet. Die alte HKL war wieder fest in deutscher Hand. Einige Männer des Bataillons, die hier auf den Außenstützpunkten ausgehalten hatten, wurden befreit.

Für diesen selbstlosen Einsatz und seinen Angriff im Juli 1944, über den noch berichtet werden soll, wurde Major Konrad Uthe am 25. August 1944 posthum das Ritterkreuz des Eisernen Kreuzes verliehen.

Die Hauptlast des Feindangriffes hatte jedoch auch diesmal wieder das II. Bataillon unter Major Schöne und hier besonders die Kampfgruppe von Hauptmann Philipps mit seinen Panzergrenadieren zu tragen. Alle Angriffe auf die Stadt wurden von ihm abgeschlagen. In erbitterten Einzelkämpfen mußte der eingedrungene Gegner geworfen, mußten die vorgestoßenen und mitten zwischen der deutschen HKL feuernden Feindpanzer mit Nahkampfmitteln und Panzerfäusten vernichtet werden.

Es war ein erbitterter Kampf; mit letztem Einsatz geführt. Und wenn jemals in der Kriegsgeschichte der Einsatz und das Beispiel weniger Männer den Sieg an die Fahnen zu heften vermocht hatten, dann müßte dies hier geschehen. Aber zum Schluß triumphierten auch diesmal die stärkeren Bataillone und die Übermacht aller Waffen.

Unvorstellbares leisteten die Panzergrenadiere von Hauptmann Philipps in den Trümmern von Tilly.

Im Raume der 12. SS-P.D., die rechts neben der P.L.D. im Raume Putot-Balleroy verteidigte, war der Gegner mit der 49. I.D. angetreten. Auch hier toste der Kampf mit aller Erbitterung. Aber noch hielt der Verteidigungsriegel. Wie lange noch?

Am 16. Juni gab der Wehrmachtsbericht unter anderem bekannt:
„Im Kampf gegen drei der besten englischen Infanterie-Divisionen hat sich die Panzer-Lehr-Division unter der Führung des Generalleutnants Bayerlein hervorragend bewährt."
Aber am späten Abend des 15. Juni war Lingèvres verlorengegangen. Am 15. Juni fiel auch La Belle-Épine nach einem letzten Verzweiflungskampf der Pz.Aufkl.Abt. 130. Es war den Männern von Major von Born-Fallois nicht möglich, den Gegner zu halten.
Gleichzeitig gelang es den Engländern an diesem Tage, in breiter Front über die Straße Tilly — Balleroy vorzustoßen, wo das Pz.Gren. Lehr-Rgt. 902 unter Major Willi Welsch verteidigte.
Die Major Welsch unterstellten Panzer gehörten der eben erst zur Front gestoßenen I./Pz.Lehr-Rgt. 130 unter Major Markowski an. Das I. Pz.Gren.Lehr-Rgt. 902 geriet abermals in Gefahr, eingeschlossen zu werden. General Bayerlein, der sich gerade zur kritischen Zeit auf dem Gefechtsstand bei Major Welsch befand, trat mit dem Regimentsführer an die Abschnittskarte.
„Wenn der Gegner hier durchstößt, Herr General, wird es brenzlig. Wir müssen Hottot wieder zurückholen, sonst stößt der Gegner durch und kesselt uns ein."
„Markowski muß Hottot zurücknehmen!" stimmte der General zu. Als Major Markowski verständigt wurde, hatte er seine Abteilung bereits alarmiert. Mit 22 Panthern stand sie bereit. Die Panzergrenadiere der 2. und Teile der 3. Kompanie/902 waren bereits aufgesessen.

An der Spitze seiner 22 Panzer rollte Major Markowski im Befehlspanther. Eine flache Schlucht wurde durchfahren, dann standen die Panzer vor dem Ort Hottot. Die Divisions-Artillerie begann zu feuern. Granaten zischten über die Panzer und Grenadiere hinweg und schlugen in die Häuser von Hottot ein. Das starke britische Abwehrfeuer, aus Kellern, hinter Hecken und Ruinen hervorblitzend, schlug den Panzern entgegen.
„Feuer frei!" befahl Major Markowski durch die Bordverständigung. Die Kanonen der Panther begannen auf die glühenden Mündungsfeuer des Gegners zu schießen. Krachend schlugen die Hochrasanzgranaten in die Mauern ein, zerschmetterten Pakstellungen und MG-Nester, aus denen heraus der Gegner die nachfolgenden Panzergrenadiere niederzuhalten versuchte, um dann die Panzer mit Bazookas und Sprengmitteln anzugehen. Schritt für Schritt rollten die Panzer vor.
„Panzer von vorn!" tönte die Meldung von der ersten Kompanie zum Abteilungskommandeur hinüber. Da sah der Major auch schon den ersten Feindpanzer, der hinter einer dichten Hecke hervorrollte und eben stehenblieb. Die Panzergranate des Cromwell glitt links am Befehlspanzer entlang.

„Ein Uhr — 1200 — Feuer!"
„Treffer", berichtete Major Markowski, als er sah, wie die Granate den Feindpanzer lahmschoß. Dann krachte der Abschuß aus dem Geschütz des Lahmgeschossenen, und zehn Meter vor dem Befehlspanzer wirbelten Steine und Stahl in die Höhe. Klirrend hämmerten Splitter gegen die Frontpanzerung.
„Nochmal dasselbe!"
Der Richtschütze hatte etwas nachgerichtet. Die zweite Granate verließ das Rohr. Der Panzer wippte vom Rückstoß zurück, und die Granate schlug unterhalb des Turmes in den Gegner hinein und ließ ihn aufbrennen.
Alle Panther hatten nun in das Feuer eingegriffen. Aus 22 Kanonen und MG blitzten die Abschüsse. Der Gegner wich zurück. Im konzentrischen Angriff rollten die Panther nach Hottot hinein.
Hausecken wurden angefahren. Wände donnerten auf die Panzer herunter. Balken stürzten vor den Raupen zu Boden, wurden überkarrt und wie Streichhölzer zerquetscht. Und immer wieder blafften die Abschüsse, kreischte Stahl, dröhnten die Einschläge, um sich mit dem wütenden Geknatter detonierender Bereitschaftsmunition zu vermischen.
Der Nachmittag wurde von der Kakophonie der Vernichtung durchgellt. Flammen stiegen über Hottot in die Höhe. Im Häuserkampf räumten die Panzergrenadiere die Stellungen des Gegners aus.
Ein flammender Feuerstrahl zeigte Major Markowski die Stellung der Feindpak, die den Befehlspanzer unter Feuer genommen hatte.
„Links einschlagen!" befahl der Major.
Hart ruckte der Panther herum und rollte in schnellem Ansprung zehn, zwanzig Meter vor. Dann blieb er stehen. Der Richtschütze hatte das Geschütz gedreht. Er sah die Pak in der Optik und drückte den Feuerknopf. Mit hartem Schlag verließ die Granate das Rohr und schlug unmittelbar neben der Feindpak ein.
Im gleichen Augenblick blitzte es drüben auf. Die Granate röhrte heran und hämmerte in den Panzer ein. Major Markowski spürte einen harten Schlag in der Seite. Er hörte die Schreie seiner verwundeten Männer. Dann roch er Benzindunst.
„Ausbooten!" befahl er noch.
Der Fahrer und der Ladeschütze bemühten sich um ihn und halfen dem Schwerverwundeten hinaus. Der Funker kippte auf die Seite. Er war sofort tot. Die ausgebüchsten Männer schleppten den verwundeten Richtschützen in die nächste Deckung. Der Major schaffte es noch aus eigener Kraft, dann brach er zusammen.
Die übrigen Panzer drangen tiefer in den Ort ein. Ein paar Feindpanzer stellten sich ihnen entgegen. Im Panzerduell wurden sie vernichtet. Die schnellen wendigen Panther schossen die Gegner zusammen.

Zweimal gelang es dem Gegner, einen Panther mit Bazooka wundzuschießen. Dann waren auch die letzten Widerstandsgruppen von den Panzergrenadieren des Regimentes 902 überwunden. Hottot war wieder fest in deutscher Hand. Die Grenadiere richteten sich am nördlichen Dorfrand zur Verteidigung ein. Die Artillerie zog nach.

Zwei Stunden später rief General Bayerlein alle verfügbaren Panzer aus Hottot zurück. Der neue englische Großangriff rollte. In breiter Front griffen die Briten an und stießen im ersten Ansturm bis über die Straße Tilly — Balleroy hinaus vor. Im Walde südlich der Straße setzten sie sich fest. Und hier saßen auch die Männer der P.L.D. Sie hielten ihre Stellungen. In den Boden verkrallt verteidigten sie sich mit ungeahnter Tapferkeit.

Um diesen entscheidenden und entschlossenen Widerstand endgültig zu brechen, wurden alle Schiffsgeschütze zu einem unerhörten Trommelfeuer zusammengefaßt. Die anglo-amerikanische Invasionsflotte trommelte unaufhörlich auf Tilly ein.

Von den Häusern in Tilly und den anderen Ortschaften der Umgebung stand keines mehr. Nur Trümmer und ausgebrannte Ruinen zeigten die Stätten vormals menschlicher Behausungen an. Verschüttete, zerkratzte Straßenzüge waren völlig unpassierbar geworden.

In seinem Gefechtsstand, in einem Keller am Nordrande von Tilly, erlebte Hauptmann Philipps diese Kanonade, die das Fürchterlichste war, was bisher auf einem Kriegsschauplatz geschah. Eine haushohe Wand aus Feuer und Stahl und Erde sprang in Tilly empor. Panzerdeckungslöcher wurden durch Volltreffer förmlich ausradiert. Riesige Trichter verwandelten den letzten Rest der Erde in eine Mondkraterlandschaft. Panzer wurden durch Volltreffer in ihren Bereitstellungen zerschmettert.

Als dann der Gegner nach zweistündigem Trommelfeuer antrat, standen die Männer um Hauptmann Philipps wieder auf ihren Posten. Wo keine Menschenseele mehr lebendig durchgekommen sein konnte, dort erhoben sich die Panzergrenadiere aus den Trümmern. Den Angriffswellen der 49. und 50. brit. I.D. schlug das deutsche Abwehrfeuer entgegen. Die Panzerjäger auf ihren Sfl rollten an. Dann die übriggebliebenen Panzer der I. Abteilung. Schließlich auch die Panzer der II. Abteilung. Oberst Rudolf Gerhardt warf die letzten Reserven nach vorn.

Richtschütze Unteroffizier Job, im Panzerjäger des Oberfeldwebels Stolz, schoß drei Feindpanzer ab und vernichtete zwei Pakgeschütze. Leutnant Schönrath, Zugführer der dritten Kompanie, schoß ebenfalls drei Panzer ab. Feldwebel Dückert brachte zwei Cromwells zur Strecke.

Und wo sie auch lagen, die Panzerpioniere unter Major Walther Brandt, dort kämpften sie den Gegner nieder. Allen voran Major Brandt selber.

Mit Sprengmitteln und Panzerfäusten sprangen sie vor und vernichteten die eingebrochenen Panzer. Sie alle kämpften in einer Wüstenei; und sie hielten Tilly und damit auch Caen, denn Tilly war der goldene Schlüssel zur Stadt Caen.

Am 5. August 1944 erhielt Major Walther Brandt für diesen Einsatz das Ritterkreuz.

Panzerfahrer, Panzergrenadiere, Pioniere und Artilleristen, Nachrichtenmänner und Troßleute taten ihre Pflicht und weit, weit mehr. Die Panzer-Lehr-Division lieferte hier den Beweis dafür, daß sie eine Elite-Division war und daß die viele Ausbildungsarbeit, die ständigen Übungen und Scheingefechte sie zu einer schlagkräftigen Einheit zusammengeschmiedet hatten.

Dann kamen sie wieder: die Jabos. Wie wütende Hornissen stürzten sie mit aufheulenden Motoren auf die deutschen Stellungen herunter, um den Widerstand doch noch zu brechen. Jedoch auch dieser Angriff aus der Luft vermochte nichts an der Tatsache zu ändern, daß die P.L.D. hielt. Die deutsche Front stand unerschütterlich.

In der Nacht zum 16. Juni begannen die Beschießungen Londons durch die V-1. Das Flakregiment 155 (unter Oberst Wachtel) hatte schon am 6. Juni Befehl erhalten, die V-1-Operationen zu eröffnen. Doch es dauerte noch zehn Tage, bevor es so weit war. Allerdings waren schon am 13. Juni 10 Schuß abgefeuert worden.

Am 16. Juni aber startete der Großeinsatz. Es wurden innerhalb von 24 Stunden 224 V-1-Geschosse auf England abgefeuert.

Die deutschen Landser atmeten auf. Endlich war die erste der angesagten Vernichtungswaffen fertig. Insgesamt wurden im Verlaufe des Juni 1944 2000 V-1 abgefeuert. Der feindlichen Abwehr gelang es, 661 abzuschießen. Etwa 1000 dieser 7,33 m langen Geschosse, von denen jedes 1000 kg Sprengstoff trug, gingen auf London nieder.

Doch schon am 18. Juni 1944 versicherte Churchill General Eisenhower, daß eine Änderung der anglo-amerikanischen Strategie — mit dem Ziele, die V-1-Rampen schnellstens zu nehmen — nicht erwogen zu werden brauche. London werde mit Rücksicht auf den allgemeinen Feldzugsplan das Bombardement solange wie nötig aushalten.

7

NEUER GROSSANGRIFF

Panzer-Gefechte

Aufklärung

Tilly ist gefallen

Am 14. Juni 1944 war Gefreiter Hoffmann von der 8./Pz.Lehr-Rgt. 130, der sich mit Unteroffizier Nürnberger auf einer Dienstreise befand, im Raume Caen eingetroffen. Nicht weit vom Flugplatz Carpiquet entfernt wurden die beiden Männer, die mit einigen Kameraden hier eintrafen, von Einheiten der 12. SS-P.D. angehalten, die sie als Panzerbesatzungen kassieren wollten.

Es war die 12. SS-P.D. gewesen, die hier am zweiten Tage der Invasion die durchgebrochenen Panzer des Pz.Rgt. 27 (der 2. kan. Pz.Brig.) aufgehalten hatte, bevor sie den wichtigen Flugplatz erreichten.

Das Pz.Regiment 27 hatte hier 28 Sherman-Panzer verloren.

Unteroffizier Nürnberger und Gefreiter Hoffmann gelang es, sich aus dem Staube zu machen, und am Abend fanden sie auch ein Schild mit dem Hinweis „II./130".

Sie fanden die 8. Kompanie in einem Wäldchen in Bereitstellung und meldeten sich zurück. Noch im Urlaubsanzug mußten sie in volle Dekkung gehen, als die Schiffsartillerie mit schweren Koffern schoß, und wenige Minuten später fuhren sie schon ihren ersten „kleinen" Angriff, der bis zum Abend des 15. Juni dauern sollte.

Da der Panzer, der Hoffmann und Nürnberger zugewiesen worden war, Öl verlor, mußte Unteroffizier Nürnberger einen anderen Panzer übernehmen. Hoffmann sah seinen Kameraden nie wieder.

Unteroffizier Nürnberger fuhr auf eine Mine. Die Besatzung mußte ausbooten und geriet in Gefangenschaft.

Hoffmann jedoch rollte am anderen Tage nach vorn. Neuer Kommandant war Unteroffizier Westphal, ein alter Panzerknacker. Unerschrokken und mit einer Bierruhe fuhr er seine Sicherung. Vier Panzer der 8. rollten gemeinsam los.

An einem Knick ging der Panzer Westphals in Deckung. Je ein Mann wurde nach links und rechts zur Erkundung ausgeschickt. Die beiden Männer fanden die Nachbarpanzer. Links den von Uffz. Schulz und rechts den von Uffz. Pausch. Im vierten Panzer, an der rechten Flanke, saß Hauptmann Felmer. Zwei Kilometer weiter rückwärts lag die Panzer-Reserve mit der sechsten und siebenten Kompanie.

Zwei Tage vergingen in untätigem Warten. Dann kam der Gegner. Zuerst eine Pak. Mit Sprenggranaten wurde der Gegner vernichtet. Wenig später tauchte ein Artilleriebeobachter auf, und dann begann das Geschützfeuer der Engländer auf den einen erkannten Panzer. Das Artilleriefeuer verstärkte sich zu einem Orkan. Die Seitenschürzen der Panzer wurden mehrfach durchschlagen, und dann feuerte der Gegner mit Nebelgranaten. Die Sicht wurde geringer, obgleich der Tag anbrach. Es war der 17. Juni. Die Luft dröhnte vom Donner der Geschütze. Abschüsse und Einschläge verschmolzen miteinander zu einem einzigen rollenden Donner. Doch noch kam der Gegner nicht.

Den Panzer 801 unter Leutnant Stöhr überraschte dieses Feuer in dem Moment als der ewige Oberschütze Heinz Loewe gerade dabei war, das Frühstück, bestehend aus einer riesigen Pfanne voll Bratkartoffeln, zur richtigen Bräune zu schmurgeln. Der Panzer lag in Reserve, vielleicht 2000 m hinter den vier anderen der Achten.

Zuerst starrte alles entsetzt zur Decke empor. Dann lag alles am Boden, und Pfanne mitsamt Inhalt wurde durch den Luftdruck der einhauenden Granaten in alle Richtungen verstreut.

Die Verpflegungskiste, die bei der Fahrt immer hinter dem Turm auf den Panzer geschnallt wurde, hatte einen mächtigen Splitter abbekommen. Die Männer rannten hinaus und suchten unter ihrem Panzer Deckung. Zwei Stunden dauerte der Artillerie-Überfall. Am Mittag erschien ein Kradmelder, der sich zu den Panzern durchgeschlagen hatte. Einer der Männer schnappte sich die fünf Kochgeschirre der Besatzung, um auf der anderen Straßenseite die Verpflegung zu holen. Er empfing die Sachen, und in dem Augenblick, als er wieder die Straße überquerte, heulte es auch schon auf ihn herunter.

25 Meter neben ihm schlug eine schwere Schiffsgeschütz-Granate ein. Die Kochgeschirre rasselten durcheinander. Das einzige, was nachher noch zu genießen war, waren die Zigaretten. Eine Stunde später kamen wieder die Bomber. Doch zum Glück für die Besatzung lagen die Einschläge ungefähr 2 km weiter entfernt. Dort, wo die anderen Panzer standen.

Der Luftdruck der Detonationen war jedoch so stark, daß es Mühe machte, Atem zu holen. Minuten später hatte sich der Himmel verdunkelt. Nichts war mehr durch Staub und Qualm zu sehen. So ging es weiter, bis die Nacht einbrach.

Unteroffizier Westphals Panzer jedoch stand in der Frühe des 18. Juni, als das britische Trommelfeuer mit größter Erbitterung niederhämmerte, noch in seiner alten Stellung. Als der Gegner mit Nebelgranaten schoß, wußte der erfahrene Kommandant, daß nun bald der Angriff beginnen würde. Die Sicht war bis auf wenig mehr als 10 m herabgesunken.

Dann kam der Gegner, und die vier Panzer, die hier in Deckung gegangen waren, begannen zu feuern. Panzerkanonen und MG hämmerten hinaus, was nur rausgehen wollte. Und die Panzergrenadiere, die hier in ihren Löchern der HKL lagen, schossen ebenfalls in den dicken Nebel hinein. Hinter dem künstlichen Nebel verschwand die frühe Sonne des 18. Juni. Aber der Gegner, der hier angreifen sollte, kam noch immer nicht.

Weiter ging das Warten und das Wachen. Dann wurde der Panzer Westphals zum Gegenstoß auf den nahebei eingebrochenen Gegner angesetzt. Über ihm toste das Artilleriefeuer, kreisten die Jabos, die auf Beute lauerten.

Auf einmal stand der Panzer allein in einem Feldweg, der von einigen Bäumen gesäumt wurde. Von den anderen Panzern der 8. Kompanie war nichts mehr zu sehen.

„Funker raus, und nachsehen!" befahl der Kommandant.

Gefreiter Hoffmann griff die Nullacht und die dafür bereitgelegten zwei Eihandgranaten und schwang sich heraus.

Langsam pirschte Hoffmann sich in der Deckung einer Hecke nach vorn. Einige Kugeln pfiffen über seinen Kopf hinweg, prallten weiter hinten auf und heulten als Querschläger zur Seite. Dann erreichte er die Wegebiegung. Unmittelbar vor ihm tauchte ein Gegner auf. Er lag anscheinend schon in Deckung, weil er ihn — Hoffmann — gesehen hatte. Sofort ging auch Hoffmann in Deckung. Er brachte die Faust mit der Nullacht nach vorn, hob vorsichtig den Kopf; bereit, sofort zu feuern. Doch der Tommy lag noch immer so, wie er vorhin gelegen hatte.

Dicht an den Boden gepreßt robbte Karl Hoffmann näher heran. Als er noch zehn Meter von dem Gegner entfernt war, sprang er mit entsicherter Pistole auf. Aber der Tommy war keine Gefahr mehr. Er war tot.

Karl Hoffmann sicherte ein Stück weiter. Nichts vom Gegner zu entdekken; keine versteckten Pak oder Panzer. Er ging zurück, meldete, und der Panzer rollte weiter. Einige hundert Meter halbrechts voraus fanden sie Anschluß an die eigene Kompanie. Sie hatten einen Geländegewinn erzielt, mußten aber bei Einbruch der Dämmerung wieder in die alten Bereitstellungen zurückrollen.

Vierzehn Tage und Nächte wiederholte sich immer das gleiche Spiel, das mehr als einmal zum tödlichen Ernst wurde. Vier Panzer der 8. Kompanie wurden vernichtet. Sie aber kamen durch. Für sie waren noch weitere Großkampftage aufbewahrt. Tage voll Grauen und tödlicher Bedrohung.

Auch die He.Fla.Abt. 311 war in den Verteidigungsriegel einbezogen worden. Hier, im Raume Tilly, erfolgte der erste geschlossene Erdeinsatz der Abteilung. Sie wurde im artilleristischen Fernbeschuß mit VB ebenso wie in Panzer-Lauerstellungen bei der Direktbekämpfung eingesetzt. Hier im Raume Tilly konnten vor allem die Achtacht große Abwehrerfolge erringen. Mehr als einmal zerbrachen Feindangriffe an ihrem Direktfeuer. Und so wurde die Abteilung zu einem Eckpfeiler der Verteidigung. Im Wehrmachtbericht jener Junitage wurde sie besonders erwähnt.

Der Divisions-Gefechtsstand war nach Monts verlegt worden. Als das gesamte britische VIII. Korps am 18. Juni angriff, stand die 12. SS-P.D. noch immer rechts von der P.L.D. auf der Höhe 112. Nördlich der Odon stand nun die 16. Luftwaffen-Felddivision. In Caen lagen die Grenadiere der 21. P.D., während das Panzerregiment derselben Division an der Ostflanke von Caen in Bereitschaft lag. Zwischen Tilly und Cristot waren die Panzer der P.L.D. in Bereitstellung gerollt. General Bayerlein hatte nördlich Vendès eine Auffanglinie errichten lassen. Zu seinem Ia, Oberstleutnant Kauffmann, sagte Fritz Bayerlein am Morgen dieses denkwürdigen Tages:

„Unsere Hoffnung liegt bei den neuen Panzer-Divisionen. Wir und die beiden anderen P.D. des Korps sind zu sehr geschwächt. Das Schwergewicht der Kräfte hat sich eindeutig zu unseren Ungunsten gewandelt. Unsere Division müßte jetzt herausgezogen und aufgefrischt werden, wenn sie ihre Schlagkraft nicht völlig verlieren soll. Aber wo ist Ersatz? Wir können hier einfach k e i n e n Mann abziehen. Es bleibt uns nichts anderes übrig, als weiter hier stehenzubleiben."

Der erste britische Angriff des 18. Juni wurde abgeschlagen. Wieder fegten Jabos über das Gefechtsfeld und schlugen die erkannten Geschützstellungen zusammen. Der zweite Infanterie-Angriff rollte. Auch er brach vor den deutschen Stellungen zusammen. Es folgten ganze „Parteitaggeschwader" Fliegender Festungen. Ihre Bombenteppiche wühlten den Boden noch einmal um.

Die darauf vorrollenden Feindpanzer prallten gegen die deutschen Panzer, die aus den Bereitstellungen vorrollten. Die Flak unter Hauptmann

Weinkopf feuerte aus den Trümmern. Mit Panzerfäusten und T-Minen gingen die Grenadiere die Feindpanzer an.

Der Kampf dauerte von den frühen Morgenstunden des 18. Juni bis zum Abend. Schiffsartillerie, Feldartillerie, Bomber, Jabos und Panzer der Alliierten kämpften in rollendem Einsatz. Eine Materialschlacht größten Ausmaßes tobte dort. Ostwärts Tilly brachte die 12. SS-P.D. den Feindeinbruch zum Stehen.

Aber das VIII. brit. Korps schaffte doch einen Teilerfolg. Cristot, vier Kilometer ostwärts Tilly, fiel in die Hand des Gegners. Die Panzergrenadiere des Regimentes 902, die hier verteidigt hatten, lagen unter den Trümmern begraben.

Um 19.46 Uhr des gleichen Tages drangen auch feindliche Panzerspitzen in Tilly ein. Noch ein letztesmal flackerte verzweifelter Widerstand auf. Dann nahm General Bayerlein die Reste seiner beiden Panzergrenadierregimenter zurück. Südlich Tilly errichtete er eine Auffanglinie.

Der General warf den Divisions-Nachrichtentroß in den Kampf. Die Pz.Nachr.Abt. 130, unter Hauptmann Hauck, kämpfte Seite an Seite mit der Divisions-Begleitkompanie. Sie hielten den überlegenen Gegner. Als das Artillerie-Rgt. Sperrfeuer schoß, versiegte die Angriffskraft des Feindes.

Die Alliierten hatten Tilly erreicht, aber ihre Kraft war gebrochen, sie vermochten nicht mehr nachzustoßen und die deutsche Niederlage bei Tilly mit der Gefangennahme der Überreste der Division zu besiegeln. Die P.L.D. hatte bis zum 20. Juni 1944 160 Offiziere und 5 400 Mann an Toten, Verwundeten und Gefangenen verloren. Von den 190 Panzern der Division waren nur noch 66 einsatzbereit.

Vor seinem Gefechtsstand im Château westlich Fontenay verteidigte Oberst Georg Scholze vorn im Graben bei seinen Panzergrenadieren; so, wie er dies in Rußland als Oberstleutnant und Kommandeur des Inf.Lehr-Batl. 900 und als Oberst und Kdr. des Pz.Gren.Lehr-Rgts. 901 bei Kalinin und Klin und bei Lissitschansk und Starobjelsk auch gehalten hatte. Sein Regiment starb hier zum drittenmal. Buchstäblich in letzter Minute wurde die Einheit von den Panzergrenadieren der 12. SS-P.D. abgelöst und marschierte in die Ruhequartiere zurück. Einhundertzwölf Mann gingen gemeinsam mit Oberst Scholze zurück.

An der Wegegabel Tilly — Juvignay — Fontenay blieb die Kolonne stehen. Birkenkreuze blinkten in der Abendsonne wie altes Silber. Der Oberst löste den Sturmriemen, nahm den Helm ab, und die bei ihm waren: Hauptmann Ehricht, der Regimentsadjutant, Leutnant Schulte und Oberleutnant Hinz, die Ordonnanz-Offiziere, hörten den kleinen Mann aussprechen, was in aller Herzen brannte:

„Wir können euch nicht mitnehmen. Ihr bleibt hier zurück. Aber was macht das schon! — Ihr werdet in unseren Herzen weiterleben."

Es war wie ein Gebet!

Dann wandte er sich um. Hart klang seine Stimme als er befahl: „Marschordnung. — Im Gleichschritt Marsch."

Über ihnen zogen alliierte Bombergeschwader ostwärts. Dorthin, wo die Heimat lag.

Wenig später mußte Oberst Georg Scholze, schon sechzigjährig, auf höheren Befehl sein Regiment abgeben. Zum erstenmal erlebten seine Grenadiere etwas völlig Unmilitärisches, als der Oberst in seinem Kübel stehend, ihnen so lange zuwinkte, wie er seine Männer sehen konnte.

Ebenfalls am 20. Juni erreichte die 9. am. I.D. die äußerste Verteidigungslinie von Cherbourg.

Eine am 21. Juni an General von Schlieben ergangene Aufforderung zur Übergabe der Stadt wurde nicht beantwortet, und am 22. Juni begann der amerikanische Angriff auf Cherbourg. Vier amerikanische Divisionen hatten den Kampfraum erreicht und durchbrachen in vier Stoßkeilen im konzentrischen Vorgehen die nur feldmäßig ausgebaute Landfront. Am Abend des 26. Juni drangen die Alliierten in Cherbourg ein. Der letzte Widerstand im Fort dauerte bis zum 1. Juli.

Bis zu diesem Zeitpunkt hatten die Alliierten auf der Halbinsel Cotentin 39 042 Gefangene gemacht. 4000 Gefallene wurden von den Amerikanern begraben.

Schon am 26. Juni 1944 traten die britischen Divisionen gemeinsam mit kanadischen Einheiten nach einem dreistündigen Trommelfeuer zu einem neuen Großangriff gegen die deutsche Front im Kampfraum Caen an. Ihr Plan war: über die Odon zur Orne vorzustoßen, die Höhe 112 zu nehmen und Caen im umfassenden Angriff zu Fall zu bringen. Aus Richtung St. Pierre und Cristot wurde Fontenay angegriffen. Dort stand nun die 12. SS-P.D. Es kam zu den heftigsten Kämpfen seit Beginn der Invasion. Angreifer und Verteidiger verbissen sich förmlich ineinander. Ganze Kompanien wurden vernichtet, überrollt, in den Boden gestampft. Doch es gelang den Briten erst am Nachmittag des 27. Juni mit der frisch nachgeführten 11. P.D. bei Caen einen Brückenkopf über die Odon zu bilden. Die Höhe 112 ging verloren. Sie wurde am 30. Juni von Panzern der 12. SS-P.D. wieder zurückerobert. Caen war abermals gerettet.

Auch im Westabschnitt bei Tilly griff der Gegner wieder an. Hier hielt das, was von der P.L.D. noch übrig war, gegen drei Elitedivisionen der Briten stand. Sie wichen keinen Fußbreit. Wieder und wieder wurden die Angriffe der britischen 2., 49. und 50. I.D. abgeschlagen.

Am 29. Juni hatte Feldmarschall Rommel in Berchtesgaden vorgeschlagen, die 7. Armee kämpfend auf Paris zurückgehen zu lassen. Die noch in Südfrankreich mit Gewehr bei Fuß stehenden deutschen Divisionen sollten zur Bildung einer neuen Front, die Seine entlang bis hinunter zur Schweizer Grenze, mit herangezogen werden. Die britische Offensive, die am 26. Juni begonnen habe, sei nur durch den gesamten Einsatz der operativen Reserve aufgehalten worden. Wenn sich die Wehrmacht nicht sofort aus der Normandie zurückziehe, würde die 7. Armee aufgerieben werden. Die 15. Armee, die dann allein auf sich gestellt sei, würde gegen eine zweite Landung machtlos sein.

Doch Rommels Vorschläge drangen bei Hitler nicht durch. Feldmarschall von Rundstedt und Rommel kehrten ohne Ergebnis nach Frankreich zurück.

Feldmarschall von Rundstedt, der Oberbefehlshaber West, wurde am 2. Juli durch Feldmarschall von Kluge abgelöst. Am gleichen Tage erhielt auch der OB der Panzertruppe West, General von Geyr, den blauen Brief. General der Waffen-SS Sepp Dietrich wurde sein Nachfolger.

Und am gleichen Tage erhielt auch die P.L.D. den Befehl, die Stellungen bei Tilly zu verlassen und in den Raum St. Lô zu verlegen. Wie ein Blitz aus heiterem Himmel schlug dieser Befehl beim Stab der Division ein.

Nicht so sehr wegen der Verlegung an sich, als wegen der Bestimmungen, die daran geknüpft waren.

Die P.L.D. hatte — so lautete der Befehl — jeweils ein Drittel ihrer Panzer, ein Drittel der Panzerjäger und der Artillerie im Abschnitt Tilly zu belassen, wo eine I.D. den Raum einschließlich der unterstellten Teile der P.L.D. übernehmen sollte.

Generalleutnant Bayerlein versuchte alles, diese Zersplitterung seiner ohnehin schon zerschlagenen Division zu verhindern. Vergebens. Der Befehl blieb bestehen.

8

WESTWÄRTS

Bomben — Bomben — Bomben

Panzer-Lehr-Division greift an!

Am Abend des 2. Juli 1944 hatte General Bayerlein seine Kommandeure im Gefechtsstand bei Monts versammelt, um mit ihnen gemeinsam den Abmarsch der Division in den Raum St. Lô — Coutances vorzubereiten. Der General zog noch einmal das Fazit der Kämpfe im Einsatzraum Caen — Tilly. Die letzten Meldungen hatten ergeben, daß noch ca. 60 Panzer einsatzbereit waren. Doch dies bedeutete nicht, daß 180 vernichtet waren. Der wirkliche Verlust an Panzern in der Division betrug schätzungsweise 100. Einige Panzer konnten nach Reparatur wieder in den Verband eingegliedert werden. Insgesamt waren jedoch 84 Panzer vernichtet oder so schwer beschädigt, daß sie eine längere Ausfallzeit hatten.

Durch die Schlacht am Odon war auch die letzte deutsche Möglichkeit zu einem Gegenstoß in Richtung auf Bayeux geschwunden. Der Vorstoß der britischen 2. Armee band jetzt alle acht im Invasionsraum eingesetzten Panzerdivisionen.

Da das Gebiet um St. Lô im amerikanischen Abschnitt ebenso zum Brennpunkt wurde wie Caen im britischen Abschnitt, war diese Stadt häufigen Bombenangriffen ausgesetzt. Die vier hier zusammenlaufenden Nationalstraßen waren sehr wichtig. Ebenso die noch unversehrte Brücke über die Vire. Und um diese Brücke ging es bei der Verlegung der P.L.D. nach Westen in den Raum St. Lô.

Generalfeldmarschall Rommel sah richtig voraus, daß die amerikanische Führung einen konzentrierten Angriff im Raume St. Lô — Coutances vorbereitete. Aus diesem Grunde zog er die Reste der P.L.D. aus dem Verteidigungsraum Tilly heraus und warf sie an die bedrohte Stelle. Hinzu kam noch eine Kampfgruppe der 2. SS-P.D., die im Raume Raurey ähnlich stark zur Ader gelassen worden war, wie die P.L.D. bei Tilly. Andere Panzereinheiten standen dem Feldmarschall nicht zur Verfügung.

Alles dies teilte Generalleutnant Bayerlein seinen Kommandeuren in jener Stabsbesprechung des 2. Juli mit.

Wie richtig Feldmarschall Rommel den Gegner eingeschätzt hatte, zeigt uns der Plan des Feldmarschalls Montgomery, der folgendermaßen formuliert war:

„Wir müssen in unserer Kräfteverteilung ein derartiges Gleichgewicht bewahren, daß wir uns in keinem Falle gezwungen sehen, auf feindliche Bewegungen oder Stöße mit Gegenstößen zu antworten; der Feind kann tun was er will, wir werden unseren eigenen Plan weiterverfolgen. Und zwar wird Bradley mit der 1. amerikanischen Armee um seinen linken Flügel im Raume Coumont südwärts und ostwärts auf die allgemeine Linie Caumont — Vire — Mortain — Fougéres schwenken. Ist diese Linie erreicht, dreht ein Korps um Avranches herum auf die bretonische Halbinsel ein, während die übrige Armee mit starkem rechten Flügel in weitem Bogen südlich des Bocage nacheinander auf folgende Ziele vorrückt:

A. Laval — Mayenne.

B. Le Mans — Alencon.

Der Beginn der Operation ist auf den 3. Juli angesetzt."

Die amerikanische Streitmacht war inzwischen auf vier Korps mit insgesamt 14 Divisionen angewachsen. Ihr standen sechs deutsche Divisionen gegenüber.

Unmittelbar nach der Besprechung im Divisons-Gefechtsstand Monts erfolgte ein schwerer Artillerieüberfall auf diesen Gefechtsstand. Das kleine Bauernhaus, das sehr gut getarnt lag und das vom Gegner während der zwanzig Tage, da es den Divisions-Gefechtsstand beherbergte, nicht ein einzigesmal mit Artillerie oder Flugzeugen angegriffen worden war, lag nun unter einem zweistündigen dichten Trommelfeuer.

Die schon zum Abmarsch aufgefahrenen Wagen des Stabsquartieres erhielten ihr Teil vom Feuerorkan ab. Zwei Kübelwagen brannten aus. Ein LKW ging ebenfalls in Flammen auf.

Wer immer sich im Div.-Stabsquartier befand, ob Melder, Funker, Begleitstaffel oder Stabsoffiziere: alle sprangen in die Splittergräben und Schützenlöcher.

Alle Verbindungen zu den einzelnen Divisions-Einheiten wurden durch dieses Feuer unterbrochen.

Dann gelang es General Bayerlein, in einer Feuerpause abfahren zu lassen.
Bei Villers Bocage sammelte sich der Stab der P.L.D. im neuen Divisions-Gefechtsstand. Hier war Unteroffizier Kartheuß vor vier Wochen gefallen. Es schien schon eine Ewigkeit her zu sein, und viele Männer der Division waren Kartheuß gefolgt.
Auch die Panzergrenadiere und Panzereinheiten waren aus der Front herausgelöst worden. Die 5. Fsch.Jäg.Div. hatte ihre Stellungen übernommen.

In der Nacht des dritten Juli verließen sie die Stellungen. Wenige Kilometer hinter den Linien bogen sie nach Westen ab. Noch wußte niemand, wohin der Marsch ging. Es konnte nur im Schritt gefahren werden. Oftmals mußten die Panzerkommandanten ihre Wagen verlassen und zu Fuß vorausgehen, damit es überhaupt weiterging. Aber dies war immer noch besser, als am Tage durch die Hölle der Jaboangriffe zu marschieren.
Als der Morgen des 4. Juli graute, nahmen die „Flieger-Beobachtungsposten" ihre Stellungen ein. In einer kurzen Marschpause kam der Befehl des Divisions-Kommandeurs durch:

„Es wird weitermarschiert! Auch bei Tieffliegerangriffen. Ausgefallene Wagen werden nicht abgeschleppt, weil das unsere Marschgeschwindigkeit beeinträchtigt. Bei Fliegerangriffen mit allen Waffen Feuer eröffnen. Auch mit Panzerkanone auf Jabos schießen."

Durch diesen Befehl wollte General Bayerlein erreichen, daß die Division so kurz wie möglich dem Feindfeuer ausgesetzt war. Und der trübe Tag mit den tiefhängenden Wolken schien ihm am ehesten geeignet, den „Straßenfegern" zu entkommen.

Von dem langen Nachtmarsch ermüdet, dösten die Männer vor sich hin, bis das Hämmern von Bordkanonen sie jäh aufschreckte. Die Panzer der II. Abteilung liefen auseinander. Sie rollten nach links und rechts von der Straße herunter, um kein zusammenhängendes Ziel zu bieten. Pfeifend flitzten die ersten Granaten über die Panzer hinweg.

Die Luken wurden dichtgeschlagen. Die MG richteten sich auf die Stelle, von der die Jabos kamen. Die ersten Feuerschnüre zischten den anfliegenden Maschinen entgegen. Prasselnd hämmerten die Granaten aus ihren Bordkanonen in die Straße hinein. Aber diesmal hatte die P.L.D. Glück. Nur einem Panzer wurde die Kampfwagenkanone durch eine Granate durchlöchert. Der Wagen rollte weiter, aber er war durch diesen Treffer seiner besten Waffe beraubt.

Dieser erste Angriff ließ die Männer zu gespannter Aufmerksamkeit erwachen. Immer wieder wurde der Himmel abgesucht. Aber kein

Die 6. Kompanie des Panzer-Lehr-Regiments bei einer Übung in der Tucheler Heide 1939

Die erste große Bewährungsprobe der Panzerwaffe erfolgte im Polenfeldzug. General der Panzertruppe Guderian (Mitte) während einer Lagebesprechung in Polen.

Die Lehr-Brigade 900 hat Dnjepr erreicht. Diese Lehr-Brigade ist der Vorläufer der späteren Panzer-Lehr-Division.

Generaloberst Heinz Guderian. Um einer drohenden Landung alliierter Truppen in Frankreich auch bewegliche Truppen entgegenwerfen zu können, ordnete er als Generalinspekteur der Panzertruppe Ende 1943 die Zusammenfassung aller Lehrtruppen der Schulen zu einer Panzer-Lehr-Division an.

Generaloberst Hermann Hoth, Oberbefehlshaber der Panzergruppe 3, besucht die Brigade nach ihrem erfolgreichen Einsatz im ersten Sommer des Rußland-Feldzuges.

Oberfeldwebel Reetz bringt Verpflegung für die hart kämpfende 3. Kompanie des Lehr-Regiments 901 nach vorn.

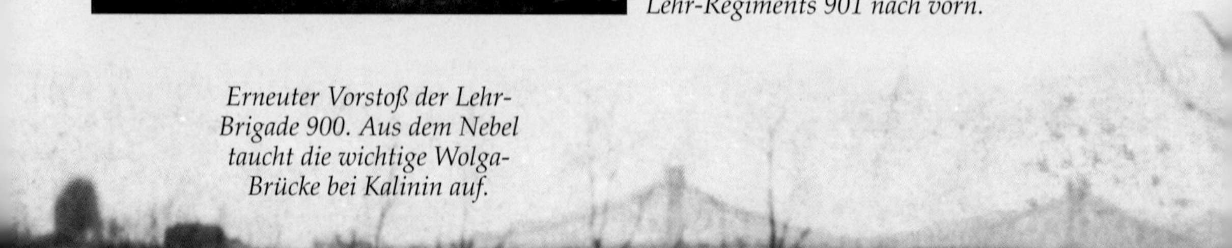

Erneuter Vorstoß der Lehr-Brigade 900. Aus dem Nebel taucht die wichtige Wolga-Brücke bei Kalinin auf.

Vor einem halb zerfallenen russischen Bauernhaus: Der Brigadestab 900 im Herbst 1941

Der Rückzug beginnt. Die schweren Waffen können nicht mitgenommen werden.
Selbstfahrlafetten vor der Sprengung; 15. Januar 1942.

Im Kampfgruppen-Gefechtsstand, März 1942.
Oberleutnant Karl Philipps und Hauptmann Kahn nehmen eine Meldung entgegen.

Oben: Das Grab von Oberfeldwebel Fritz Neubauer vom Regiments-Stab des Lehr-Regiments 901 auf dem Soldatenfriedhof Gschatsk.

Links: Sanitäts-Oberfeldwebel Kiefer, Unteroffizier Heinzmann und zwei Krankenträger beim Verladen von Verwundeten

Die 2. Kompanie des Lehr-Regiments 901 in einer Bereitstellung vor dem Angriff bei Starobjelsk

Die Lehr-Brigade 900 auf Heimatkurs. Hauptfeldwebel Rau und Oberfeldwebel Pinger

Partisanen-Einsatz in Dalmatien. Ein Spähtrupp macht sich fertig.

Der „Marder" III: Mit diesen Skoda-Panzern mit der 7,5 cm-Kampfwagenkanone wurde die Truppe in Fallingbostel ausgerüstet.

Selbstfahr-Lafette Panzerjäger I der 3. Kompanie der Panzer-Jäger-Lehrabteilung 130, früher 12. Kompanie des Panzer-Lehr-Regiments Wünsdorf

Die 12. Kompanie der Panzer-Jäger-Lehrabteilung Wünsdorf wurde mit Panzer-Selbstfahrlafetten mit 7,62 cm-Pak (r) ausgestattet.

Das Unteroffiziers-Korps der 6. Kompanie des Panzer-Lehr-Regiments in Wünsdorf.

Selbstfahrlafette der 9. Kompanie des Lehr-Regiments 901 beim Scharfschießen.

Major Helmut Ritgen (Mitte), Kommandeur des II. Bataillons des Panzer-Lehr-Regiments, mit Offizieren des Stabes

Panzer IV der II. Abteilung des Panzer-Lehr-Regiments auf dem Bahntransport nach Frankreich

Der Regiments-Stab des Panzer-Lehr-Regiments 130

Oberleutnant Rahnberg, Chef der 5. Kompanie des Panzer-Grenadier-Lehr-Regiments 902

Generalleutnant Fritz Bayerlein, Kommandeur der Panzer-Lehr-Division

Generalmajor Horst Niemack (hier noch als Oberst), letzter Kommandeur der Panzer-Lehr-Division

Oberstleutnant Prinz Wilhelm von Schönburg-Waldenburg (hier als Hauptmann), Kommandeur des II. Bataillons des Panzer-Lehr-Regiments 130

Die Invasion hat begonnen. Die alliierten Bomber und Jagdbomber (Jabos) greifen an. Die ersten Lastensegler sind gelandet (Bild unten).

Das ist die „Straße der Jabos". Bereits auf dem Anmarschweg hatte die Panzer-Lehr-Division durch ständig aus dem Himmel herabstoßende Jagdbomber starke Verluste und büßte einen großen Teil der schweren Waffen ein.

V.l.n.r.: General Fritz Bayerlein mit Oberst Georg Scholze, Kommandeur des Panzer-Grenadier-Lehr-Regiments 901, und Oberst Joachim Gutmann, Kommandeur des Panzer-Grenadier-Lehr-Regiments 902

Der Divisionskommandeur Generalleutnant Bayerlein (links) mit dem Divisionsadjutanten Major Friedrich-Wilhelm Wrede

Ein „Panther“ rollt aus seiner Bereitstellung heraus zum Gegenstoß an.

Kurz vor Angriffsbeginn. In einem Dorf in der Normandie findet eine letzte Besprechung statt, bevor die Panzer gegen durchgebrochene Feindkräfte antreten.

Der Panzerkampfwagen V „Panther“ war die gelungenste deutsche Panzerkonstruktion des Zweiten Weltkrieges. Besonders dieser Panzertyp mit seiner durchschlagskräftigen 7,5 cm-Kanone war es, durch den sich die Panzer-Lehr-Division – trotz der Materialüberlegenheit der Alliierten – größten Respekt beim Feind erwarb.

Die „Mütter" des II. Bataillons des Panzergrenadier-Lehr-Regiments 902 im Juni 1944 an der Invasionsfront (v.l.n.r.): Hauptfeldwebel Janasch (8. Kompanie), Hauptfeldwebel Dachwald (7. Kompanie), Hauptfeldwebel ? (6. Kompanie), Hauptfeldwebel Rotau (Versorgungskompanie) und Hauptfeldwebel Mäurer (5. Kompanie)

Das Hauptquartier der Panzer-Lehr-Division im Juli 1944: Château le Mesnil-Amey in der Basse-Normandie.

V.l.n.r.: Oberfeldwebel Radtke, Oberfeldwebel Köster, Oberfunkmeister Beck und Waffen-Oberfeldwebel Meyer vom Panzergrenadier-Lehr-Regiment 902 in Lunéville in Lothringen.

Das Unteroffizierkorps der 7. Kompanie des Panzer-Lehr-Regiments 130

Das brennende St. Lô. Unzählige Bombenteppiche amerikanischer Geschwader, stundenlange Artillerieduelle und harte Straßenkämpfe haben den Ort völlig zerstört.

Ein MG-Nest am Rand eines Dorfes. Englische Infanterie greift an (siehe oberen Bildrand). Verbissen wehrt sich auch hier die Panzer-Lehr-Division.

Dies waren die Gegner der Panzer-Lehr-Division bei den Panzerduellen:

Der Panzer „Churchill" AVRE

Der US-Jagd-Panzer M 36 „General Jackson"

Der US-Panzer M5A1, der Anfang 1943 den M3 in der Serienfertigung ablöste

Der an der Invasionsfront nur selten eingesetzte M3A3" (Stuart V)

Ardennen-Offensive im Dezember 1944: Der letzte große Einsatz der Panzer-Lehr-Division im Zweiten Weltkrieg. Noch einmal sollte hier eine Wende des Krieges erzwungen werden. Die Panzer-Lehr-Division war an den Schwerpunkten des Kampfes eingesetzt und drang weit in das gegnerische Hinterland vor. Die Kräfte der beteiligten Truppen reichten aber nicht aus, um den anfänglichen Schwung durchzustehen, und schließlich blieb der Angriff in den massierten und geschickten Gegenoperationen der amerikanischen Truppen stecken.

Gegner kam mehr. Dann begann es zu regnen. Der Regen legte sich wie eine Tarnkappe über die rollende Panzerkolonne.
Es war den Männern irgendwie unheimlich. Eine ganze Panzerabteilung, ein Panzerregiment im Tagesmarsch, und keine Jabos! Als der Abend einfiel, erreichten die Panzer ihren Bereitstellungsraum St. Lô. Sie hatten keinen einzigen Verlust.
Ebenso kam das Pz.Gren.Lehr-Rgt. 901 fast ungeschoren durch. Es erreichte den Raum St. Lô — Amigny bis zum 6. Juli. Auf der Fahrt zum Rgt. 901 wurde General Bayerlein am gleichen Tage durch Tiefflieger mit MG und Bordkanonen angegriffen. Wieder gelang es ihm und seiner Begleitung, diesen Angriffen zu entgehen. Weiter rückwärts konnte er eine Reihe brennender Fahrzeuge erkennen. Aber es waren keine Einheiten seiner Division.
Das Rgt. 901 baute im Einsatzraum einen Sperr-Riegel auf, um die wichtige Straße St. Lô — Caen zu decken. Um dem Punktschießen des Gegners zu entgehen, mußte immer wieder Stellungswechsel gemacht werden. Allein dadurch konnte das Maß der Ausfälle erträglich gehalten werden.
Während die P.L.D. ihrem neuen Einsatz entgegensah, hatte Montgomery bei Caen wieder zum Großangriff antreten lassen. Der Kampf tobte tagelang. Die 16. Luftwaffen-Felddivision wurde zerschlagen. In ihren Stützpunkten hielten sich einzelne Kompanien mit dem Mut der Verzweiflung. Ebenso kämpften die Einheiten der 12. SS-P.D.
467 Lancaster- und Halifax-Bomber griffen am Abend des 6. Juli die Nordvorstadt von Caen an, wo sich die deutsche Verteidigung versteift hatte. Sie warfen auf engem Raum 2 560 Tonnen Bomben und zerschlugen so die deutschen Widerstandsnester. Anschließend griffen die 3. kan., 3. brit. und die 59. brit. I.D. in der Nacht zum 8. Juli Caen an und nahmen die Stadt. Nur im Vorort Vaucelles hielt sich noch die 12. SS-P.D. und sperrte damit nach wie vor die Straße, die Montgomery zum Marsch nach Paris brauchte.
Am 7. Juli war die Umgruppierung der P.L.D. in dem neuen Einsatzraum durchgeführt worden. In der Nähe von Carontilly, westlich Canisy, hielt General Bayerlein mit den Regiments- und Bataillons-Kommandeuren eine Stabsbesprechung. Er hatte persönlich die „Besenstiel-Kommandos" aufgestellt, die die Panzerspuren von den Wegen fortwischen mußten. Die Wagen seiner Offiziere ließ er in Abständen zueinander in guten Deckungen parken, und über einen geschützten Weg ging dieser erfahrene General zum Treffpunkt mit seinen Offizieren hinunter.
Trotz dieser umfangreichen Sicherungs-Vorkehrungen und trotz des schlechten Wetters tauchten dennoch zwölf Jabos auf, und ein Bombenregen ging auf die Offiziere der Division nieder.

Dann begannen die Anflüge mit MG- und Bordkanonenfeuer. Eine halbe Stunde lang hallte der Treffpunkt wider vom Donner der Motoren und dem Gebelfer der Bordwaffen. Einige der Offiziere, die in die Straßengräben sprangen, wurden von den Tieffliegern angeflogen und durch rasendes Feuer getötet.

„Nicht einmal eine Maus wäre aus diesen Gräben lebendig wieder herausgekommen", sagte General Bayerlein später über diesen Angriff. Neun weitere Offiziere wurden verwundet.

Der Divisionskommandeur selber rannte zu einem der Bauernhäuser hinüber. Einige Männer folgten seinem Beispiel. Er erreichte das Haus, und es gelang ihm, in den Keller zu kommen, bevor es von zwei Raketenbomben getroffen wurde.

Als dieser grausige Spuk vorüber war und Fritz Bayerlein seine Offiziere sammeln ließ, brannten drei Häuser. Eine Reihe der geparkten Fahrzeuge waren nur noch glosende Wracks.

Die Besprechung wurde dennoch durchgeführt. Es sollte hierbei ein Angriff entlang der Vire am kommenden Tage besprochen werden.

Dieser Angriff hatte das Ziel, so weit nach Norden vorzustoßen, daß der Vormarsch der Amerikaner nach Süden aufgehalten und die amerikanischen Truppen in zwei Teile gespalten wurden. Wenn es der P.L.D. gelang, den Gegner am Vire-Kanal zu halten, bestand die Möglichkeit, die schon südlich davon stehenden Feindkräfte zu vernichten.

Leider war dieses Vorhaben der P.L.D. schon dem Gegner bekannt.

Durch das Abhören des Soldatensenders Calais hatte General Bayerlein seine eigenen Befehle vernommen. Und so war es dem Gegner auch möglich gewesen, die übrigen Teile der Division im Anmarsch schwer zur Ader zu lassen, wodurch die P.L.D. bis zum 7. Juli 8 Geschütze und 26 Lastwagen — darunter eine Reihe von Tankfahrzeugen — verlor.

Am 8. Juli begann der Angriff der P.L.D., jedoch nicht mit allen Kräften. Lediglich die II./Pz.Lehr-Rgt. 130 rollte um 05.30 Uhr zum Angriff auf Pont Hébert vor, um dieses Dorf zu nehmen. Von hier aus sollte dann der Großangriff beginnen. Lassen wir hier einen der Männer der 8./130 berichten, wie jener 8. Juli begann und wie die nächsten drei Tage bis zum Großangriff verliefen:

„Wir waren froh, daß wir unser Marschziel erreicht hatten. Wenn wir nun die Hoffnung hegten, daß wir endlich wieder einmal richtig durchschlafen konnten, so hatten wir uns — wie meistenteils — getäuscht. Nach den notwendigen Arbeiten an den Panzern kam auch schon der neue Angriffsbefehl. Es war uns bekannt, daß der Gegner

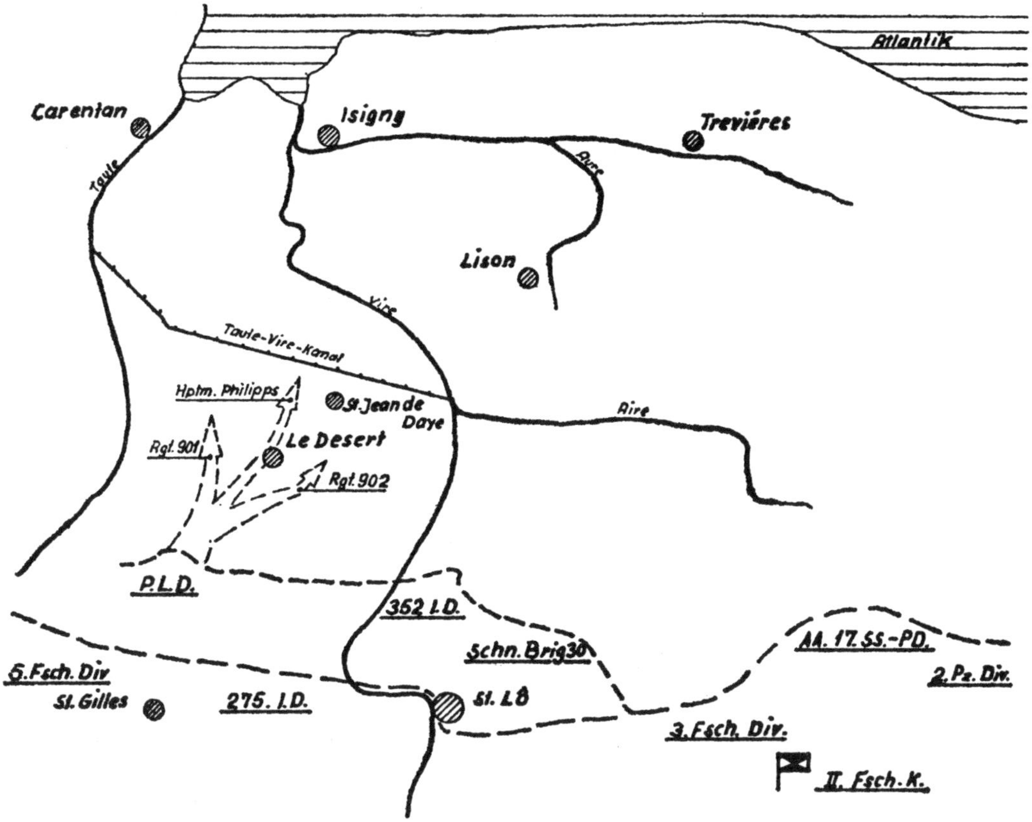

Vorstoß der P.L.D. am 11.7.44. auf den Taute-Vire-Kanal

mit dem XIX. Korps 7 Meilen nördlich St. Lô die Vire überschritten hatte und nach Süden vorstieß, um diesen Einbruch auszuweiten.

Unser Auftrag lautete, das genau vor unserer HKL liegende Dorf (Pont Hébert) zu nehmen.

In zügigem Vorgehen führte uns der Angriff an dieses Dorf. Während des Vorstoßes erhielten wir aus der rechten Flanke MG- und Granatwerfer-Feuer, das unseren Stahlkolossen aber nichts ausmachte. Mit jedem Meter, den wir weiter vorankamen, verstärkte sich das Abwehrfeuer. Trotzdem versuchten wir auftragsgemäß das Dorf zu erreichen und zu nehmen. Ein Zug erhielt Befehl, den Gegner aus der Flanke zu packen und damit die feindliche Flankenbedrohung auszuschalten.

Während diese Bewegung noch im Gange war, erkannten wir vor uns Pak und amerikanische Infanterie. Der Gegner versuchte alles, unseren Angriff zu stoppen, aber wir mußten das Dorf erreichen. Aus diesen beiden gegenteiligen Bemühungen entwickelte sich ein schweres Gefecht.

Der Kampf wogte hin und her. Die grellen Flammen der Panzerabschüsse vermischten sich mit dem Belfern der feindlichen Pak.

Infanterie griff unsere Panzer an. Mit MG-Feuer wurde sie niedergehalten. Dann fuhren wir in das Dorf ein. Die Panzer rollten in die Widerstandsgruppen des Gegners. Der Gegner ging zurück. Das Dorf war unser. Am Dorfrand wurden Sicherungen aufgestellt, und nun hofften wir, Ruhe zu haben.

Die Nacht verlief auch ruhig. Im Morgengrauen wurden wir wieder alarmiert. Feindliche Panzer waren durchgebrochen und fuhren die Hauptstraße entlang. Wir machten uns sofort fertig, um den Gegner aufzuhalten. Plötzlich ging alles sehr schnell. Ein Abschuß bellte — und schon stand ein feindlicher Panzer in Flammen.

Der Kampf war kurz und erbittert. Panzer kämpfte gegen Panzer. Die Kanonen spuckten ihre tödlichen Geschosse aus. Stahl knallte auf Stahl. Flammen stiegen empor. Die harten Schläge der Feind-Kanonen zerschmetterten die Seitenschürzen. Granaten hämmerten gegen den Turm und heulten zur Seite. Im Innern unseres Panzers gellte die Hölle.

Und immer wieder ruckte unser Wagen nach den Abschüssen zurück. Ladeschütze und Richtschütze arbeiteten mit der Präzision eines Uhrwerkes. Der Kommandant gab die Befehle, und der Fahrer rollte vor, schlug nach rechts, schlug nach links ein. Ein Feindpanzer wurde frontal getroffen. Die Granate durchschlug seine Panzerung. Aus seinem zurückknallenden Luk sprang eine rote Flamme empor. Dann stieg die Besatzung durch die beiden Seitenluks aus. Brennend rannten die Männer zur Seite und wälzten sich auf dem Boden.

‚Weiter, weiter!' schrie der Kommandant.

Und gleich ihm rollten die übrigen Panzer vor. Drei, vier, fünf Feindpanzer blieben auf der Strecke. Aber dann traf es auch unsere Panther, und immer wieder war die Meldung durch den Kopfhörer zu vernehmen:

‚Haben Volltreffer bekommen. Booten aus!'

Bei denen aber, die sich nicht mehr meldeten, waren wir sicher, daß wir sie nicht lebend wiedersehen würden. Sieben Panzer verloren wir. Viele Kameraden waren verwundet und tot. Aber der Panzereinbruch des Gegners war im Feuer liegengeblieben."

Während der Tage bis zum Großangriff wurden alle Einheiten der P.L.D. ständig von der alliierten Luftwaffe angegriffen. Raketenflugzeuge griffen das Artillerie-Regiment bei Hebecrevon und Amigny an. Bei Marigny und St. Gilles wurden die rückwärtigen Verbindungsposten mit Bomben beworfen. Und zum erstenmal erschienen bei sehr regnerischem und unsichtigem Wetter auch Lightnings bei La Chapelle und bombardierten Nachschubeinheiten der Division

Die He.Fla-Abt. 311, die schon im Raume Tilly in der Bekämpfung von Erdzielen sowohl im artilleristischen Fernbeschuß, als auch in Panzer-Lauerstellungen und in der Direktbekämpfung große Erfolge erzielte und im Wehrmachtbericht lobend genannt wurde, stand nun wieder mit allen Geschützen im Luftabwehr-Einsatz. Noch ahnte niemand, daß hier im Raume St. Lô die Schicksalsstunde dieses Verbandes schlagen sollte.

In der Nacht zum 9. Juli kamen dann die Männer der schweren Waffen nach vorn. Dazu erschien noch ein Fallschirmjäger-Rgt. als Auffrischung für die 3. Fsch.Jäg-Div. (unter General der Fsch-Tr. Schimpf) des II. Fsch-Korps.

General Bayerlein sah das Regiment in den Mittagstunden des 9. Juli in den Kampfraum marschieren. Er war über ihre Nachlässigkeit in Bezug auf die Sicherung entsetzt. Und seine Befürchtungen bewahrheiteten sich. Bei Les Champs de Losque wurde dieses Regiment von zehn alliierten Kampfbombern mit Bomben, Bordkanonen und MG angegriffen. Fünf Minuten regnete Stahl auf die eben neu ausgerüsteten und unzulänglich ausgebildeten Fallschirmjäger herunter. Von den 1500 Männern wurden in dieser winzigen Zeitspanne zweihundert getötet oder verwundet. Diese schreckliche Feuertaufe, noch vor Erreichen des Kampfraumes, erschütterte das Regiment so, daß es nie wieder genug Selbstvertrauen erlangte.

Aber das alles war erst der Anfang. In den nächsten zwei Wochen sollte die P.L.D. nach der Hölle von Tilly durch das Fegefeuer von St. Lô gehen.

Es waren die 9. und die 30. US-I.D., die in der diesigen Frühe des 7. Juli den Vire-Taute-Kanal überschritten. Noch ehe die deutschen Artillerie-Beobachter etwas Sicheres feststellen konnten, hatten die Amerikaner den Kanal schon überwunden. Sie bezwangen dies Hindernis über eine Behelfsbrücke und weiter westlich davon mit Sturmbooten. Da sich die Angriffssituation für die Amerikaner solcherart günstig entwickelte, setzte General Eisenhower auch noch die 3. US-P.D. ein. Nordwestlich St. Lô rollte diese Division durch die Getreidefelder. Sie wurde am 9. Juli von der 2. SS-P.D. „DAS REICH" gestoppt.

Die 2. SS-P.D. war aus dem Raume Südfrankreich gekommen. Von der Höhe 32, auf halbem Wege zwischen St. Jean und Pont Hébert, stieß sie vor und erreichte am Nachmittag Chateau de la Mare de Cavigny, wo sie das Inf.Rgt. 120 der 30. US-I.D. völlig zerschlug.

Nur das massierte Artilleriefeuer des Gegners vermochte die Division aufzuhalten.

Am 10. Juli erklärte General Bradley bei einer Besprechung mit Feldmarschall Montgomery, daß er die Offensive nicht fortführen könne, bevor nicht seine Munitionslager frisch aufgefüllt seien und er eine feste Ausgangsbasis südlich der Sümpfe gewonnen habe. Er — so führte Bradley weiter aus — werde erst St. Lô nehmen und die Deutschen auf die Straße von St. Lô-Périers zurückwerfen müssen. Diese Vorbereitungen würden mindestens zehn Tage dauern.

Einen Tag später jedoch sah alles schon anders aus. Zum 11. Juli war der Großangriff aller Teile der P.L.D. angesetzt worden. General Bayerlein wollte mit zwei Stoßkeilen durch den Gegner stoßen und den Vire-Kanal erreichen. Gelang dieser Angriff, dann war der Offensivplan der Amerikaner durchkreuzt und zerschlagen.

Die auf der rechten Flanke gegen die 30. US-Division gerichtete Stoßgruppe wurde von Major Welsch geführt. Sie umfaßte das P.Gren.Lehr-Rgt. 902 und 20 Panzer der I./130. In der linken Stoßgruppe führte Oberst Scholze sein ruhmreiches Pz.Gren.Lehr-Rgt. 901 zum Angriff. Zwölf Panther der zweiten Abteilung und eine Kompanie Panzerjäger unter Hauptmann Oventrop sollten seiner Stoßgruppe die nötige Durchschlagskraft verleihen. Er sollte mit diesen Kräften in die tiefe Flanke der 9. US-Division hineinstoßen.

Der Angriff begann um 05.10 Uhr. Um 06.30 Uhr war Hauptmann Philipps, der das I./901 führte, bereits drei Kilometer hinter den feindlichen Linien.

Wo sich den Panzergrenadieren Widerstand entgegenstellte, rollten die Panzer vor. Sie zerschlugen die Widerstandsnester. Der erste feindliche Bataillons-Gefechtsstand wurde überrollt; dann der zweite. Gefangene wurden einfach ohne Bewachung zurückgeschickt. Man konnte keinen Mann für den Angriff entbehren. Dieser Angriff „flutschte". Er ging zügig voran.

Ein Teil des Regiments 901, dazu Panzer, Panzerjäger und Einheiten der Pz.Aufkl-Abt. 130 banden bei Le Désert starke Feindkräfte, während Hauptmann Philipps weiter und weiter nach Norden vorprellte.

Wenn er mit seinen Panzern und Panzergrenadieren den Kanal erreichen würde, saßen alle anderen amerikanischen Verbände der 9. US-Division in der Falle.

Aber die P.L.D. war für diesen Auftrag zu schwach. Sie stand zur guten Hälfte nur noch auf dem Papier. Sie war bei Tilly verblutet und auf ein Drittel ihrer Kampfkraft zusammengeschmolzen. Und diese Drittel-Division sollte zwei amerikanische Divisionen werfen.

Der Kampf tobte hin und her. In Hohlwegen und Obstgärten trafen die Panzer zu kurzen erbitterten Duellen aufeinander, die erst beendet waren, wenn einer der Gegner zusammengeschossen war und schwieg. Auf Nahkampf-Entfernung von 100 und 150 Metern feuerten die Giganten aufeinander.

Vorn in der Spitzengruppe fuhr auch Leutnant Stöhr, der von der 8. zur 7. Komp. der II./130 versetzt worden war. Am Vortage hatte er der 8. — seiner alten Kompanie — noch einen Besuch abgestattet. Der blonde Thüringer war mit großem Hallo empfangen worden. Am Abend des 11. Juli erhielten die Männer der Achten die Nachricht, daß Stöhr gefallen sei.

Mitten im Angriff hatte ihm ein Splitter die Stirn gespalten. Er war sofort tot und entging so dem schrecklichen Schicksal seiner Besatzung, die nach dem Volltreffer einer Phosphorgranate im Panzer verbrannte.

Leutnant Harning und Funktrupp-Ogfr. Borowetz, die von der 9./Pz.Gren.Lehr-Rgt. 901 im Bataillon Philipps vorgingen, um das Feuer der s.Infanterie-Geschütze zu lenken, erreichten es, daß die 9./901 immer wieder helfend eingreifen konnte.

Die Selbstfahr-Lafetten der Neunten rollten zu den Gefahrenpunkten vor. Ihr Feuer riß dem Bataillon Philipps immer wieder eine Lücke im Verteidigungsriegel des Gegners auf, durch die es vorstürmte.

Während am Morgen dieses 11. Juli das Wetter diesig und unsichtig war, klarte es gegen Mittag auf, und mit der Sichtigkeit kamen auch die Jabos. Sie flitzten im Tiefflug über Straßen und Felder und hämmerten in die vorgehenden Kompanien des Regiments 901 hinein und zwangen sie in Deckung.

Die Panzer, die sich weiter vorankämpften, konnten das gewonnene Gebiet allein nicht halten. Und immer wieder wurde einer der Panzer getroffen. Sie lagen auf beiden Angriffskeilen auf Feldern und Straßen als brennende Rauchzeichen für die Jabos. Zehn, fünfzehn, dann zwanzig Panzer waren so ausgefallen. Von den 32 Panzern, die zu Beginn des Angriffs vorgeprescht waren, blieben noch 12 übrig. Aber diese zwölf gewannen immer mehr an Boden. Sie konnten den Kanal immer noch erreichen.

Doch die Verluste durch den Gegner, vor allem durch seine Luftwaffe, wurden größer und größer. Bis zum Mittag des 11. Juli waren von den Panzergrenadieren der beiden Regimenter 500 Männer gefallen oder lagen verwundet irgendwo im Gelände.

Lassen wir auch hier einen Augenzeugen dieses erbitterten Kampfes berichten:

„‚Erster Zug macht einen geschlossenen Sprung auf — maarsch!" Ich sah, wie Oberfeldwebel Sohlbach hochsprang und nach vorn lief.

Links von uns liefen die Männer der Ersten, und rechts kam die Dritte. Als ich losrannte, peitschte MG-Feuer von links zu uns herüber. Einer der Kameraden schrie getroffen auf. Dann erreichten wir die Hecke und warfen uns hin.

Neben mir landete Bücker mit dem MG. Er kroch mitten in die Hecke hinein. Sein Schütze II folgte ihm. Drei Sekunden später feuerte er schon. Die Leuchtspur zog sich rauchend zum Gegner hinüber. Dann blitzten auch dort die Abschüsse durch den Mittag. Und auf einmal begann eine Feind-Pak zu feuern. Die erste Sprenggranate riß zehn Meter neben mir die Hecke auseinander. Die zweite schlug genau dort ein, wo Bücker mit seinem Schützen II lag. Alles ging in einem einzigen Feuerschlag unter.

Wieder rannten wir weiter. Von halblinks feuerte ein Feindpanzer. Und dann kam aus einem Hohlweg einer unserer Panther. Er schoß in die Flanke des Amerikaners, dessen Munition mit blaffenden Schlägen hochging.

„Zu dem Wäldchen hinüber!" rief der Oberfeldwebel.

Fast gleichzeitig erhielten alle Einheiten den gleichen Befehl. Wir rannten los. Geschosse flitzten uns um die Ohren, Kameraden fielen, um für immer liegenzubleiben.

Oberfeldwebel Sohlbach warf sich in die Deckung eines dichtbewachsenen Knicks. Von allen Seiten feuerte der Gegner auf einmal.

‚Wir sind eingeschlossen!" rief einer der Kameraden. Ich glaube, es war Müller. Im weiten Halbkreis um uns blitzten Abschüsse. Die Panzer steckten irgendwo rechts von uns. Wir hörten ihre Kanonen bellen und dazwischen die etwas helleren Abschüsse der Feindpanzer. Näher und näher kam der Gegner.

„Da sind sie!"

In dichten Gruppen tauchte der Gegner auf der Wiese vor uns auf. Er verschwand hinter einer Hecke, und als er am äußersten Ende der Hecke wieder erschien, wurde er vom Feuer der MG 42 erfaßt und zu Boden geworfen. Dann erklang auch genau rechts von uns Kampflärm.

„Dort sitzt der Hauptmann. Sie haben den Bataillonskommandeur eingekesselt."

Oberfeldwebel Sohlbach rannte tiefgeduckt zur Seite. Er wollte noch helfen. Doch dann stürmten uns Amerikaner entgegen. Sie wurden vom Feuer zu Boden geworfen. Die ersten ergaben sich. Andere kamen hinzu. Und zu den Gefangenen, die wir schon mitschleppten, erhielten wir noch ungefähr 20, so daß wir nun 40 Gefangene gemacht hatten. Dort, wo Hauptmann Philipps lag, verstummte der Kampflärm. Und das zeigte uns, daß die Kameraden der Übermacht erlegen waren.

„Wir müssen versuchen, uns durchzuschlagen, Kameraden", sagte Oberfeldwebel Sohlbach zu uns.

Wir waren zwölf Mann und hatten dazu noch die vierzig Gefangenen. Nacheinander verstummten alle Waffen in diesem Abschnitt. Von der Kompanie Hauptmann Salzmann war nichts mehr zu sehen. Wir erreichten ein Wäldchen und pirschten uns hindurch. Als eine vorhin von uns überrollte Feindgruppe vor uns auftauchte, schossen wir uns einen Weg hindurch, und nach einer Stunde, vielleicht waren es auch zwei, hatten wir den Umklammerungsring, der sich wie eine stählerne Fessel um unser Bataillon gelegt hatte, zerrissen. Wir zwölf und ein paar andere waren die einzigen, die von diesem Vorstoß zum Regiment zurückkamen.

Oberfeldwebel Sohlbach hatten wir es zu verdanken, daß wir nicht — wie Hauptmann Philipps und die anderen Überlebenden — in amerikanische Gefangenschaft gerieten. Oberfeldwebel Sohlbach wurde kurz darauf für diesen Einsatz und die 40 Gefangenen, die er zurückbrachte, mit dem Deutschen Kreuz in Gold ausgezeichnet."

Soweit der kurze eindringliche Bericht, der mehr als alles andere, den verzweifelten Kampf dieser winzigen Gruppe gegen die Übermacht der Gegner und ihre unbeugsame Entschlossenheit kennzeichnet.

Das Regiment 901 geriet in eine schwierige Lage. Gelang es nicht, den Einbruch abzuriegeln, bestand die Gefahr, daß es vom Gegner kassiert wurde.

Alle verfügbaren Einheiten wurden nach Norden geworfen. Hauptmann Hennecke fuhr mit seinen letzten sechs Selbstfahr-Lafetten nach vorn und baute sie in die Abwehrfront ein. Der Gegner versuchte immer wieder, diesen Sperr-Riegel zu durchbrechen. Vergebens. Die Panzergrenadiere, unterstützt durch die wenigen einsatzfähigen Panzer, krallten sich in den Boden ein und verteidigten ihn mit dem Mut der Verzweiflung. Hinter Hecken und Erdwällen, in Hohlwegen und Schützenlöchern trotzten sie einer vielfachen Übermacht. Sie waren verzweifelt. Gelang ihnen denn überhaupt nichts mehr? Konnten sie es n i e mehr schaffen?

Die Antwort auf diese Frage gaben die alliierten Bombenangriffe der kommenden Tage, die Angriffe starker Infanterie- und Panzerverbände bei Le Mesnil am 15. Juli und die Großangriffe des 16. und 17. Juli auf Durandt-Sadot.

Wenn auch diesem Angriff, der von General Bayerlein mit a l l e n verfügbaren Mitteln geführt wurde, kein durchschlagender Sieg beschieden war, so hatten die Teile der P.L.D. doch einen großen Erfolg errungen, der nicht hoch genug veranschlagt werden kann: Dieser deutsche Gegenangriff, mitten hinein in die Angriffsvorbereitungen des Gegners, hatte der amerikanischen Führung einen Schlag versetzt, der um so schwerer wog, als sie dadurch das Ziel ihres Angriffes entschwinden sahen: Ihr Ausbruch aus der Halbinsel Cotentin war dadurch vereitelt worden. Die deutsche Führung hatte noch eine neue Gnadenfrist erhalten.

Dieser Schlag, von einer selbst halb zusammengeschlagenen Division geführt, trug mit dazu bei, daß die alliierten Oberkommandos in London und Washington schon einen Umschwung in der Normandie fürchteten. Nun — so argumentierten sie nicht zu Unrecht — hatten die Deutschen genügend Zeit gewonnen, ihre in Südfrankreich Gewehr bei Fuß stehenden Divisionen heranzuführen, sie in den Skat zu werfen und die Alliierten noch in den Landeköpfen festzunageln. Der Herbst und der beginnende Winter würden auch die Möglichkeit der alliierten Luftwaffe, die allein bis jetzt den Großteil an den Erfolgen getragen hatte, auf einen Tiefpunkt sinken lassen.

Aber noch immer glaubte man im deutschen Oberkommando — glaubte man es wirklich? — an eine weitere Landung im Gebiet des Pas de Calais und ließ die kampfstarken Panzer- und Infanterie-Divisionen dort stehen, die im Landungsraum das Zünglein an der Waage hätten sein können. Wie sah nun diese durch Bayerlein erzwungene Gnadenfrist aus? Hier ein Augenzeugenbericht darüber:

„Mitte Juli wurden die Ausfälle größer, und die 8./Pz.Lehr-Rgt. 130 hatte noch 17 einsatzfähige Panzer. Wir sollten noch einige Tage Sicherungsstellungen beziehen und dann einmal in Ruhe kommen. Wir alle freuten uns darauf, denn dann konnten wir wieder einmal ausschlafen, der staubbedeckte Körper brauchte auch wieder einmal etwas Pflege und Reinigung, und die Wäsche könnte auch einmal gewechselt werden. Uffz. Lindstätter wollte uns seine beruflichen Fähigkeiten unter Beweis stellen und ein Schwein(chen) schlachten. Fürwahr, es waren herrliche Aussichten. Wir begannen bereits, uns in Träumen zu wiegen, und das Schwein(chen) sollte jetzt schon gefangen werden, denn die liefen frei im Gelände herum. Na, einfache Sache! Das hätten wir gleich. Ja, denkste! So einfach, wie wir uns das vorstellten, war es nun wieder nicht. Nach einer wilden Jagd war das gejagte Schwein(chen) plötzlich verschwunden — und wir 3 Jäger natürlich auch. In einem tiefen Bombentrichter fanden wir uns wieder. Mitsamt unserem Schwein(chen).

Die versprochene Ruhe kam, wenn auch nur kurz. Schon am nächsten Tage wartete ein neuer Befehl auf uns. Die Panzer waren, soweit die Zeit reichte, repariert und die Schäden weitgehend behoben worden.

Vor der von uns bezogenen Bereitstellung lagen die Grenadiere von 901 in ihren Schützenlöchern. Man erwartete einen Großangriff der Amerikaner. Alle Anzeichen sprachen dafür. Jabos hatten uns auch schon ins Visier genommen, jedoch ohne Erfolg.

Dann bedachte man uns mit etwas Artilleriefeuer, das zum Glück keinen Schaden anrichtete. Kurz darauf erkannten wir, daß sich die amerikanischen Truppen einnebelten, für uns ein Zeichen zur erhöhten Gefechtsbereitschaft. Der Gegner griff dann an, blieb aber im Feuer unserer schweren Waffen liegen.

Als Antwort schoß seine Artillerie wieder auf unsere Stellungen. Am Morgen des 16. Juli machten wir Stellungswechsel. In der neuen Stellung waren bereits einige Panzer versammelt und hatten Verpflegung empfangen; für uns mit.

Gegen Mittag tauchte ein Art.-Aufklärer auf und flog sehr niedrig über den Wald, in dem wir uns befanden. Wir waren gerade dabei, unsere Verpflegung zu verteilen und kümmerten uns nicht sonderlich darum. Es dauerte jedoch keine halbe Stunde, als — eine Folgeerscheinung des Aufklärers — das wieder einsetzende Arifeuer uns aus unserer Ruhe scheuchte. Wir machten die Luken dicht und harrten der Dinge, die da kommen würden. Kaum 5 m vor unserem Panzer schlug die erste Granate ein, und die zweite saß genau auf unserem Panzer. Der Krach machte uns fast taub, und schon rauschten weitere Granaten heran, von denen abermals zwei unseren Panzer trafen. Die Luken sprangen vom Luftdruck auf — zu unserem Glück. Der Kampfraum begann zu brennen, und Richtschütze, Ladeschütze und Funker booteten aus.

Uffz. Westphal, unser Kommandant, war gerade nicht im Wagen, denn er wollte 2 Wagen von der 7. Kp. abfangen, die in voller Fahrt in Richtung Gegner fuhren. Als er zurückkam, sah er die Bescherung. Er schaute uns an. Wir waren nur noch drei Mann; einer fehlte. Unser Fahrer, Ogfr. Gerbig, konnte nicht mehr ausbooten, da seine Luke durch den Turm verklemmt war. Unsere verzweifelten Versuche, ihn aus dem brennenden Panzer zu retten, blieben leider ohne Erfolg. Wir mußten auch jeden Augenblick damit rechnen, daß die Munition detonierte und uns mit in die Luft jagte.

Jeder von uns hatte leichte Verbrennungen erlitten, die zum Glück im Unglück nicht der Rede wert waren. Unsere Sachen waren alle mitverbrannt. Wir schlugen uns nun durch, zurück zur Kompanie. Unterwegs trafen wir eine Zugmaschine, die uns mitnahm.

Nach etwa 2 km kamen wir an eine Straßenkreuzung, die unter Art.-Beschuß lag. Marschierende bespannte Kolonnen brachen aus. LKW und PKW wurden getroffen. Ein heilloses Durcheinander herrschte.

Aber wir mußten zur Kp. zurück. Der Fahrer versuchte durchzufahren. Doch die Straßenkreuzung konnten wir nicht überqueren; der

Beschuß war zu stark. Wir suchten in einem Haus Deckung, um das Art.-Feuer abzuwarten. Erst nach zwei Stunden konnten wir weiterfahren und erreichen gegen Abend wieder die Kompanie.

Natürlich schlief alles, außer den Wachposten. Wir suchten sofort in einer Scheune Unterkunft, froh, daß wir die Kompanie gefunden hatten, und fielen sogleich in einen tiefen Schlaf.

Am Morgen des 17. Juli meldete Uffz. Westphal dem Hfw. die Besatzung von 801 zurück, wobei er leider mitteilen mußte, daß der Ogefr. Gerbig im Panzer verbrannt sei. Wir empfingen zuerst eine neue Ausstattung in Bekleidung und anschließend Verpflegung. Die vorangegangenen Strapazen waren noch nicht ganz überwunden, und wir legten uns nach einem ausgiebigen Essen wieder auf das Ohr.

So lagen wir drei ganze Tage in Ruhe, es war kaum zu fassen. Nur hin und wieder wurden wir durch Granateinschläge, die mehr oder weniger weit von uns in die Erde schlugen, an den Krieg erinnert.

Am 4. Tage — es war der 20. Juli — mußten die Reste der Kp. antreten. Durch die Ausfälle war es notwendig geworden, die Besatzungen für die restlichen Wagen neu zusammenzustellen. Dadurch wurden manche Besatzungen, die schon lange zusammen in einem Wagen waren, auseinandergerissen, und wir mußten uns gegenseitig wieder einspielen, was doch immer einige Tage erforderte.

Ich selbst kam in den Wagen 812, der den Auftrag bekam, die Besatzung Uffz. Schulz, welche schon seit einigen Tagen auf Sicherung stand, abzulösen. Ich hatte insofern noch Glück, als auch mein bisheriger Funker aus 801, Rudi Weiß, meiner neuen Besatzung zugeteilt wurde.

Nachdem die Dunkelheit hereingebrochen war, setzten wir uns in Marsch. Nach den verbrachten Ruhetagen kam wieder das prickelnde Gefühl, das sich fast vor jedem neuen Einsatz einstellt. Wir mußten etwa 6—7 km fahren, um die Kameraden, welche sicher schon darauf warteten, ablösen zu können. Der Marsch ging ohne Schwierigkeiten vor sich, obwohl wir, wie immer, ohne Licht fuhren. Die Gefahr aus der Luft war immer da, denn auch des Nachts flogen die Kameraden von der anderen Feldpostnummer über dem Kampfgebiet, um den Nachschub und die Ablösungen, die nur bei Dunkelheit nach vorn gebracht werden konnten, abzufangen.

Als wir in die Nähe des abzulösenden Panzers kamen, bekamen wir Ari-Beschuß, der die Ablösung jedoch nicht vereiteln konnte. Der Panzer stand in einem Obstgarten. Ich hatte gegen diesen Standort einige Bedenken, da Aufklärer den Standort unseres Vorgängers bereits ausgemacht hatten und es nur noch eine Frage der Zeit war, bis wir unseren ‚Segen' bekamen. Wir fuhren daher etwas weiter und stellten uns links neben den Obstgarten. Vor der Rückfahrt der abgelösten

Mannschaft hielten wir eine kurze Lagebesprechung mit Uffz. Schulz, der dann mit seinem Wagen den Rückmarsch antrat.

Unser jetziger Kommandant, Uffz. Fontaine, war zum ersten Mal im Einsatz und es war ihm etwas ungemütlich unter der Haut. Es war vorgesehen, daß nach drei Tagen wieder eine Ablösung käme, und wir dachten im stillen: die drei Tage sind ja auch mal vorbei. Aber, wie fast immer, kam es anders als wir es uns vorgestellt hatten.

Die Stunden vergingen langsam und eintönig. Bei einer neu zusammengestellten Besatzung hat man zuerst noch etwas Abwechslung, bis man sich gegenseitig ausgehorcht hat. Doch dann, wenn alles gesagt ist, beginnt die Langeweile. Wir verbrachten die Tage im gleichen Rhythmus; einen wie den anderen.

So vergingen vier Tage, und noch war keine Ablösung zu sehen. Man versprach uns jedoch Ablösung für den folgenden Tag.

Uffz. Fontaine verließ an diesem 4. Tage einmal den Panzer, um frische Luft zu schnappen. Niemand hatte beachtet, daß dadurch die Tarnung des Panzers gelockert worden war und somit unser Standort ausgemacht werden konnte. Es dauerte auch nicht lange, bis plötzlich 2 Jabos am Himmel ihre Kreise zogen und auf einmal wie der Blitz herabstießen.

Uffz. Fontaine kam in heller Aufregung in den Panzer zurück. Wir machten die Luken dicht und harrten der kommenden Dinge. Wir brauchten nicht sehr lange zu warten, denn einer der Jabos hatte den Panzer entdeckt. Die nun folgenden Ereignisse gingen so schnell vor sich, daß man sie kaum verfolgen konnte. Mit unheimlichem Heulen stieß der Jabo auf uns herunter. Eine fürchterliche Detonation warf uns durcheinander. Unser Panzer wackelte wie ein Schiff auf hoher See bei Windstärke 11. Zu unserem Glück schlugen die Bomben neben dem Panzer ein, und der Panzer wurde nicht getroffen.

Nun hieß es handeln. Unser Fahrer warf den Motor an, konnte aber durch seine Luke nichts sehen. Sofort setzte Bordwaffenbeschuß ein. Dadurch sollten wir am Ausbooten gehindert werden. Trotzdem fuhren wir an, machten eine scharfe Rechtskurve, wobei ein Großteil des von dem Bombeneinschlag auf den Panzer geworfenen Drecks wieder herunterfiel. Nun konnten wir die Turmluke öffnen. Im offenen Turm stehend gab der Kommandant nun dem Fahrer die Richtungsanweisungen.

Die Jabos hatten uns aber noch nicht aufgegeben und setzten zu einem neuen Anflug an. Im Anflug schossen sie mit Bordwaffen, um uns doch noch außer Gefecht setzen zu können. Nach etwa 500 m setzten wir uns neben der Hauptstraße zwischen 3 Häuser, um den Jabos zuerst einmal aus den Augen zu kommen.

Dann stiegen wir aus, um den Schaden zu besehen. Mit Schaufeln mußten wir den Dreck vom Panzer herunterholen, damit wir wieder alle Luken öffnen konnten. Kaum waren wir damit fertig, als Granatwerfereinschläge uns in Deckung zwangen. Wir sprangen in das neben uns stehende Haus und dachten, daß wir dort einigermaßen in Sicherheit wären.

Nun mischte sich auch die feindliche Artillerie in den Feuerzauber ein, und das Feuer verstärkte sich immer mehr. Wir hatten uns etwas zurückgezogen und standen bereits an der baufälligen Treppe. Inzwischen waren auch noch einige andere Besatzungen unserer 8. Kp. in das Haus gekommen, um den Beschuß abzuwarten. Plötzlich, keiner wußte wie es geschehen war, lag unser Funker, Obgefr. Weiß, am Boden. Mit schmerzverzerrtem Gesicht. Er konnte kein Wort mehr sprechen. Wir sprangen sofort hinzu, um ihm zu helfen. Auf einmal sagte Uffz. Westphal zu mir:

„Du blutest ja auch! Du bist am Kopf verwundet!"

Und schon spürte ich, wie mir das Blut ins rechte Auge lief. Nachdem ich notdürftig verbunden war, wandten wir uns wieder unserem Funker zu. Wir stellten fest, daß ihm ein Granatsplitter durch den Oberschenkel geschlagen, und in der Nähe der Hoden steckengeblieben war. Für uns gab es da nicht viel zu helfen. Rudi Weiß mußte furchtbare Schmerzen haben.

Währenddessen tauchten Bomber auf und warfen ihre tödliche Last ab. Wir mußten noch eine ganze Weile warten, bis wir den Schwerverwundeten aus dem Haus und zu unserem Panzer bringen konnten. Mit viel Mühe konnten wir ihn in den Panther hineinbringen und fuhren gleich zurück, um auf dem schnellsten Weg den H.V.P. zu erreichen.

In all unserer Eile hatten wir leider vergessen, den Turm festzuzurren. Bei jedem Schlagloch ruckte der Turm. Wasser hatten wir auch keines mehr, und der Verwundete hatte schrecklichen Durst. Als wir dann glücklich den H.V.P. erreichten, nahmen sich die Sanitäter sogleich unseres Verwundeten an. Er muß fürchterlich gelitten haben. Ich selbst spürte von meiner eigenen Verwundung gar nichts und dachte deshalb, daß es nicht so schlimm sein könne. Doch nach etwa einer Stunde bekam ich wahnsinnige Kopfschmerzen.

Rudi Weiß lag bereits in einem Raum auf dem H.V.P., während ich noch unten war. Ich hatte keine Ruhe und wollte ihn noch einmal sprechen. Während ich die Treppe hochstieg, begegnete ich einem San.-Uffz. der mir sagte, daß er soeben gestorben sei.

Wir konnten es zuerst nicht fassen. Wieder war einer unserer guten Kameraden von uns gegangen, und jeder fragte sich: Wann bist du dran?

In den Abendstunden kam ein Kradmelder mit unserem Hfw., der Post und auch Sonderverpflegung brachte. Meine Schmerzen waren inzwischen unerträglich geworden und ich lag auf drei Bettkeilen, damit es nicht noch schlimmer wurde. Als es dunkel war kam ein M.T.W. und holte uns ab. Auf einer Bahre nahmen wir unseren toten Funker mit. Die Fahrt bis zur Kp. verlief ohne Zwischenfälle.

Am nächsten Morgen haben wir dann unseren toten Kameraden beerdigt und Abschied von ihm genommen.

Zwei Stunden später war die Hölle los. Rund 2000 Bomber flogen die deutschen Stellungen an und luden ihre Bomben ab. Wir sahen, daß sie unsere Richtung eingeschlagen hatten und daß wir noch einen großen Teil abbekommen würden. Wir liefen um unser bißchen Leben, natürlich holten uns die Bomber ein. Um uns brach die Erde auf. Der Boden schwankte und zitterte, und wir befanden uns mitten drin. Wir überlebten diesen Angriff, mit den Nerven waren wir aber fertig.

Ich sollte nun wieder von einem Kradmelder zum HVP gefahren werden. Ich sträubte mich dagegen, doch der Hfw. drang darauf, daß ich umgehend in ärztliche Behandlung käme. Dort angekommen sah ich nur Männer von der Waffen-SS und Panzertruppe. Nach einigen Stunden wurden wir in Sankas verladen und zu einem rückwärtigen Verbandsplatz gefahren. Hier blieb ich nicht lange, denn meine Verwundung war angeblich nicht schlimm. Ein paar Haare abgeschnitten, ein Pflaster drauf, und ab ging's.

Sofort fuhr ich wieder zurück zur Kp. Inzwischen war jedoch der Amerikaner durchgebrochen. Ich fand meine Kp. nicht mehr an dem Platz, wo ich sie verlassen hatte. Ich traf dort nur noch ein Muni-Fahrzeug und fuhr mit diesem zurück. Nach etwa 5 km sammelte sich diese Einheit wieder. Zu meinem Schrecken merkte ich, daß ich Fieber bekam. Ich legte mich in eine Scheune, um etwas auszuruhen. Dann verlor ich das Bewußtsein. Als Granateinschläge mich zum Verlassen der Scheune zwangen, war ich vier Tage älter. Ich traute meinen Ohren nicht, als ich nach dem Datum fragte, aber es stimmte. Vier Tage hatte ich mit hohem Fieber in der Scheune gelegen. Nun hatte ich einen Mordsdurst und wollte mir etwas zu trinken holen. Ein Leutnant fragte mich, ob ich verwundet sei. Nun erst kamen mir die vorhergegangenen Tage zum Bewußtsein. Ich bekam zu trinken und versuchte dann zu Fuß meine Kp. zu erreichen. Unterwegs traf ich zufällig einen Gefreiten, der zur P.L.D. gehörte. Gemeinsam machten wir uns auf den weiteren Weg.

In einem Dorf machten wir eine kurze Rast. Plötzlich hörten wir Flugzeuge, und schon schossen Tiefflieger mit Bordwaffen in das Dorf. Nachdem sie wieder abgedreht hatten, gingen wir ins Dorf hinein und sahen, daß einige Häuser und zwei LKW brannten. Wir kamen an einem

kleineren Verbandsplatz vorbei. Ein O.St.-Arzt stand davor und als er mich sah, rief er mich an und fragte, ob ich verwundet sei.
Zuerst war ich auf diese Frage nicht vorbereitet und blieb ihm die Antwort schuldig. Erst als er mich fragte, was ich denn am Kopf habe, berichtete ich ihm von meiner Verwundung. Er nahm mich sofort mit in das Haus und löste meinen Verband.
„Mein Gott, Ihre Verwundung brennt ja", sagte er, als er die Wunde sah.
Ohne zu zögern behandelte er die Wunde und legte einen neuen Verband an. Dann gab er mir eine Schachtel Zigaretten und ging mit mir zurück zur Straße, wo er einen Sanka anhielt, der mich zur Krankensammelstelle Mortain mitnehmen sollte.
Unterwegs wurde dieser Sanka von Jabos beschossen, ohne allerdings getroffen zu werden. Bei Einbruch der Dunkelheit kamen wir in Mortain an. Dort lagen noch viele Verwundete, die weiter zurück sollten. Leicht- und Schwerverwundete. Mit meiner Verwundung kam ich in den 4. Stock, wo alle Kopfverwundeten lagen.
Am nächsten Tag gelang es mir, wieder von Mortain wegzukommen. Mit Sankas wurden wir nach Sèes gebracht, wo wir zuerst einmal verpflegt wurden. Wir blieben hier eine Nacht, bevor es zur Sammelstelle Paris weiterging. Am Tage durfte nicht gefahren werden, also ging der Transport bei Nacht. Nach einer langen Fahrt kamen wir in Paris an, wo uns das DRK empfing und uns gleich in die einzelnen Abteilungen legte.
Nach einer Woche hieß es, daß wir nach Deutschland verlegt würden. Im Ostbahnhof wurden wir in einen Lazarettzug eingeladen, und kaum waren wir drin, gab es schon Fliegeralarm. Der Lazarettzug fuhr aus dem Bahnhof, um nicht in einen Bombenangriff hineinzukommen. Wir fuhren dann über Metz — Saarburg — Karlsruhe — Rastatt quer durch Deutschland nach Brünn ins Lazarett. Die Fahrt dauerte 11 Tage."
Am 18. Juli erreichten die amerikanischen Verbände die Straße St. Lô — Périers. Sie drückten die deutschen Verteidiger aus St. Lô heraus. Die Stadt wurde im Nordwesten von Teilen der Schnellen Brigade 30 — unter Führung von Oberstleutnant Frhr. v. Aufseß — verteidigt. Der Kommandeur fiel vor den ersten Häusern im Nahkampf.
Die P.L.D. hielt den Abschnitt Hebecrevon auf dem linken Vire-Ufer. Keiner der Angreifer kam an dieser Stelle durch. Dann gelang es dem Gegner, im Osten der Stadt in die Ruinen einzusickern. Am 19. Juli, gegen 19.00 Uhr, kämpften die Männer der 29. US-Div. und der 113. Cavalry-Group, von ihren Panzern unterstützt, Schritt für Schritt die Stadt frei. Am 20. Juli — als die Ereignisse im Führerhauptquartier die Welt aufhorchen ließen — fiel das in St. Lô befindliche Stabsquartier des LXXXIV. A.K. in die Hand des Gegners.

Der Kampf der vergangenen 14 Tage war mit unvorstellbarer Härte auf beiden Seiten geführt worden. Einer der amerikanischen Gefangenen des 137. US-Rgts. drückte es treffend aus, als er bei seiner Vernehmung im Stabsquartier des 84. Korps sagte:

„The Germans are fighting with extreme bitterness all along the front, literally obeying the order to die where they stand. Carillon a stubbornly held German position." — (Die Deutschen kämpfen mit außerordentlicher Härte auf der ganzen Front und gehorchen buchstäblich dem Befehl, zu sterben, wo sie stehen. Carillon ist so eine hartnäckig gehaltene deutsche Stellung.)

Vom Landekopf St. Laurent und von Colleville hatte der Gegner bis St. Lô 44 Tage gebraucht. Im Operationsplan der Amerikaner war für diese Strecke eine Woche vorgesehen.

Der nun einsetzende Dauerregen verwandelte Straßen und Felder in Sumpflandschaften. Die Panzer beider Seiten blieben im Schlamm stecken. Die tiefliegenden Wolken ließen keine Luftwaffentätigkeit zu. Die Fronten erstarrten. Beide Seiten hatten Gelegenheit, sich wieder aufzufrischen. Für eine Woche hatte das Schicksal allen Beteiligten wiederum eine kurze Gnadenfrist beschert.

Während dieser Zeit errangen zwei einzelne Jabos einen Erfolg, der alle Soldaten der Invasionsfront entsetzte. Feldmarschall Erwin Rommel fiel im Feuer dieser beiden Jabos am Nachmittag des 17. Juli 1944 für lange Zeit aus. Hinter dem Dorf Vimoutiers stießen diese beiden Jabos im Tiefflug auf den Befehlswagen des Feldmarschalls herunter und feuerten aus ihren Bordwaffen. Uffz. Daniels, der Fahrer, wurde in die Schulter getroffen. Der Mann fiel auf das Steuerrad, und der Wagen prallte gegen einen Baumstumpf.

Feldmarschall Rommel wurde hinausgeschleudert und blieb mit einem schweren Schädelbruch liegen.

Die Begleitung des F.M. brachten den Schwerverletzten in das nächste Dorf. Es hieß St. Foy de Montgomery. Der O.B. der Heeresgruppe B, der Mann, auf dem alle Hoffnungen ruhten, war ausgefallen.

9

DIE HÖLLE

Vernichtungsschlag bei St. Lô

Panzer-Lehr-Division steht nur noch auf dem Papier

Am 20. Juli wollte General Bradley die 1. US-Armee antreten lassen, nachdem St. Lô am 19. Juli von der 29. US-Division genommen worden war. Das schlechte Wetter jedoch zwang ihn dazu, Tag um Tag abzuwarten. Sein Plan war, nach einem starken Luftangriff die deutschen Stellungen mit Panzern und mot-Verbänden zu durchbrechen und dann zwischen Coutances und Bréhal vorzustoßen. Gelang dieser Vorstoß, dann war das deutsche LXXXIV. A.K. abgeschnitten.

Bis zum 24. Juli blieb jedoch alles still. Bis zu diesem Tage konnten die deutschen Einheiten ihre Verteidigungsstellungen verstärken und Nachschub nach vorne bringen. Der Regen und die tiefhängenden Wolken ließen feindliche Lufttätigkeit nicht zu. Doch Verstärkungen kamen nicht an die Front.

Die gesamten Landstreitkräfte der Alliierten betrugen am 20. Juli 1944 30 kampfstarke Infanterie- und 13 Panzer-Divisionen. Hinzu kamen Sonderverbände, wie: Artillerie-, Pionier- und Pak-Einheiten. Auf deutscher Seite standen im gesamten Invasionsraum 20 Infanterie- und 8 Panzer-Divisionen. Ihre Gefechtsstärken waren durch die aufreibenden Kämpfe durchschnittlich auf 40 Prozent abgesunken. Das Kräfteverhältnis stand also 3:1 für die Alliierten.

„Den wievielten haben wir heute, Werncke?"

Der Divisions-Ib, Major Bernd Werncke, deutete auf den Kalender, der an der Wand des Divisions-Gefechtsstandes bei Canisy, südlich St. Lô hing.

„Den 24. Juli, Herr General."

„Glauben Sie, Kauffmann, daß die Amis heute wieder bei uns angreifen?" wandte sich der Divisionskommandeur an seinen Ia.

„Es kann jeden Augenblick losgehen, Herr General. Die sind fertig zum Angriff, das kann kein Mensch übersehen. Nur das miese Wetter wird sie noch aufgehalten haben."

„Aber die 7. Armee glaubt, daß es hier nicht losgehen wird. Sie glauben, bei der Armee zumindest, daß die Amerikaner hier in dem Heckengelände nicht vorankommen werden. Feldmarschall von Kluge ist der Überzeugung, daß die Engländer ihre Offensive in der Ebene von Caen wieder aufnehmen werden, und daß dies hier nur eine Täuschungsoperation sei. Die Armee will sogar die 2. P.D. aus dem Raume Caumont ins Ornetal werfen, weil sie glauben, daß dort das II. kan. Korps schon bald beiderseits der Straße Caen — Falaise antreten wird."

„Ich bin fast sicher, daß man sich irrt und — — —"

Der Fernsprecher rasselte. Oberstleutnant Kauffmann nahm das Gespräch entgegen. Es kam aus dem Gefechtsstand von Oberst von Hauser, der das Regiment 901 von Oberst Scholze übernommen hatte, der nach Berlin kommandiert worden war.

Die Meldung deutete ganz darauf hin, daß die Armee mit ihrer Prognose nicht recht behalten würde.

„Meldung vom Regiments-Gefechtsstand 901, Herr General. ‚Schwere Bombenangriffe!' "

„Na, Kauffmann, ich glaube, es geht los! Lassen Sie sofort Alarmstufe I für alle Einheiten geben."

Der Alarmbefehl wurde über Draht weitergeleitet, und eine Minute später lagen Panzergrenadiere, Panzermänner und Artilleristen in Erwartung des amerikanischen Angriffes bereit.

Doch nichts — außer den Bombenabwürfen — geschah. Stunde um Stunde verging. Nichts! Melder gingen zu den Regimentern hinaus.

Dann traf eine weitere Meldung des Rgts. 901 ein, die noch mysteriöser war, als die erste. Sie lautete:

„Bombenwürfe vor unseren Linien. Die Amerikaner verlassen ihre Stellungen und ziehen sich zurück."

„Wollen die wieder einen ihrer faulen Tricks aus dem Ärmel ziehen?"

„Wir werden nicht darauf hereinfallen. Alles bleibt beim alten. Hundertprozentige Wachbereitschaft."

Der Tag verging.

Vom Regiment 901 traf auf einmal eine Meldung bei der Division ein, die alle erschütterte. Als einer der ersten war Major Konrad Uthe gleich beim ersten Vorbereitungsbombardement der Amerikaner ge-

fallen. Die Stimme des Regiments-Adjutanten, Hauptmann Gerhard Ehricht, klang vor Bewegung heiser, als er diese Meldung durchgab.
Auf dem Gefechtsfelde übernahm Oberleutnant Gehrke, der Bataillons-Adjutant, die Führung des I./901.
Am folgenden Tage fiel auch Oberleutnant Gehrke dem massierten Trommelfeuer der Amerikaner zum Opfer.
Fast auf den Tag genau, einen Monat später, am 25. 8. 1944, wurde Major Uthe das Ritterkreuz verliehen.
Nach Einbruch der Dunkelheit des 24. Juli verstärkte sich die Aufmerksamkeit der Verteidiger. Aber noch immer geschah nichts. Was war eigentlich passiert? Warum bombten die amerikanischen Flieger, während die Infanterie diese Bombardierung nicht ausnutzte? Die Sachlage war die, daß General Bradley den Angriff auf den Morgen des 24. Juli angesetzt hatte. Da auch am 24. wieder eine Schlechtwetterfront über dem Kampfraum hing, wurde dieser Angriffsbeginn, wie die vorhergehenden, anulliert. Dabei geschah es, daß ein Teil der schon in der Luft befindlichen Bomberverbände nicht mehr zurückgerufen werden konnte. Sie flogen die deutschen Stellungen an, konnten sie aber wegen der Unsichtigkeit nicht erkennen, und so fiel ein großer Teil Bomben in ihre eigenen Linien und verursachten dort große Verluste. Daraufhin räumten einzelne amerikanische Einheitsführer selbständig dies durch die eigene Luftwaffe gefährdete Gebiet. Das also war des Rätsels Lösung.
In den frühen Morgenstunden des 25. Juli jedoch stürzte die Hölle in diesem Frontabschnitt vom Himmel herunter.
Die P.L.D. hatte sich mit der vordersten Linie an der Vire-Biegung nordwestlich St. Lô eingerichtet. Die HKL machte einen Bogen nach Westen und kreuzte die Straße St. Lô — Périers. Westlich der Straße Mesnil — Eury lag eine weitere starke Kampfgruppe, während die Flak-Abt. 311 und das Art.Rgt. 130 genau nördlich von Canisy lag. Die Nachhut hatte in Quibou genau südöstlich von Canisy Stellung bezogen. Eine vorgeschobene Kampfgruppe lag bei Le Mesnil Amey mit Artillerie und einigen Reserven.
Der Nachschub und die Divisionsreserve befanden sich im Raume Cherisy la Salle längs der Ost-Süd-Linie in Richtung Percy.
Der Tag war bedeckt, aber die Wolken standen sehr hoch. In der Frühe gegen 7.00 Uhr, General Bayerlein befand sich gerade in Quibou, erreichte ihn eine weitergeleitete Meldung des Pz.Gren.Rgt. 901. Oberst v. Hauser ließ durch den Nachr.Offz., Oblt. Möller, melden, daß die amerikanische Infanterie vor dem Rgt. 901 fluchtartig die Gräben verlasse und zurückgehe. Wenig später trafen von allen Divisionsabschnitten die gleichen Meldungen ein. Der General fuhr daraufhin sofort in den Divisionsgefechtsstand zurück.

„Die wollen offensichtlich nicht", empfing Oberstleutnant Kauffmann den Kommandeur lächelnd. „Vielleicht hat die Armee doch recht?"

„Na, ich rufe mal an, was man dort weiß."

Die 7. Armee bekräftigte noch einmal ihre Meinung, daß es nicht bei St. Lô losgehen werde. Sie teilte General Bayerlein weiter mit, daß sie bereits die 2. P.D. aus der Front herausgezogen und zum neuen Einsatzraum südlich Caen in Marsch gesetzt habe.

„Wenn das bloß gutgeht, Kauffmann!"

Sorgenvoll schüttelte General Bayerlein den Kopf. Eine Stunde später, es war eben 9.00 Uhr vorbei, hörten die im Divisionsgefechtsstand versammelten Offiziere die Motorengeräusche großer Bomberverbände. General Bayerlein eilte ins Freie zu seinem Beobachtungsstand. Er sah die anfliegenden Maschinen deutlich durch sein Glas. Es handelte sich vorwiegend um viermotorige Bomber.

„Verdammt, das sieht ja aus wie ein Parteitaggeschwader!" entrang es sich dem Divisionskommandeur.

„Vielleicht fliegen sie weiter, Herr General!"

„Sieht bald so aus! — — — Aber jetzt drehen sie. Sie kreisen, Hartdegen! — Und das heißt, daß sie noch auf weitere Maschinen warten. — An Flak: Feuer eröffnen!"

Wenig später begannen die drei Batterien der Abt. 311 mit ihren insgesamt 18 Achtacht-Geschützen das Feuer. Im Salventakt hämmerten die Kanoniere hinaus, was eben hinausgehen wollte. Die grauen Sprengwolken standen vor den Bombern am Himmel. Der erste Feindbomber platzte in einer grellen Flammenrosette auseinander.

Doch dann begann der Bombenwurf. Er richtete sich zuerst gegen die Flak. Sechzig, siebzig Bomber warfen. Dort, wo die drei Batterien in Stellung gegangen waren, wurde die Erde lebendig. In immer neuen Einschlagsgeysiren sprangen Erde, Feuer und Stahl empor. Das erste Geschütz fiel aus. Das zweite ging im Volltreffer einer schweren Zwanzigzentnerbombe unter.

Ein Geschütz nach dem anderen verstummte, während die übriggebliebenen weiterfeuerten. Bomber stürzten vom Himmel und glitten als grelle Fackeln der Erde entgegen, um dort zu zerschellen.

Besonders schwer traf es die 2. Batterie. Von ihren sechs Geschützen blieben noch zwei übrig. Davon war noch eines beschädigt. Der Fernsprechwagen und ein Krad konnte aus dem Höllenorkan der Bombenabwürfe gerettet werden. Sämtliche anderen Fahrzeuge, einschließlich des Trosses, gingen in Flammen auf. Hauptmann Weinkopf ließ das Feuer einstellen, denn wo er einen Bomber vom Himmel holte, dort flogen zehn weitere an, um auch noch das letzte Geschütz zu vernichten.

„Volle Deckung!" befahlen die Batteriechefs. Gegen das, was da über sie hereinbrach, gab es kein Mittel. Dieser Luftangriff war stärker.

Und dann kam der Hauptangriff. Nicht weniger als 2000 Bomber flogen die Stellungen der P.L.D. an. Ununterbrochen, wie auf dem Fließband, zogen die Bomberpulks am Himmel einher. Die Stellungen der P.L.D. verwandelten sich in Minutenschnelle in Mondkraterlandschaften. Eine nach der anderen rissen die Verbindungen des Div.Gef.-Standes zu den Regimentern und Kampfgruppen ab. Trotz fieberhafter Bemühungen hatte General Bayerlein keine Möglichkeit mehr, Verbindung zu bekommen. Außer durch Funk. Schon seit 9.40 Uhr war der Divisions-Gefechtsstand vollständig von allen Nachrichtenverbindungen abgeschnitten.

Doch schon die Meldungen, die während der ersten halben Stunde der Bombardierung im Divisionsgefechtsstand eingelaufen und vom Ia auf die Karte übertragen worden waren, sprachen ihre eigene eindringliche Sprache. Die 2000 Bomber hatten den Abschnitt der P.L.D. und die Abschnitte der Nachbarregimenter (Fsch.Jäg.Rgt. 13 und 15) mit einem nie vorher niedergegangenen Bombenhagel bedacht. Auf einer Fläche von 7 km Breite und 3 km Tiefe wurde die HKL in ein Feld des Todes verwandelt. Jeder Meter Boden wurde umgepflügt. Die Schutzgräben waren vernichtet; Stellungen einfach in riesige Krater verwandelt. Vorratslager und Treibstoffstellen standen in hellen Flammen. Munition krachte auseinander. Die Hölle tobte in diesem Kampfabschnitt, sie verschlang Mann nach Mann und Panzer nach Panzer.

Wo noch zu Angriffsbeginn die auf 5000 Mann zusammengeschmolzene P.L.D. gelegen hatte, dort lagen nun nur noch 2500, die am Leben waren. Die in die Bereitstellungen vorgezogenen Panzer und die Divisionsartillerie waren zerschlagen.
Die 9./901 kam noch am glimpflichsten davon. Sie lag am Rande des Bombenbereiches. Doch einer der letzten Bomberpulks warf schließlich auch im Bereich der Infanterie-Geschütz-Kp. seine Splitterbomben ab.

Die Männer waren in die vorbereiteten Splittergräben gesprungen und in volle Deckung gegangen. Dennoch kostete dieser Angriff die 9. Kompanie sieben Schwer- und Leichtverwundete.

Kurz nach 10.00 Uhr schwang sich General Bayerlein auf den Soziussitz eines Krads und fuhr mit dem Fahrer — einem Oberfeldwebel — nach vorn. Über schmale Pfade ging es weiter. Dann erreichten sie das Kraterfeld von Le Mesnil Amey. Der Regimentsgefechtsstand 901 war heilgeblieben, aber die Felder ringsherum brannten. Dicker Rauch lag über dem Kampffeld.

„Dort liegt der Beobachtungsposten, Herr General!"

„Fahren Sie hin!"

Sie hielten an dem dicken Steinturm und während der Fahrer das Krad in Sicherheit brachte, stieg General Bayerlein auf den Turm hinauf und beobachtete von hier aus die nächsten Angriffswellen des Gegners. Er konnte durch sein Glas Amigny auf der Seite der US-Linien erkennen, und er sah die Bombenteppiche der nun angreifenden 400 Jagdbomber und der ihnen folgenden mittelschweren Bomber in großen Rechtecken aufspringen.

Eineinhalb Stunden beobachtete der General. Gegen 12.00 Uhr konnte Fritz Bayerlein nichts mehr erkennen, so dicht waren Rauch, Staub und Flammen.

Der General schickte Kradmelder zu den Regimentern. Wenig später bemerkte er das erste feindliche Artilleriefeuer. Die Meldungen, die zurückkamen, zeigten an, daß fast alle Einheiten schwer angeschlagen waren und daß die Männer entweder tot oder verschüttet waren oder verwundet, wahnsinnig geworden, in der HKL lagen.

Die 40 Panzer, die in ihren Aufmarschgebieten in der HKL gestanden hatten, waren vernichtet oder schwer beschädigt. Einige wurden auf dem Rücken liegend aufgefunden. Andere standen in den tiefen Kratern, unfähig, sich aus eigener Kraft daraus emporzuarbeiten. In einer Ferme südlich Hebecrevon fand ein Melder den Kompaniegefechtsstand der 4./Pz.Gren.Lehr.Rgt. 902 völlig vernichtet. Auch der Regimentsgefechtsstand in der Nähe war voll getroffen worden. Dieses Regiment hatte mitten im Zentrum des Schreckens gelegen.

Es dämmerte schon, als die Sturmdivisionen des VII. US-Korps zum Angriff antraten. Auf der rechten Flanke des Stoßkeiles griff die 9. US-Div. an, während die 4. US-Div. in der Mitte und die 30. US-Div. am linken Flügel vorging. Der 2. US-P.D. gelang auf dem rechten Flügel der direkte Durchbruch bis St. Gilles. Die 1. I.D.(mot) und die 3. P.D. folgten dichtauf.

Die letzten Kampfgruppen der P.L.D. leisteten Widerstand, bis sie förmlich überrollt wurden. Selbst die Offiziere und Mannschaften der zerschlagenen Fla.Abt. 311 standen im infanteristischen Einsatz am Feind. Sie wurden von der Übermacht der anstürmenden Gegner auseinandergesprengt und in alle Winde zerstreut. Erst Tage später fanden sie wieder zusammen.

Einer der Männer der 2. Batterie/Fla.Abt. 311 fand diese nach zwei Tagen in einem Wirtshause weiter rückwärts wieder. Was sich um den Batteriechef versammelt hatte, waren ganze 20 Mann. Und wenn auch in den nächsten Tagen noch einige weitere Versprengte zurückkamen, so stand doch fest, daß die Fla.Abt. 311 vernichtet war.

Doch zurück zu den Geschehnissen des 25./26. Juli: Auf der Fahrt zum Gefechtsstand von Oberst v. Hauser, der sich im Keller eines massiven

Steinhauses befand, erfuhr General Bayerlein, daß die HKL im Raume des Rgts. 901 verschwunden war. Wo das Regiment gelegen hatte, lagen nur noch Tote.

Den unablässigen Bemühungen des Divisionskommandeurs gelang es, die Reste der P.L.D. bis zum Abend bei Marigny zu sammeln und neu einzusetzen. Die 1. US-Div. blieb hier vor einer Kampfgruppe des Rgts. 902 liegen.

Mit sieben übriggebliebenen Panzern kämpfte das Pz.Lehr.Rgt. 130 mit letztem Einsatz. Und erst als abermals 400 mittelschwere Bomber Marigny angegriffen hatten, gelang der 2. US-P.D. der Durchbruch auf Canisy. Der Divisionsgefechtsstand wurde von drei Seiten eingeschlossen. Doch wieder einmal gelang es dem Divisionskommandeur, den Gefechtsstand zu räumen. Er verlegte ihn 5 km weiter nach Süden, nahe Dangy.

Die amerikanischen Panzer aber rollten durch die nun klaffende Lücke hindurch weiter. Sie erreichten die Hochfläche von Le Mesnil Herman und besetzten sie. Von hier aus wollte General Bradley am nächsten Tage den Angriff aus der Linie Marigny — St. Gilles decken.

Noch in der Nacht organisierte General Bayerlein seine letzten Reserven und zog in die umkämpfte Frontzone ein. Neun Panzer konnten von den Besatzungen wieder einsatzbereit gemacht werden. Einige weitere kamen noch in der Nacht aus den Werkstätten heraus nach vorn.

Die Funkverbindungen zwischen der Division und den Regimentern und Bataillonen waren wieder hergestellt. Doch vom Korps waren noch keine Meldungen eingetroffen.

General Bayerlein nahm alle Reserven, wo immer er sie bekommen konnte. Die Nacht gab eine kleine Galgenfrist, und diese wollte er nutzen. Jeder der Offiziere im neuen Divisionsgefechtsstand arbeitete verbissen.

Die Straße nördlich St. Gilles, über die der Nachschub zur Front rollen sollte, war durch die Bombardierungen unpassierbar gemacht worden. Bei Quibou, in der Nähe von Dangy, richtete General Bayerlein seinen neuen Divisionsgefechtsstand ein.

Um 9.00 Uhr am 26. Juli begann das gleiche Spiel wieder von vorn. Vier Stunden lang flogen die „Parteitaggeschwader“, bestehend aus Fliegenden Festungen und viermotorigen Liberators, über die deutsche HKL hinweg und luden ihre Bomben ab. Dann begann der Artilleriebeschuß.

Es war 13.00 Uhr, als die amerikanische Infanterie, unmittelbar unterstützt durch Sturzkampfbomber und Jäger, vorstürmte. In einem genau festgelegten Streifen griffen sie an und jagten alles auf, was sich noch bewegen konnte.

Dieser Angriffsstreifen war linear in Abschnitte geteilt, die von Süden nach Westen gingen. Östlicher Abschnitt war Canisy und Soulles. Der westliche Marigny und Erisy la Salle. General Bayerlein sagte: „Da war keine Sekunde, in der der Himmel nicht erfüllt gewesen wäre vom Dröhnen der Bomber- und Jägermotoren."

Aber obgleich die Straße St. Lô — Coutances gegen 18.00 Uhr vollständig in amerikanischer Hand war, gelang es doch einem Oberstleutnant aus dem Stabe Feldmarschalls von Kluge zum Divisionsgefechtsstand der P.L.D. durchzukommen. Er brachte den Befehl des O.B. West, daß die Linie St. Lô — Périers unter allen Umständen zu halten sei. Eine Linie, die längst nicht mehr existierte. General Bayerlein selbst gibt über diese denkwürdige Besprechung den folgenden Bericht:

„Wir befanden uns hungrig in unserem Gefechtsstand in Dangy. Mit meinem Ia, Oberstleutnant Kauffmann, und einem Ordonnanzoffizier, saß ich in meinem Raum. Draußen brannte die heiße Julisonne des 26. Juli unbarmherzig auf die blutgetränkte, heißumkämpfte Erde. Plötzlich fuhr draußen ein Wagen vor. Der Fahrer suchte den Stab der P.L.D. Er war sichtlich froh, ihn hier gefunden zu haben. Dem Wagen entstieg ein Oberstleutnant in tadellos sitzender sauberer Uniform. Er kam vom Stabe des Oberbefehlshabers West, von Generalfeldmarschall von Kluge.

Eine Sekunde lang glaubte ich, der Oberstleutnant würde Hilfe bringen oder sie zum mindestens zusagen. Nichts dergleichen wollte er! Der Oberstleutnant brachte lediglich einen Befehl. Es war ihm sichtlich unbehaglich, als er vor den Männern stand, die sich seit Tagen im Einsatz befanden und deren Gesichter der harte Kampf gezeichnet hatte. Vielleicht ahnte er, daß diese Männer hier nur noch die Erinnerung an warme Mahlzeiten hatten, die er jeden Tag zu sich nahm.

Der Oberstleutnant nahm Haltung an.

‚Herr General, Feldmarschall von Kluge, verlangt, daß die Linie St. Lô — Périers gehalten wird', begann der Stabsoffizier.

Im Raum herrschte ein unheimliches Schweigen, das von Sekunde zu Sekunde lastender wurde. Major Wrede, der Divisionsadjutant, starrte durch das Fenster. Oberstleutnant Kauffmann blickte auf mich.

‚So, die Linie St. Lô — Périers soll gehalten werden?' wiederholte ich den Befehl. ‚Darf ich fragen womit?'

Der Obertsleutnant überhörte diese Frage geflissentlich. Er sprach einfach weiter:

‚Das ist der Befehl, den ich Ihnen zu überbringen habe, Herr General! Sie *müssen* halten, kein Mann der P.L.D. darf seine Stellung

verlassen.' Und als müsse er auch etwas Gutes melden, fuhr er schneller fort: ‚Eine Panther-Abteilung der SS wird einen Flankenstoß gegen die Amerikaner fahren und somit auch Ihre Front entlasten.'
Ich starrte den Mann an.

K e i n M a n n d a r f s e i n e S t e l l u n g v e r l a s s e n !

Ich stützte meine Fäuste auf den Tisch. Da war ich durch alle Stationen des Krieges gegangen, da hatte ich Rußland erlebt und die Todesstunde des Deutschen Afrikakorps. Aber dies hier war schlimmer. Dieser einfach sinnlose Befehl nach dem fürchterlichen Blutbad, in dem meine Division untergegangen war.

Meine Worte waren eher leise, als laut; aber es schien, als wüchsen sie im Raume zu Bergen an, als ich antwortete:

‚Vorn hält alles, Herr Oberstleutnant. — Alles! Meine Grenadiere, die Pioniere und Panzermänner und alle die anderen. J e d e r Mann hält. Keiner verläßt seine Stellung, denn sie liegen in ihren Löchern. Verschüttet und stumm — tot!'

Mit drei Schritten trat ich nahe an den Offizier heran. Dicht vor dem Abgesandten blieb ich stehen.

‚Melden Sie dem Feldmarschall, daß die Panzer-Lehr-Division vernichtet ist. Vorne können nur noch die Toten halten. Aber ich — ich bleibe hier, wenn es befohlen wird.'"

Ein unerhört harter Schlag enthob Generalleutnant Bayerlein weiterer Erklärungen und den Oberstleutnant einer Antwort. Dann war die Hölle los. Unter wuchtigen Detonationen flog das von Jabo-Raketenbomben getroffene große Munitionslager von Dangy in die Luft. Tausende von Granaten und Werferraketen flitzten gen Himmel und überzogen ihn mit zuckendem Feuer. Die Fensterrahmen des Divisionsgefechtsstandes flogen von dem Luftdruck heraus. Türen sprangen auf.

Die Erde schien auf einmal trunken um ihre Achse zu kreisen. Minen, Granaten und Leuchtsätze, MG-Munition und immer wieder Werfergranaten mit blendenden Feuerschweifen intonierten einen Abgesang auf die P.L.D.

Der Oberstleutnant fuhr zurück. General Bayerlein wartete auf die versprochene Panther-Abteilung. Doch statt der vierzig Panzer trafen ganze fünf Panzer ein.

Die Reste der P.L.D., soweit sie die Hölle von St. Lô überlebt hatten, sammelten sich bei Canisy. Nach und nach trafen insgesamt 14 Panzer der Division in Canisy ein.

Noch am 26. Juli wurde das Rgt. 901 durch die 116. P.D. (unter General Graf von Schweinitz) abgelöst. Das Regiment marschierte über St. Just — Clermont — Creil nach Senlis. Sein zerschlagenes

I. Bataillon wurde neu formiert und trat unter den Befehl von Hauptmann Hennecke, dem bisherigen Chef der 9. Kp. Der letzte noch einsatzbereite Zug der 9. Kp. (er besaß noch 2 Selbstfahrlafetten) wurde unter Feldwebel Kanzelsberger dem 1. Bataillon unterstellt. Alle sonstigen nicht mehr einsatzbereiten Teile des Regiments wurden nach Pancy bei Laon verlegt. Hier sollte das Regiment neu aufgestellt werden. Doch auch hier ließ der Gegner nicht auf sich warten. Bomber erschienen über Laon. Die Stadt ging in Flammen auf. Die noch immer nicht einsatzbereiten Teile des Rgt. 901 wurden nach Sedan verlegt.

General Bayerlein versuchte nun, alle Reste seiner Division um Dangy, Soules und Garanantilly östlich Pont Brocard zusammenzuziehen und weiter nach Süden zu gehen.

Für die 2. US-P.D. war damit der Weg offen. Die Division rollte noch in der Nacht zum 27. Juli 6 km weiter vor. Der 27. Juli würde der entscheidende Tag an dieser Front werden.

Um 9.00 Uhr dieses 27. Juli begann der amerikanische Angriff, der diesmal ohne Artillerieunterstützung angesetzt wurde. Die Spitzen der 2. US-P.D. wandten sich südwärts zur Straße Bréhal — Tessy. Die 1. US-I.D. und die 3. US-P.D. griffen in Richtung Coutances an. Ihr Ziel war es, das LXXXIV. A.K., das versuchte, sich aus dem Raume Périers — Lessay zurückzuziehen, einzukesseln und zu isolieren.

Unmittelbar vor Beginn dieses amerikanischen Angriffes waren 14 reparierte Panzer bei der P.L.D. eingetroffen. General Bayerlein schöpfte neue Hoffnung. Er fuhr wieder zu seinen Kampfgruppen vor.

Genau in Höhe Pont Brocard erreichten ihn die Kampfbomber, die wieder zu Dutzenden über das Gefechtsfeld schwirrten. Der General war gerade ausgestiegen, um zu einem Widerstandsnest zu laufen, als der Raketenvolltreffer eines Jabo seinen Wagen traf. Der 5. Fahrer, der seit Beginn der Invasion den General fuhr, fiel dieser Raketenbombe zum Opfer.

Stets war der General in unmittelbarer Nähe des Wagens gewesen, und immer wieder war *er* der Vernichtung und dem Tode entgangen.

In einem Kübelwagen fuhr General Bayerlein zum neuen Divisionsgefechtsstand nach Garanantilly am Soullesbach zurück. Hier war der Rest des Stabes in einem Bauernhaus untergezogen. Insgesamt noch 7 Offiziere und ungefähr 15 Mannschaften; letztere zum größten Teil Melder und Funker.

Noch immer wurde versucht, die versprengten Divisionsreste zu sammeln. Der Nachmittag brach an. Es war genau 16.30 Uhr, als ein Melder in den Divisionsgefechtsstand gestürmt kam und die Meldung machte, daß US-Panzer keine dreihundert Meter jenseits des Baches stünden.

Die Fliegerangriffe, die bis vor wenigen Minuten pausenlos über sie hinweggegangen waren, hatten aufgehört. Ein Zeichen dafür, wie genau und reibungslos die Zusammenarbeit zwischen den amerikanischen Luft- und Landstreitkräften war.

Schon hieben die ersten Panzergranaten in das Haus hinein.

„Herr General, die Fenster zum Hof sind mit Eisenstäben vergittert. Wir müssen vorn raus."

Mit zwei langen Schritten stand General Bayerlein am Fenster. Jenseits des Baches erkannte er die plumpen Umrisse einiger Shermans. Wieder brach feurige Lohe aus den Mündungen ihrer Kanonen.

„Geheimsachen packen und raus!"

Einzeln verließen die Offiziere und Soldaten das Haus. Wie Karnickel rannten sie hakenschlagend los, suchten — von Panzerkanonen und MG gejagt — Deckung und verschwanden.

Als Vorletzter verließ Major Wrede den Divisionsgefechtsstand. Er erreichte einen Baum, 15 Meter vom Haus entfernt, und spähte nach den Panzern. Als sie geschossen hatten, winkte der Major dem General.

General Bayerlein sprang hoch und rannte ins Freie. Eine Granate flitzte ein paar Meter entfernt an ihm vorbei. Dann erreichte er ein Kartoffelfeld, als abermals grelle Lohe jenseits des Baches aufbrannte. Der General warf sich zu Boden. Die Granate heulte heran. Fest preßte sich Fritz Bayerlein gegen die Erde. Das Geschoß traf nicht.

„Auf, weiter!" schrie einer.

Und dann liefen sie. Gejagt von Panzerkanonen und MG lief der Divisionskommandeur mit seinem Stab ums nackte Leben.

Es dämmerte bereits, als General Bayerlein die neue Auffanglinie bei Percy erreichte. Er ging allein. Die anderen Männer hatten sich verloren. Ein General ohne Soldaten. Zu Fuß ging er, der noch vor wenigen Wochen die stärkste deutsche Panzerdivision geführt hatte. D i e Division, die nach den Worten von Generaloberst Guderian die „Angloamerikaner ins Meer werfen" würde.

Mit den Resten seines Regimentes 902 hatte sich Oberstleutnant Welsch eingegraben. Ein paar Jagdpanther unter Hauptmann Oventrop standen bereit in der neuen Auffangstellung. Dicht dahinter zwei Batterien schwerer Feldhaubitzen des A.R., die Oberstleutnant Zeißler aus der Hölle St. Lô gerettet hatte.

Die Grenadiere lagen in ihren Deckungslöchern. Sie hatten noch ein paar Panzerfäuste und Panzerschrecks. Zwei schwere Granatwerfer und eine 7,5-cm-Pak waren in den schwachen Verteidigungsriegel eingebaut. Alle warteten sie auf die nächste Feuerwalze. Als sie kam, fielen ihr viele Soldaten zum Opfer. Einer von ihnen war Oberstleutnant Welsch. Noch keine zwei Monate hatte er das Regiment geführt. Auf dem Gefechtsfelde übernahm Major Kuhnow die Regimentsführung.

Zum Glück traf General Bayerlein bei Percy einen Funkwagen. Nun war er wenigstens in der Lage, dem O.B.-West zu melden, daß von der P.L.D. nichts mehr übriggeblieben war. Die Panzer waren fast alle vernichtet, die Männer der Kampfgruppen getötet oder verwundet, zerstreut oder in Gefangenschaft geraten. Die Hauptquartiere mit allen Unterlagen, Karten und Funkeinrichtungen waren verloren. Der General war zwar entkommen. Aber er besaß nichts mehr, als die Kleider, die er auf dem Leibe trug.

Noch einmal schlug die P.L.D. einen amerikanischen Angriff bei Percy ab. Das II. Btl. 901 von Hauptmann Fink von Finkenstein geführt, hatte dem Hauptdruck standgehalten.

General Bayerlein war bei dem Bataillon, als 60 Feindpanzer den Riegel angriffen. In weitem Halbkreis rollten sie auf die Stellungen der P.L.D. zu. Die Haubitzenbatterien feuerten mit flachster Rohreinstellung. Die Siebenfünf nahm den am weitesten vorgeprellten Panzer unter Feuer. Schon beim ersten Schuß verlor der Sherman seinen Turm und blieb brennend liegen.

Hinter den Sherman-Panzern tauchte Infanterie mit leichten SPW auf. Die Werfer begannen zu ploppen, und unmittelbar darauf fielen MG mit hektischen Feuerstößen in den Gefechtslärm ein. Jetzt begannen auch die drei verbliebenen Panzer und die Jagdpanzer zu feuern. Die Panzer feuerten mit schnellstmöglicher Schußfolge. Ihre Türme drehten sich nach rechts und links. Flammen blafften aus den Rohren der Langrohrkanonen. Panzerfäuste schickten den durchgebrochenen Shermans ihre Sprengtöpfe entgegen und ließen sie unmittelbar vor den deutschen Stellungen brennend und lahmgeschossen liegenbleiben. Die amerikanische Infanterie, die sich hinter den Panzern vorarbeitete, wurde von den Feuerstößen der MG 42 zu Boden gestreckt. Es war ein mörderischer Kampf. Mit dem Mute der Verzweiflung geführt. Aber diese winzigen Reste der P.L.D. schafften es noch einmal. Und wenn Mut und Tapferkeit weniger Männer jemals den Ausschlag zum Siege gegeben haben, so hätte er d i e s e n wenigen Männern zufallen müssen. Aber auch hier zeigte sich wieder, daß der Sieg auf Seiten der stärksten Bataillone ist.

Der amerikanische Angriff wurde abgeschlagen. Im Gefechtsstand des II. Bataillons teilte General Bayerlein das Brot mit einem Obergefreiten und trank mit ihm gemeinsam aus einer Flasche Wein. Als er zum Divisionsgefechsstand zurück mußte, wollte der General diesen Männern einige Worte sagen. Aber was er auch ersann, es war zu schwach. Die abgegriffene Münze der Worte reichte nicht aus, das auszudrücken, was Fritz Bayerlein in dieser Stunde empfand. Es blieb nur ein stummer Händedruck übrig.

Dies waren die Männer, zu deren Ehren er die ihm am 20. Juli 1944 verliehenen Schwerter zum Eichenlaub trug.

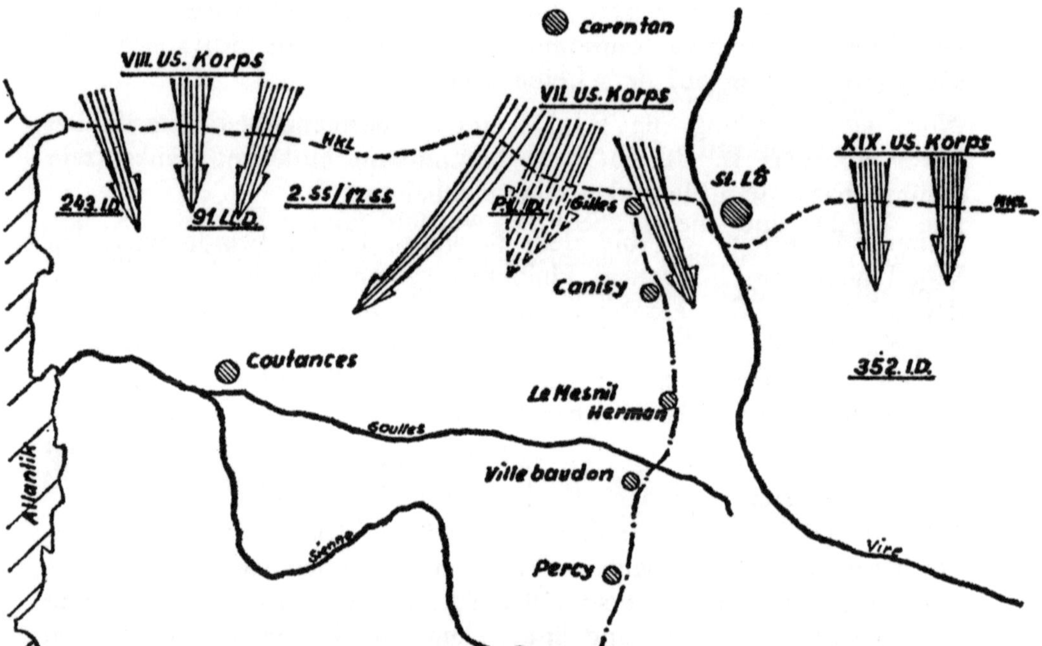

Amerikanischer Großangriff vom 25.–27. Juli 1944

10

ALLGEMEINE ÜBERSICHT

Rückzug

Kampfgruppe Panzer-Lehr

Nach Deutschland

Die 2. P.D. und die 17. SS-P.D. wurden vom LXXXIV. A.K. am 28. Juli mit Front nach Westen aufgestellt. Sie waren dazu bestimmt, dem auf Coutances vorgehenden Gegner den Weg zu verlegen. Es gelang ihnen auch am Morgen des 28. Juli, das VII. US-Korps zum Stehen zu bringen.

In der Nacht zum 29. Juli erreichte das Pz.Gren.Rgt. 304 der 2. P.D. das Straßenkreuz Le Denisière und sperrte so die Hauptverbindung St. Lô — Percy. Vor den Stellungen dieses Regimentes blieben 30 abgeschossene Feindpanzer liegen.

Doch während diese beiden deutschen Divisionen noch gegen den Ostangriff der Amerikaner kämpften, hatten jene schon mit dem VIII. Korps einen neuen Angriff aus dem Raume Périers — Coutances gestartet.

Der Angriff des VIII. Korps stieß auf wenig Widerstand und erreichte Coutances, das am Nachmittag in amerikanische Hand fiel.

Als der Abend des 28. Juli begann, rollten amerikanische Truppen auf allen Hauptstraßen zwischen der Vire und Coutances nach Süden. Einige Sturmtruppen erreichten Ziele, die bereits 25 km hinter ihrer Offensivbasis lagen. Es gab keine zusammenhängende deutsche Front mehr. Das LXXXIV. AK war auseinandergerissen. Es stand nun fest: die amerikanische 1. Armee war aus dem Landekopf in den freien Raum durchgebrochen.

Am Abend des 30. Juli erreichte die 4. US-P.D. Avranches. General Patton, der O.B. des VIII. US-Korps, trieb seine Verbände nach vorn. Am 31. wurde Pontaubault genommen. Hierdurch gewannen die Amerikaner einen Brückenkopf über die Sélune. Das Tor zu Frankreichs Herz war aufgestoßen. Diesen Ausbruch der Amerikaner aus dem Landekopf meldete das OKW im Wehrmachtsbericht des 1. August mit folgenden Worten:

> „Der auf dem Westflügel tief in unsere Stellungen eingebrochene Feind wurde hart südlich Avranches im Gegenstoß aufgefangen. In der Nacht führten schwere Kampfflugzeuge wirksame Angriffe gegen feindliche Truppenansammlungen und Bereitstellungen im Raume nordwestlich Avranches durch."

Eine allgemeine Neugliederung auf beiden Seiten begann. Unter General Bradley entstand die 12. US-Army-Group, der die 1. US-Armee (General Hodges) und die neu eingesetzte 3. US-Armee (General Patton) unterstanden. Die 1. US-Armee erhielt Befehl, frontal nach Osten in Richtung auf Vire — Mortain vorzustoßen. Die 3. US-Armee bildete einen Umfassungsflügel, der nach Westen, Süden und Südosten ausfächernd in den leeren Raum vorstieß.

Die deutsche Neugliederung begann, indem die deutsche Führung dem General der PzTr. Eberbach (der am 5. Juli General von Geyr als O.B. der Panzergruppe West abgelöst hatte) die Verbände der Südfront unterstellte, die die Bezeichnung Pz.Gruppe Eberbach erhielten. Nachfolger von General Eberbach im Raume Caen und in der Führung der 5. Pz.Armee (früher Pz.Gr. West) wurde SS-Obergruppenführer Sepp Dietrich, der bisher Komm.General des I. SS-Pz.Korps gewesen war.

Die 7. Armee blieb linker Nachbar der 5. Pz.Armee. Unter der 7. Armee hielt das II. Fsch.Jäg.Korps (unter General der Fallschirmtruppe, Meindl) den Abschnitt „Nahtstelle Vire". Daran schloß das LXXXIV. A.K. an, das seit dem 29. Juli (Ablösungstag von General v. Choltitz) von Generalleutnant Elfeldt geführt wurde.

Am 7. August verlief die neue HKL über Vire — Champ du Boult — St. Sévere — Calvados — St. Pois — und durch das Tal der Sée bei Le Mesnil — Guilbert.

Schon am 2. August erschien General Warlimont aus dem Wehrmachtsführungsstab bei Feldmarschall von Kluge. Er brachte Hitlers Angriffsbefehl für einen operativen Gegenstoß aus dem Raum Mortain in Richtung Avranches zur Küste. Dieser Gegenstoß trug die Bezeichnung „Operation Lüttich".

Diese Operation zwang zur Aufstellung einer besonderen Panzergruppe, die unter dem Kommando des O.B. des XXXXVII. Pz.Korps, General

Frhr. von Funck, stand. Dieser Pz.Gr. wurden die 2. P.D. (Gen.Lt. Frhr. von Lüttwitz), die 116. P.D. (Gen.Lt. von Schwerin), Teile der 1. SS-P.D. „Leibstandarte" (Brigadeführer Wisch), 2. SS-P.D. „Das Reich" (Gruppenführer Lammerding), 17. SS-P.D. „Götz von Berlichingen", 9. SS-P.D. „Hohenstauffen (Obergrfhr. Stadler), 10. SS-P.D. „Frundsberg" und die Reste der Panzer-Lehr-Division unterstellt. Die Operation sollte in der Nacht zum 7. August beginnen. Die gesamte Westfront setzte ihre Hoffnungen in diesen Angriff.

Am Abend des 6. August hatten die Verbände von General Patton Le Mans erreicht. Die Reste der P.L.D. hatten sich 50 km hinter der HKL bei Domfront gesammelt. In den ersten Morgenstunden ließ General Frhr. von Funck zum Gegenstoß antreten. Mit 400 Panzern versuchte er in Richtung Avranches durchzustoßen und so eine Einkesselung der deutschen Armee zu verhindern.

Der 2. P.D. gelang es, 20 km tief in die Feindlinien einzudringen. Dann aber kamen die Bomberverbände und — wieder einmal — die Jabos.

Zwei Tage später, am 9. August, war dieser letzte Gegenstoß zusammengebrochen. Auf dem Schlachtfeld von Mortain blieben 43 Panzer und 800 Soldaten zurück. Darunter auch Männer und Panzer der P.L.D.

An dieser Stelle sei der Bericht eines Panzermannes der 8./Pz.Lehr.Rgt. 130 gesetzt, der in diesen Tagen des ersten Augustdrittels mitten in den Mahltrichter des Untergangs hineingeraten war.

„Als ich am 3. August nach ungefähr acht Tagen des Versprengtseins wieder bei meiner Kompanie eintraf und mich bei unserm Spieß, Feldwebel Bischoff, meldete, erfuhr ich, daß ich bereits auf die Vermißtenliste gesetzt worden war. Ich bat darum, gleich wieder einer Besatzung zugeteilt zu werden. Und so kam ich zu Unteroffizier Schulz, der als Kommandant von Wagen 806 einer der alten Haudegen war. Ladeschütze war Gefr. Schäfer, Fahrer Gefr. Kordas, Richtschütze Obgefr. Noack. Und ich wurde Funker.

Schon bald hieß es: ‚Panzer Maaarsch!' Aber es ging nicht vorwärts, sondern zurück. Unser Wagen hatte als letzter die Rückensicherung zu übernehmen. Mit dem Turm auf sechs Uhr ging der Marsch. Das Gerücht von der Ablösung und Auffrischung hielt sich hartnäckig. Leider ging es nicht in Erfüllung. Wir rutschten während des Gegenangriffes vom 7. August an aus einem Kessel in den anderen. Immer waren wir Schlußlicht. Auf der Karte zeichnete sich schon der große Kessel von Falaise ab.

Am 5. August 1944 war Major Walter Brandt, dem tapferen Kommandeur unserer Pioniere, die uns schon oft aus verzwickten Lagen gerettet hatten, das Ritterkreuz verliehen worden. Aber gleich darauf wurde er als Lehrer an die Pionierschule Dessau versetzt. Für ihn übernahm Hauptmann Oskar Kunze, ein erfahrener und tapferer Offizier, das Pi.Btl.

Am 10. August erhielten wir Auftrag, Sicherungsstellung zu beziehen. Wir fuhren also los. An der Straßenkreuzung suchten wir uns eine Deckung und stellten uns bereit. Wir hatten nach drei Seiten freies Schußfeld. Rechts von uns standen Kameraden von der Waffen-SS mit einem SPW und einer 5-cm-KWK.

Die Tage verliefen ereignislos. Am 12. August erhielten wir erstmalig an dieser Stelle Besuch aus der Luft. Eine deutsche LKW-Kolonne, die auf der Straße rollte, war gesichtet worden und wurde wenig später von Jabos angegriffen. Mehrere Wagen wurden von den Raketenbomben getroffen und gingen in Flammen auf.

Eine Stunde später erklang plötzlich hinter uns Gefechtslärm. Gewehr- und MG-Feuer zeigte uns, daß irgend etwas im Gange war. Wir bezogen Gefechtsstellung und warteten. Dann hörten wir auch Gefechtslärm rechts von uns, und da unsere Stellung zur Abwehr eines Angriffes von zwei oder gar drei Seiten ungünstig war, entschloß sich Uffz. Schulz dazu, auszuweichen.

Uffz. Schulz ließ nach vorn rollen. Als wir die Straße erreichten, begann der Motor unseres Panzers zu stottern. Dann blieb der Kasten stehen. Es gelang Kordas ein paarmal, den Motor wieder in Gang zu setzen, doch immer nur für ein paar Meter. Dann war es ganz aus.

Der Richtschütze bootete als erster aus. Dann folgte der Ladeschütze. Unteroffizier Schulz befahl dann auch den anderen, auszusteigen.

‚Mensch, Schulz, dreh den Turm, damit wir rauskommen', rief Kordas dem Kommandanten zu.

Der noch immer auf sechs Uhr stehende Turm versperrte die Fahrer- und Funkerluke. Daraufhin drehte Uffz. Schulz den Turm. Doch nur so weit, daß der Fahrer aussteigen konnte. Mein Luk klemmte weiter und ließ sich nicht öffnen. Ich hatte nun nur noch die eine Chance, daß ich nach hinten durch den Kampfraum kletterte und durch eine Turmluke ausstieg. Mühsam quälte ich mich durch, und als ich endlich auf der Kettenabdeckung stand, schob sich aus der Kurve hinter uns ein Sherman-Panzer heraus. Es war mir, als vereise alles inwendig.

Ich sprang runter und fiel und fiel. Unten angekommen, stellte ich fest, daß unser Panzer auf einer erhöhten Straße stand und daß ich die Böschung hinuntergestürzt war. Mir taten alle Knochen weh. Und zu allem Unglück landete ich genau auf Uffz. Schulz.

Ehe wir jedoch zur Besinnung kamen, hörten wir den Abschuß des Sherman-Panzers. Die Granate hämmerte in unseren Panzer hinein. Beim zweiten Treffer begann unser Panzer zu brennen.

Wir rannten auf ein Waldstück zu. Unser Fahrer kam noch hinzu. Zu dritt schlichen wir durch den Wald, und nach einer Stunde erreichten wir eine Infanterie-Einheit, die sich hier zum Gegenstoß bereitgestellt hatte. Es war ein zusammengewürfelter Haufen, und wir schlossen uns ihm an, um den Anschluß nicht zu verlieren. Ein paar Kameraden unserer Regimenter 901 und 902 stießen noch zu uns. Wir waren nun insgesamt 15 Mann der P.L.D.

Als es dunkel wurde, griffen wir an. Wir arbeiteten uns durch das Wäldchen vor. Im starken Feuer des Gegners blieben wir jedoch bald liegen. Viele Kameraden bezahlten diesen Angriff mit dem Leben. Daraufhin versuchten wir es an einer anderen Stelle. Schließlich an einer dritten. Aber immer war es dasselbe. Wir wurden überall von starkem MG- und Gewehrfeuer empfangen. Der Gegner hatte uns eingekreist.

Wir wollten es daraufhin in den frühen Morgenstunden noch einmal versuchen und legten uns zu einer kurzen Rast in eine Feldscheune. Gegen 23.00 Uhr klopfte es gegen das Scheunentor. Mit entsicherter Waffe öffneten wir. Es war ein französischer Bauer, der uns Kartoffeln und Rahm brachte.

Wenn das nur kein Trick war, uns in Sicherheit zu wiegen. Na, wir stellten vier Mann als Wache auf. Doch in der Morgenfrühe brachte uns der Bauer wieder etwas zu essen und eine Kanne Kaffee.

Am anderen Morgen schlichen wir weiter. Immer bereit, uns kämpfend durchzuschlagen. Wir sahen noch einmal unseren ausgebrannten Panzer. Aber er war leer und nicht mehr fahrbereit.

Wenig später gerieten wir dann doch noch in Gefangenschaft und wurden nach Carrouches gefahren. Am nächsten Tage trafen dort weitere Gefangene ein. Darunter auch ungefähr 20 Landser von unserer P.L.D. Der größte von ihnen, es war Ogfr. Kirchhoff vom Rgt. 902, war 1,85 groß. Der kleinste, Gefr. Pfaff, ebenfalls vom Rgt. 902, war beinahe einen halben Meter kleiner. Sie wurden im Winkel eines Hofes aufgestellt und von Partisanen mit rot-weiß-blauer Armbinde gefilzt. Anschließend kam einer der Partisanen auf die Männer zu und schlug jedem mit dem Wort ‚Boches' mit einem Stahlhelm auf den Kopf, den er in der Faust hielt. Es war einer der alten französischen Stahlhelme mit dem bekannten Hahnenkamm: eine gefährliche Waffe.

Als er mit der Reihe durch war, begann er hinten noch einmal. Wir mußten uns sehr zusammenreißen, daß wir nicht auf dieses Subjekt lossprangen. Aber j e d e Bewegung hätte uns das Leben gekostet. Diese Partisanen warteten förmlich darauf, daß sie losknallen konnten.

Als dann ein SS-Mann auf den Hof geführt wurde, stürzten sich die Partisanen auf diesen, und einer stieß ihm den Karabiner ins Gesicht, daß der Gewehrstock zwischen Oberlippe und Oberkiefer ins Fleisch drang und an der Nasenoberseite wieder herauskam. Daß der Unglückliche nicht verblutete, verdankte er einem Sani von uns, der glücklicherweise noch ein Verbandspäckchen bei sich hatte.

Am anderen Tage — und das war unsere Rettung — traf eine amerikanische MP-Streife hier ein. Sie stand unter Führung eines Offiziers. Ein deutscher Leutnant meldete ihm diese Vorkommnisse, und daß wir seit 48 Stunden noch nichts zu essen erhalten hätten. Der amerikanische Offizier war außer sich. Er sorgte sofort für Verpflegung, und zwei MP führten den Sadisten ab. Wir selbst wurden von einem amerikanischen Kommando abgeholt und landeten in einem Sammellager. Der Krieg war für mich zu Ende."

In der Frühe des 13. August war die Kampfgruppe Panzer-Lehr in der Nähe von Habloville, ungefähr 10 km nordwestlich von Argentan, untergezogen.

Es war ein Sonntag. Durch die Straßen wühlten sich motorisierte Kolonnen einen Weg. Am Rande von Habloville hatte General Bayerlein den Gefechtsstand eingerichtet. Es herrschte hier ein fürchterliches Durcheinander. Nur im Norden und Osten waren noch einige kleine Korridore offen, durch welche die eingeschlossenen Landser aus der Falaise-Argentan-Falle herauskommen konnten.

Einige Fahrzeuge der P.L.D. waren in den Wäldern und Obstgärten geparkt. Sie hatten in der vergangenen Nacht die schweren Bombardierungen der Verkehrswege östlich Habloville über sich ergehen lassen müssen, die das Durcheinander in ein völliges Chaos verwandelt hatten. Es war 9.00 Uhr, als die Kampfbomber wieder über der Front erschienen. Man hätte seinen Wecker nach ihnen stellen können. Im Tiefstflug jagten sie über die 250 LKW, Geschütze und Nebelwerfer hinweg, die auf den Straßen um und in der Ortschaft standen und deren Fahrer auch schon zum Teil auf die umliegenden Felder und in die Obstgärten ausgewichen waren, weil sie das Unheil ahnten, das über sie hereinbrechen würde, wenn sie auf der Straße blieben. Die Jabos trafen einen Versorgungstransport mit Raketenmunition für die Nebelwerfer, die sofort zu detonieren begannen. Nacheinander begannen die Wagen zu brennen. Von ihren Lageflächen hoben sich die Raketen wie von improvisierten Startbahnen ab und flitzten kreuz und quer über den Himmel und in die Häuser und Wagen hinein.

Binnen einer Minute waren die Straßen mit brennenden Fahrzeugen übersät. Der Volltreffer einer Raketenbombe ließ den Gefechtsstand der P.L.D in Flammen aufgehen. General Bayerlein rannte mit allen Männern des Divisionsstabes zu den Splittergräben, die am Rande des Obstgartens gegraben worden waren. Eine Minute nach dem Treffer näherte sich ein zweiter Jabo dem Gefechtsstand. Mit heulendem Motor flitzte er dicht über die Apfelbäume hinweg. Er drehte in einer weiten Kurve, und dann beugte sich der Pilot heraus, um nachzusehen, welche Ziele sich ihm böten.

Es war General Bayerlein, als blickten die Augen des Piloten genau in die seinen, als er Einblick in den Splittergraben hatte. Es schien ihm, als drücke dies Gesicht Triumph aus und die bittere Verheißung: „Ich komme gleich zurück!"

Nun, sie brauchten nicht lange auf den Jabo zu warten. Nach einer knappen Kurve war er in die richtige Schußposition gekommen. Und aus den beiden Bordkanonen flitzten die Zweizentimetergeschosse in den Splittergraben hinein. Vom Rumpf des Jabo lösten sich zwei Bomben und heulten auf die Männer herunter, die sich gegen die Erdwände des Grabens preßten.

Mit mächtigen Schlägen hieben die Bomben unmittelbar hinter dem Splittergraben ein. Dreck, Baumäste und Steine prasselten auf General Bayerlein und seine Offiziere herunter. Getroffene schrien. Durch Splitter wurden drei Männer getötet. Kaum einer war unverletzt.

Die Attacken der Jabos gingen ununterbrochen bis 13.00 Uhr weiter. General Bayerlein versuchte sofort nach Ende der Jaboangriffe, wieder die Verbindung zu den Nachbargruppen und seinen Regimentern herzustellen. Alle Funkverbindungen waren ausgefallen.

Als jedoch um 14.00 Uhr die Flieger zurückkamen, war er froh, wieder den Splittergraben erreichen zu können. Als er mit einem weiten Satz vor dem Bordwaffenbeschuß in den Graben springen mußte, verstauchte er sich den Fuß schwer. Nach diesem einzelnen Jabo kamen unmittelbar darauf vier weitere. Sie bombten die Splittergräben und beharkten sie mit allen Bordwaffen.

Als sie fort waren, krochen die Überlebenden aus den Gräben heraus und kümmerten sich um die Verwundeten. General Bayerlein schleppte sich unter starken Schmerzen in den Obstgarten, wo er sich, völlig erschöpft und von Schmerzen gepeinigt, einfach hinlegte.

„Ich kümmerte mich nicht darum, ob ich lebte oder starb", berichtete er später, in der Rückerinnerung an diesen Tag, dem Vernehmungsoffizier der US-Armee, als er im April 1945 in Gefangenschaft kam.

Die Straßen waren mit Trümmern übersät und völlig unpassierbar. Doch die Jabos bombten und schossen weiter, bis die Dämmerung hereinfiel. Danach kamen mittelschwere zweimotorige Bomber und setzten das Bombardement die ganze Nacht hindurch fort.

Niemand hinderte sie am Bombenwurf. Es gab keine deutschen Jäger mehr, die sich diesem Bomberstrom hätten entgegenwerfen können. Und so entlud sich pausenlos die Hölle über den Männern der völlig zusammengeschlagenen Panzer-Lehr-Division.

General Bayerlein setzte alles daran, die Reste seiner zusammengeschmolzenen Division durch die schmalen Lücken aus dem Kessel herauszubringen. Es gelang ihm, durchzubrechen.

In einem Volkswagen sitzend, wurde er abermals ostwärts von Paris, bei Senlis, von Jägern angegriffen. Durch sein stark angeschwollenes Fußgelenk behindert, kam General Bayerlein erst spät aus dem Wagen in den Straßengraben, als schon die Bomben fielen. Ein Bombensplitter verwundete ihn am Fuß. Zum Glück jedoch nicht schwer.

Dennoch setzte diese Verwundung General Bayerlein drei Wochen außer Gefecht, so daß er seine Division nicht persönlich zurückführen konnte, als endlich der Befehl eintraf, die P.L.D. aus der Hölle herauszuziehen, sie aufzufrischen und den völlig erschöpften Soldaten eine kleine Ruhepause zu gewähren.

Als General Bayerlein am 17. August im Hauptquartier der Heeresgruppe B eintraf, um sich bei Feldmarschall von Kluge aus der Front abzumelden, stieß er im Kartenzimmer auf Feldmarschall Model, der eben aus dem Führerhauptquartier erschienen war, mit dem Auftrag, den Oberbefehl im Westen zu übernehmen und Feldmarschall von Kluge abzulösen, über den im F.H.Qu. das Gerücht kursierte, daß er am 15. August zu geheimen Waffenstillstands-Verhandlungen zum Feind gefahren sei. General Bayerlein schilderte dies Zusammentreffen mit dem Feldmarschall, den er noch von Rußland her kannte, in knappen Worten folgendermaßen:

„Was machen Sie denn hier?" fragte Model.

„Ich will mich bei Feldmarschall von Kluge abmelden, Herr Feldmarschall. Die Reste der Panzer-Lehr-Division sollen zur Auffrischung aus der Front herausgezogen und in Holland neu aufgestellt und ausgerüstet werden."

„Mein lieber Bayerlein", entgegnete der Feldmarschall, „im Osten werden die Divisionen an der Front aufgefrischt. Und so wird es in Zukunft auch hier gehandhabt werden. Ich bin der neue O.B. der Heeresgruppe, und ich befehle, daß Sie mit Ihren Verbänden dort stehenbleiben, wo sie jetzt stehen."

Der Feldmarschall legte grüßend die Hand an die Mütze und verließ das Kartenzimmer. General Bayerlein blieb zurück. Ihm wurde keine Chance gegeben, die Lage seiner Division, die mehr als einmal verblutet war, zu schildern. Und diese ziemlich einseitige Unterredung dürfte der Schlüssel zu dem ferneren gespannten Verhältnis zwischen General Bayerlein und Feldmarschall Model sein.

Im Raume Fontainebleau waren inzwischen ungefähr 5 000 Mann Versorgungstruppen der P.L.D. eingetroffen. Ferner ungefähr 1 000 Mann Kampftruppen, ein Teil von ihnen Ersatz. Aus den Werkstätten kamen die ersten reparierten und neuen Panzer für die Division. Innerhalb weniger Tage verfügte die P.L.D. wieder über 20 Panzer, 4 Batterien Artillerie und eine halbe Flakabteilung, die aus den Resten der alten Fla.Abt. 311 aufgestockt wurde. Diese Kampfgruppe erhielt Auftrag, die nördliche Kreuzung der Aisne zu verteidigen. Sie zog sich langsam zurück.

Das Pi.Btl. der P.L.D. ging unter Führung von Hauptmann Kunze nach Paris, wo es im Rahmen der Befreiungskämpfe der von den Partisanen eingeschlossenen Besatzung der Stadt gemeinsam mit dem Pz.Gren.Lehr-Rgt. 901 kämpfte.

Über Melun, Châlons-sur-Marne, Reims, Bouillon zog sich das Bataillon nach Luxemburg zurück, ständig unter dem Druck des nachsetzenden Gegners und nach Sprengung von Brücken und Vormarschstraßen.

Im Raume Reims fiel bei einem Rückzugsgefecht der Btl.-Adjutant Leutnant Cord, einer der tapfersten Soldaten des Bataillons.

Dieser Rückzug wurde ständig erschwert durch Jabos und — vor allem in waldreichen Gebieten — durch die Partisanen.

Nach einigen Tagen des Rückzugsgefechtes wurde das Pz.Pi.Lehr-Btl. 130 am Westwall eingesetzt. So im Raume Freilingen auf der Freilinger Höhe, bei Oberweis und Baden im Raume Bitburg — Neuerburg.

Als die P.L.D. in den Raum Pforzheim verlegt wurde, blieb eine Kampfgruppe mit dem Rest an Panzern unter Führung von Hauptmann Kunze an der luxemburgischen Grenze im Einsatz zurück.

Als der Befehlswagen von Hauptmann Kunze zerschossen wurde, stieg der Hauptmann in den PKW des Nachrichten-Offz., Oberleutnant Karn, um, der von Obgefr. Walter Tönnes, einem routinierten Fahrer, gefahren wurde.

Nach Ablösung folgte das Pi.Btl. 130 der Division und lag mit der Stabskompanie in Möckmühl im Jagsttal. Die dritte Kp. lag in Züttlingen. Später wurde das Btl. nach Höxter verlegt, und von dort ging es in Ruhe in den Hunsrück.

Die Kampfgruppe I./901 unter Hauptmann Hennecke, ohne die in den Raum Sedan verlegten Regimentsteile, trat am 24. August mit dem unterstellten Zug s.I.G. (Sfl.) unter Fw. Kanzelsberger gegen 19.00 Uhr den Marsch nach Paris an.

Das Bataillon hatte Auftrag erhalten, die in Paris eingeschlossenen Heeresteile freizukämpfen.

Im Morgengrauen des 25. August erreichte das Bataillon Paris. Auf den Ausfallstraßen herrschte ein unbeschreiblicher Wirrwarr. Nur mühsam konnte das Bataillon vorwärtskommen. Die Verwaltung von Paris befand sich auf der Flucht vor den Amerikanern.

Den Soldaten der P.L.D. boten sich einfach groteske Bilder heilloser Verwirrung. Fahrzeuge, bis obenhin bepackt, rollten an ihnen vorbei in Richtung Heimat. Alles im Schneckentempo.

Nach Überwinden dieses Hemmnisses wurde die Vorstadt von Paris erreicht. Es gelang der Kampfgruppe, an dem Gare du Nord viele eingeschlossene Soldaten freizukämpfen, die sich verzweifelt gegen die Aufständischen und Partisanen zur Wehr gesetzt hatten. Es waren über zweitausend Mann, die so einem ungewissen, grausigen Schicksal entrissen wurden.

Schon am 19. August hatten 3 000 Gendarmen von der Polizeipräfektur von Paris Besitz ergriffen und die Ile de la Cité in eine Festung verwandelt. Nach diesem Signal zum Aufstand waren in der kommenden Nacht auch das Rathaus, der Justizpalast und das Kriegsministerium von Aufständischen besetzt worden. General von Choltitz war es am 20. August gelungen, einen dreitägigen Waffenstillstand — unter Anerkennung der F.F.I. als Kriegführende — zu erreichen. Doch die Aufständischen hatten sich nicht daran gehalten, sondern die deutschen Soldaten, wo sie sie fanden, aus dem Hinterhalt abgeknallt.

General Bradley beauftragte das V. US-Korps (Generalleutnant Gerow), am 24. August mit der französischen 2. P.D. und der amerikanischen 4. I.D. nach Paris einzurücken.

Gegen diesen von allen Seiten in die Stadt einrückenden Gegner hatte die Kampfgruppe zu kämpfen und ihn so lange aufzuhalten, bis die wenigen anderen Truppen von Paris abgezogen waren.

Diese Kampfgruppe der P.L.D. war viel zu schwach, um irgendwelchen massierten Widerstand leisten zu können. Sie zog sich auf Villeparisies zurück. Auch hier wurde bald darauf die Lage kritisch, und unter schweren Kämpfen ging es langsam zurück.

Am 26. August war der Höhepunkt dieser Kämpfe erreicht. Das Bataillon wurde umzingelt. Ein verzweifeltes Durchbruchsgefecht begann. Immer wieder rannten die einzelnen Kompanien gegen den Umklammerungsring an. Einigen zum Letzten entschlossenen Gruppen gelang der Durchbruch. Sie sprengten und schossen sich förmlich einen Weg durch den Umklammerungsring zweier Divisionen. Die 6./901 traf es am schwersten. In einem der härtesten Einsätze fielen die Männer dieser Kompanie Gruppe um Gruppe im Nahkampf. Mit ungefähr acht Männern der 6./901 erreichte Unteroffizier Junge die Freiheit. Fast alle anderen blieben verwundet oder tot auf dem Gefechtsfeld zurück.

Die Reste der Kampfgruppe setzten sich in Richtung Reims ab und bezogen in Neufchâteau Unterkunft.

Während dieses trostlosen, verzweifelten Rückmarsches erlebten die Überlebenden dieser Kampfgruppe, wie ein eben neu aufgestelltes

Infanterieregiment, das an ihren Überresten vorbei nach vorn ging, sang- und klanglos in die Gefangenschaft marschierte.

Am 28. August übernahm Major Schöne die übriggebliebenen Reste des Bataillons in sein II. Bataillon. Alle Versprengten wurden gesammelt. Ein schwieriges Unterfangen. Die gesamte Division sollte sich, so hörten die Männer, im Raume Sedan sammeln. Über Mennehoult und Réthel erreichte die Kampfgruppe Sedan am Abend des 27. August. Nacheinander trafen weitere Versprengte ein. Teils zu Fuß, teils auf Wagen und dann und wann auch ganze Besatzungen mit ihren Fahrzeugen.

Am 4. September traf auch Hauptmann Hennecke beim I. Bataillon ein. Nach einer Besprechung aller Offiziere um 14.00 Uhr wurde die 6./901 aus dem Verband entlassen und unter der Führung des Stabsfeldwebels Richard Wollesen, der als einziger Hauptfeldwebel des Bataillons übriggeblieben war, nach Bettenfeld in der Eifel in Marsch gesetzt.

Quer durch Lothringen führte Stabsfeldwebel Wollesen diese wenigen Männer bis zum Abend des 6. September dorthin. Er ging sofort wieder an die Arbeit, die Kompanie neu aufzustellen und aus den Versprengten des gesamten Regimentes und den Troßkranken wieder eine schlagkräftige Kompanie zu bilden.

Am nächsten Tage jedoch wurden auf Bataillonsbefehl hin alle Soldaten und Kfz zu ihren alten Einheiten in Marsch gesetzt, während die Sechste am 8. September nach Gamlen im Kreis Mayen verlegt wurde.

Wegen Überbelegung dieser Ortschaft verlegte sich die Kompanie am 12. September weiter nach Telling (Mosel). Hier sollte die endgültige Neuaufstellung stattfinden.

Ersatz traf reichlich ein. Schon bald hatte die Kompanie ihren alten personellen Stand erreicht. Neue Waffen und Kfz trafen ebenfalls ein, und mit Hochdruck ging Stabsfeldwebel Wollesen wieder an die Ausbildungsarbeit des meist 17 — 18jährigen Ersatzes.

Am 14. September traf Leutnant Kalewe als neuer Kompanieführer ein. Leutnant Gemein, der nach Ausfall von Oberleutnant Winter die Kompanie geführt hatte, galt seit dem 26. August als vermißt. Seit dem Tage also, als die Kampfgruppe bei Villeparisies umzingelt worden war.

Dauernde Tieffliegerangriffe störten auch in Telling die Ausbildung der Kompanie, und so erfolgte am 18. September ihre Verlegung nach Zaberfeld bei Heilbronn.

In Zaberfeld traf die Sechste am 20. September im Bahntransport ein. Die Unterbringung erfolgte in Bürgerquartieren. Die Feldküche brauchte nicht angeheizt zu werden, da alle Soldaten in ihren Quartieren vorbildlich versorgt wurden. Hier in Zaberfeld trafen auch die letzten Vermißten der Kompanie ein. Die nun noch immer fehlenden Kameraden, es waren Leutnant Gemein, 3 Uffz. und 18 Mann, müssen neben den erkannten Gefallenen ebenfalls als gefallen angesehen werden.

Da ein neuer Einsatz bevorzustehen schien, veranstaltete die 6./901 noch am 28. September 1944 einen Kompanieabend mit der Bevölkerung. Und am 4. Oktober ging es dann wirklich im Bahntransport nach Lemgo. Hier wurde am 5. 10. ausgeladen, und im mot-Marsch erreichte die Kompanie den neuen Ortsunterkunftsraum Bentdorf (Lippe). Unterkunft erfolgte wiederum in Bürgerquartieren.

Hier erschien dann am 8. 10. auch Hauptmann Hennecke, der alte Btl.-Kdr., der aus dem Lazarett entlassen war. Oberleutnant Hagen kam ebenfalls aus dem Lazarett und übernahm die 6. Kompanie. Und zur Freude aller Angehörigen der Kompanie erschien am 6. November die letzte Kampfgruppe des Regimentes 901 unter Hauptmann Klein (Führer der 14. Kp.), die bei Überschreiten der deutschen Grenze am Westwall verblieben und dort noch in erbitterte Abwehrkämpfe verstrickt worden war. Mit dieser Kampfgruppe kehrte auch der alte Hauptfeldwebel der 6./901, Hauptfeldwebel Hein, zurück. Hauptfeldwebel Wollesen übergab ihm seine Kompanie.

Viele Männer, die ihm in den vergangenen Wochen ans Herz gewachsen waren, wollten nun unbedingt mit Wollesen in die neue Kompanie. Nach Absprache mit dem Kompaniechef, Oberleutnant Hagen, nahm Wollesen dann die Gefreiten Hermann, Rochler, König, Reitz, Günther, Erbse, Schwenkenbecher, Stein, Haschke, Weiß, Friedrich, Ebrecht und Kuczewski in seine Kompanie mit, wo alle stürmisch begrüßt wurden.

Im Ortsunterkunftsraum des Regimentes herrschte Hochspannung. Der neu eingetroffene Ersatz erhielt eine Sonderausbildung, damit er den kommenden Aufgaben ebenso gewachsen war wie die altbeschossenen Hasen.

Am 18. November traf der Verladebefehl ein. Das Regiment war mit der Neuaufstellung — allerdings ohne 9. Kompanie — fertig. Es sollte wieder zum Einsatz kommen. Im Bahntransport wurde es zum Hunsrück transportiert. Von dort aus ging es im mot-Marsch in den neuen Ortsunterkunftsraum Ausbach — Hellertshausen.

Die Geschütze (Sfl) mußten teilweise geschleppt werden, da die Austauschmotoren noch nicht eingetroffen waren. Der Instandsetzungstrupp unter Oberschirrmeister Wolters arbeitete Tag und Nacht, um die Sfl-Geschütze schnellstmöglich einsatzbereit zu machen.

Bis hierher die Geschichte der „Kampfgruppe Paris" und der 6./901. Wenden wir uns nun wieder den allgemeinen Geschehnissen und den übrigen Teilen der P.L.D. zu.

Trotz der gegenteiligen Äußerung von Feldmarschall Model wurde die „Kampfgruppe Panzer-Lehr" d o c h aus der HKL herausgezogen. Es war offenkundig, daß diese Reste keinen Kampfwert mehr hatten und daß sie in der HKL n i e wieder einen wirklichen Kampfwert bekommen würden. Die P.L.D. war im Chaos der Invasionsschlachten und im Bombenhagel der vergangenen Wochen untergegangen.

Im F.H.Qu. zog man einfach ein Fähnchen aus der Lagekarte heraus und legte es zu den übrigen. Nur die Männer, die dem Feuerofen in der Normandie entkommen waren, wußten um diesen Kampf und um das Sterben der Division.

Im Kessel von Mortain — Falaise hatte die Deutsche Wehrmacht ein neues Stalingrad erlebt. Daß dennoch ein Drittel der 7. Armee in Einzelkampfgruppen entkommen konnte, war mit ein Verdienst der einzelnen Kampfgruppenführer, die an der Spitze ihrer Kolonnen den Weg in die Freiheit bahnten.

Wäre es den Alliierten geglückt, den Kessel schon am 15. oder 16. August zu schließen, dann wären die 7. Armee und 9 der hier insgesamt eingesetzten 11 Panzerdivisionen in die Gefangenschaft gezogen.

Die deutschen Truppen zogen sich zurück. Nach zehnwöchigen schwersten Kämpfen hatte die Heeresgruppe B 400 000 Mann an Toten, Verwundeten und Gefangenen zu beklagen. Zwei Armeen waren zerschlagen worden. Und ein Teil dieser Armeen war auch die P.L.D. gewesen.

Die Reste dieser Division gingen im letzten Augustdrittel im hinhaltenden Widerstand zurück. Sie hofften, daß am Westwall eine wirkliche Widerstandslinie aufgebaut sei, in der sie verteidigen konnten.

Noch einmal verteidigte die Kampfgruppe Panzer-Lehr an der nördlichen Kreuzung der Aisne und setzte sich dann planmäßig ab. Durch Neufchâteau ging der Weg der Division und südlich an Bastogne vorbei über Wiltz nach Neuerburg in die Eifel. Noch ahnte niemand, daß sich h i e r , vor Bastogne, noch einmal das Schicksal der Division entscheiden sollte.

Am 14. September wurde Neuerburg erreicht. Bei Bitburg standen am 18. und 19. 9. noch einmal alle Einheiten der Division in erbittertem Abwehrkampf, als der Gegner durchzustoßen versuchte. Alle Panzer, einschließlich der Panzerjäger, kämpften mit letztem Einsatz. Stundenlang hallte das Kampffeld von den Abschüssen der Panzerkanonen und der Selbstfahr-Lafetten wider. Panzer um Panzer des Gegners blieb liegen oder ging in Flammen auf.

Am Morgen des 19. September standen 60 amerikanische Panzer als glosende Wracks und Wahrzeichen eines schrecklichen Kampfes auf dem Gefechtsfelde. Und dazwischen die 24 Panzer der Panzer-Lehr-Division, die nun abermals völlig ihrer Panzer beraubt war.

Der Gegner war aber über die Our zurückgewichen. In vierfacher Übermacht hatte er angegriffen. Doch die P.L.D. hatte ihn aufgehalten und — dann sogar noch geworfen.

Ende des Monats September waren insgesamt 5 000 Mann der P.L.D. versammelt. Der größte Teil waren Nachschubtruppen und Troßleute. Dies waren die Reste einer Division von 17 450 Mann. Von den 8 000 Männern der Kampftruppen waren nicht einmal 1 000 übriggeblieben.

Die Division wurde in den Raum Heilbronn zur Neuausrüstung und -aufstellung verlegt. Sie hatte ihre Panzer, alle Pak und die schweren Waffen in der Eifel für andere Einheiten abgeben müssen.

General Bayerlein hatte darüber hinaus noch den Befehl erhalten, alle Halbkettenfahrzeuge und Panzerspähwagen abzugeben. Ihm wurde bedeutet, daß die Division eine völlig neue, bestmögliche Ausrüstung erhalten würde. Doch der General wußte, wie es mit dem Nachschub aussah. Er behielt 160 gepanzerte Halbkettenfahrzeuge und 25 gepanzerte Wagen für die Division zurück.

Es stellte sich nun auch heraus, daß die Besatzungen der bei Luftangriffen vernichteten Panzer — und die aller anderen Fahrzeuge — zum Großteil nicht durch diese Luftangriffe außer Gefecht gesetzt worden waren, sondern daß sie meistenteils anschließend durch die nachfolgenden Einsätze verwundet wurden. Und das war gut so, denn diejenigen, die durch Bordwaffenbeschuß oder Bombensplitter verwundet worden waren, hatten Verletzungen erlitten, die zu 80 Prozent zu dauernder Dienstunfähigkeit führten, während von den durch Infanteriewaffen Verwundeten bis zu 50 Prozent wieder nach kurzer Zeit aus den Lazaretten zu ihren Einheiten zurückkehrten.

Dies erklärt sich aus den großen Kalibern der Bordwaffen und dem Dekompressionseffekt der großen Höhe.

Diejenigen Soldaten der P.L.D., die geglaubt hatten, im Westwall bleiben und verteidigen zu können, waren eines Besseren belehrt worden. Was sie vorfanden, war keine Verteidigungslinie, sondern ein offenes Grab. Geben wir an dieser Stelle dem Kommandeur des Pz.-Lehr-Rgt. 130, Oberst Gerhardt, das Wort zu dieser Frage:

„Schon der ‚Atlantikwall', der oft zitiert und herausgestellt worden war, war — zumindest im Einsatzbereich der P.L.D. — nichts anderes als ein Phantom. Die dort eingesetzten bodenständigen Truppen waren (von wenigen Ausnahmen abgesehen, die sich verzweifelt schlugen), der ihnen zugedachten Aufgabe nicht gewachsen und zu einem Verein von Karnickelzüchtern geworden. Als die Invasion dann kam, da lief sie auch, nachdem von den bodenständigen Truppen schon am Ende des ersten Tages nichts mehr da war, die Eingreiftruppen aber durch laufende Tieffliegerangriffe nur schwer angeschlagen zur Front kamen und sich dort in einer hoffnungslosen Minderheit befanden.

Die deutsche Luftwaffe trat weder in Abwehr noch in der Aufklärung in Erscheinung. Von ihrer vielgerühmten Schlagkraft war nichts mehr übriggeblieben als der gute Geist der Besatzungen.

Es konnte sich also für uns nur darum handeln, den Vormarsch des Gegners zu verlangsamen und damit die Voraussetzung zu geben, daß der Westwall voll ausgebaut werden würde.

Aber als wir nach zehnwöchigem mörderischen Kampf mit den Resten der P.L.D. am Westwall ankamen, mußten wir feststellen, daß dort nicht das Geringste geschehen war. Keine Truppen zur Besetzung. Die Bunker verrammelt. Nachrichtenmittel und Bewaffnung waren ausgebaut, die Bevölkerung in keiner Weise auf den Kampf vorbereitet, geschweige denn evakuiert.

Die von vorn kommenden, dezimierten und am Rande der Erschöpfung stehenden Truppen — mein Regiment hatte noch 12 einsatzbereite Panzer gegenüber 160 etatmäßigen — mußten nun auch noch die Verteidigung des Westwalles mit übernehmen.

Dann aber wurde auch das Pz.Lehr-Rgt. 130 herausgezogen und kam an den Neckar, nördlich von Stuttgart. Hier hatten wir immer mehr mit der Überheblichkeit der Parteibonzen zu tun, die sich als ‚Reichsverteidigungskommissare' fühlten, aber nichts dazu taten, für eine vorschriftsmäßige und ausreichende Versorgung des Regimentes in Bezug auf Ausrüstung und Ersatz zu sorgen.

Man ließ uns keine Zeit, aus der zerschlagenen Division wieder eine kleine Kampftruppe zu machen. Innerhalb von 10 Wochen wechselten wir viermal die Quartiere, zogen vom Neckar zum Sennelager bei Paderborn, von dort in den Hunsrück und landeten schließlich wieder in der Eifel."

Soweit Oberst Gerhardt, der an späterer Stelle wieder zu Wort kommen soll.

11

IN DEUTSCHLAND

Der Westwall existiert nicht

Neuausrüstung

Von Heilbronn war die P.L.D. nach Paderborn — Detmold verlegt worden. Dieser Verlegungsmarsch per Bahn dauerte acht Tage, anstatt der normalerweise üblichen drei Tage. In der Panzerversorgungsstelle bei Paderborn wurden der Division wieder 60 Panzer zur Verfügung gestellt. Sie erhielt Ersatz für die ausgefallene Artillerie, dazu einige Achtacht-Fla-Geschütze und einige 7,5-cm-Pak. Die Neuausbildung begann auch hier, ebenso wie bei den anderen Divisionseinheiten.

General Bayerlein fuhr im „Kübel" von einer Gruppe zur anderen. Er verlangte in Berlin mehr Flak für seine Division. Gestützt auf die zehnwöchigen Erfahrungen in der Normandie (und seine bitteren Erkenntnisse aus dem Afrika-Feldzug) war er in der Lage, seine Forderung hundertprozentig zu untermauern. Für j e d e Kompanie forderte der General einen Zwei-Zentimeter-Vierling und vier 3,7-cm-Einzelgeschütze. Aber er bekam sie — n i c h t. Er erhielt insgesamt für die Division vier Zwei-Zentimeter-Vierlinge, einige Achtacht-Geschütze und vier 3,7-cm-Einzellafetten.

Immer wieder forcierte er die Luftabwehr. Er drängte bei den Einheitsführern darauf, daß a l l e Waffen zur Abwehr von Luftangriffen eingesetzt werden konnten. J e d e n Tag wurde j e d e Kompanie in dieser Luftabwehr ausgebildet. Nachtangriffe wurden wieder geübt. Und ganz besonderen Wert legte der General auch auf die Tarnung, von der mehr als einmal in der Normandie Leben oder Tod abhängig gewesen war.

Doch das Fehlen von genügend Treibstoff machte richtige große Übungen, die das Zusammenwirken a l l e r Divisionsteile wirksam gemacht hätte, unmöglich. Immer wieder versuchte General Bayerlein alle Verbindungen zu mobilisieren und zusätzlichen Treibstoff zu erhalten.

Am 9. November wurden Teile der Division in den Raum Hunsrück verlegt Bei Kastellaun, Morbach, Büchen und Beuren kamen die einzelnen Einheiten in Quartier.

General Bayerlein schrieb hier einen Bericht über den Zustand seiner Division und ihren derzeitigen Kampfwert. Er ließ von diesem Bericht d r e i Exemplare anfertigen. Ein Exemplar behielt er für sich, die beiden anderen gingen — jeweils eines — an die Heeresgruppe und an das F.H.Qu. Der Bericht schloß mit den Worten:

„Der Zustand der Division in Ausrüstung und Mannschaftsstärke ist für einen neuen Einsatz nicht groß genug. Vor allem fehlen Luftabwehrwaffen, die allein bei der Luftüberlegenheit des Gegners einen Vormarsch der Division gewährleisten. Das Panzerregiment ist, ebenso wie die Pz.Jäg.Lehr-Abt. und das Artillerieregiment, unvollständig aufgefüllt."

Es war keine sechs Wochen später, als Fritz Bayerlein während der Ardennen-Offensive seinen „Lieblingssender", den Soldatensender Calais, aus seinem Bericht vortragen hörte. Und zwar zitierte der Sender w o r t w ö r t l i c h die einzelnen Absätze seines G e h e i m b e r i c h t e s , der in nur drei Exemplaren erstellt worden war.

Daß s e i n Exemplar nicht als Grundlage gedient hatte, wußte der General. Welches der beiden anderen Exemplare dieses Geheimberichtes war es nun gewesen? Und von welcher Stelle wurde dieser Verrat betrieben; oder war Verrat anderer Stellen möglich?

Wie, wenn alle anderen Befehle und Angriffsvorbereitungen e b e n s o in die Hand des Gegners fielen? Wie, wenn deutsche Soldaten solcherart in Hinterhalte und vorbereitete Gegenangriffe gerieten und vernichtet würden?

Am Abend des 18. November war die P.L.D. im Aufmarschraum versammelt. Aus dem Raum des Hunsrück hatten diese Bewegungen — die in drei Tagen abgeschlossen sein sollten —, zehn volle Tage gedauert. Da der Gefechts-SPW des Generals beschädigt worden war, mußte General Bayerlein im Kübelwagen fahren. Erst am 22. November kam sein Gefechtswagen im Einsatzraum an, und am gleichen Tage befahl General Bayerlein, daß die Division in den Raum Saargemünd aufbrechen solle, um an den Angriffs- und Abwehrkämpfen im Raume Saarluckenheim teilzunehmen. Noch in der Dunkelheit des 22. 11. sammelte sich die Division und setzte sich in Marsch.

Zwar war sie wieder nur ungenügend mit Treibstoff versorgt, doch in dem Raum, in den die Division marschierte, lagen viele Treibstoffdepots, aus denen sie sich versorgen konnte.

Bevor es hell wurde, waren schon alliierte Flugzeuge über den Marschkolonnen der P.L.D. Bomben regneten vom Himmel und zerschlugen die Marschspitzen. General Bayerlein schätzte die alliierte Bomberstreitmacht auf über 200 zweimotorige Bomber. Die Straßenkreuzungen im Aufmarschraum der Division wurden angegriffen. Doch es entstand kein großer Schaden; außer, daß es für General Bayerlein feststand, daß der Abmarsch und die Marschrichtung der P.L.D. — woher auch immer — dem Gegner bekanntgeworden waren.

Er ließ die Division des Nachts und mit hoher Geschwindigkeit marschieren. Die Divisionsangehörigen waren noch vom Marsch aus dem alten Raum erschöpft. So oft und so viel war noch nie auf General Bayerlein geflucht worden wie in diesen Nächten des 22., 23. und 24. November. General Bayerlein war sich bewußt, was er von seinen Männern forderte. Andererseits wußte er aber auch, daß diese hohe Marschgeschwindigkeit und das Marschieren bei Nacht Hunderten seiner Männer das Leben rettete. Und allein dieser Gesichtspunkt hatte Gewicht.

Während der Auffrischung und Neuaufstellung der P.L.D. in Deutschland waren die Alliierten bis an die Grenzen des Reiches vorgestoßen. Doch der Rhein, das erstrebte Ziel der alliierten Anstrengungen, war noch nicht erreicht. Die größten Luftlandungen alliierter Truppen bei Arnheim, Njimwegen und Eindhoven, die am 17. September 1944 unter dem Stichwort „Operation Market Garden" begannen, waren nach zehn Tage dauernden, wechselvollen Kämpfen zu Gunsten der Deutschen beendet worden.

Montgomerys Vorhaben, bei Arnheim den Niederrhein zu überschreiten und damit die letzte große Wasserbarriere, den Rhein, zu bezwingen, war damit gescheitert. Das OKW meldete nach diesem großen Gegenschlag, daß allein bei dieser Operation 6 450 Gefangene gemacht worden seien. 3 300 britische Fallschirmjäger der 1. brit. Luftlande-Division und der 82. und 101. amerikanischen Luftlande-Division waren gefangengenommen worden.

Am 18. Oktober 1944 hatten General Bradley und Feldmarschall Montgomery in Brüssel eine Besprechung. Als Ergebnis kam die einhellige Auffassung heraus, daß größte Anstrengungen gemacht werden müßten, den Rhein noch vor Einsetzen des Winters zu erreichen und einen starken Brückenkopf zu gewinnen. Ein gemeinsamer Plan, der während dieser Konferenz erarbeitet wurde, sah vor, daß der Stoß zum Rhein von der 1. und 9. US-Armee über Aachen geführt werden sollte.

Nach Überschreiten der Roer sollte die 1. US-Armee nach Osten, mit Stoßrichtung auf Bonn und Köln, eindrehen, während die 9. US-Armee nach Norden auf Krefeld vorgehen sollte. Zur Unterstützung dieser Operationen sollte die britische 2. Armee gegen den 10. 11. aus dem

Raume Njimwegen zum Angriff gegen den Reichswald antreten, die deutschen Verteidigungslinien dort durchstoßen und zwischen Maas und Rhein nach Süden vorgehen.
Auf diese Weise hofften die Alliierten, auf einer 160 km langen Strecke, von Arnheim bis Bonn, den Rhein zu erreichen. Daraufhin sollte die 1. US-Armee südlich Köln den Strom überschreiten, während die 9. US-Armee nördlich Düsseldorf über den Rhein gehen sollte. Durch eine doppelte Umfassungsbewegung sollte solcherart das Ruhrgebiet erobert werden, das von Eisenhower sowohl als auch von Montgomery als wichtigstes Ziel der Alliierten bezeichnet wurde.
General Patton, der die Führung der 3. US-Armee übernommen hatte, sollte seinen Angriff wieder aufnehmen, sobald seine Nachschubverhältnisse es gestatteten. Und zwar in einer Unterstützungs-Operation, die dem Hauptunternehmen im Norden am besten diente.
Während für die 1. und 9. US-Armee der Angriffsbeginn auf den 5. November festgesetzt wurde, erhielt die 3. US-Armee unter General Patton Weisung, fünf Tage später zum Angriff anzutreten. General Patton selbst vertrat gegenüber Omar Bradley die Ansicht, daß er in drei Tagen zur Saar vorstoßen und den Westwall leicht durchbrechen könne. Die Kampfstärke seiner 3. Armee war auf sechs Infanterie- und drei Pz.-Divisionen nebst zwei motorisierten Brigaden angewachsen. Alles in allem 250 000 Mann.
Die deutsche 1. Armee, die Generaloberst Balck, der Oberbefehlshaber der Heeresgruppe G, Pattons Einheiten entgegenstellen konnte, umfaßte noch 86 000 Mann. Und während die deutschen sieben Divisionen auf einer Frontlänge von 108 km auseinandergezogen verteidigten und eine achte (die 11. P.D. mit 69 einsatzbereiten Panzern) als Reserve bereitstand, konnte General Patton, der „amerikanische Guderian", infolge der alliierten Luftüberlegenheit und der großen Beweglichkeit seiner Kräfte an jedem beliebigen Punkt der Front starke Kräfte sammeln.
An Mannschaftsstärken im Verhältnis 3 zu 1 und an Panzern im Verhältnis 8 zu 1 überlegen, hatte Pattons Artillerie dazu noch dreifache Feuerkraft. Seiner Armee standen für vorbereitende Luftbombardements 1 300 Fortress — Fliegende Festungen und Liberators — zur Verfügung.

Mit allen diesen Kräften hatte General Patton guten Grund, optimistisch zu sein. Sein Operationsplan sah vor, daß das XII. Korps (unter Generalmajor Eddy) aus dem Raume nordwestlich zur Saar den Hauptstoß führen sollte. Einen Tag später sollte das XX. Korps (Generalmajor Walker) zur Einschließung von Metz antreten, die Stadt in Besitz nehmen und somit dem linken Flügel der 3. Armee den Weg zum Westwall nördlich der Saar freimachen.

General Patton wollte die Offensive am 8. November anlaufen lassen. Als nach tagelangen Regenfällen am 7. November alle Flüsse vor seiner

Front über die Ufer traten, drang Generalmajor Eddy in den O.B., den Angriff zu verschieben. Pattons Antwort war für ihn charakteristisch:

„Schlagen Sie mit Ihren Nachfolger vor, wenn Sie den Angriff nicht starten wollen!"

Am nächsten Morgen griff Generalmajor Eddy an. Während die drei Infanterie-Divisionen des Korps, wenn auch langsam, vorwärtskamen, blieben die zwei Panzer-Divisionen im Schlamm stecken. Das Korps blieb liegen.

Wohl gab die dünne deutsche Front gegenüber den Angriffen an einzelnen Stellen nach, aber sie brach nicht auseinander. Erst am 18. November gelang es Patton, den Ring um Metz zu schließen und den Angriff gegen die Saar fortzusetzen.

Am 22. November erzwang das XV. US-Korps (Generalleutnant Haislips) den Zugang zur Zaberner Senke und stieß, fast ohne Widerstand zu finden, mit der franz. 2. P.D. an der Spitze bis Straßburg vor. Dieser Durchbruch spaltete die deutsche Front zwischen der 1. und 19. Armee. Als einzige schnelle Reserve-Division stand die P.L.D. in der Nähe zur Verfügung. Sie wurde am 22. November zu einem Gegenstoß in die Zaberner Senke angesetzt, ohne jedoch den weit überlegenen und schon durchgebrochenen Gegner aufhalten oder gar abschneiden zu können.

Am Abend des 22. November erreichte die P.L.D. den Raum um Sarreguemines, und hier erhielt General Bayerlein ein Telegramm der Heeresgruppe mit dem bombastischen Inhalt:

„Die P.L.D. stößt zum Gegenstoß in den Feind. — Das Schicksal des gesamten Elsaß hängt von Ihnen ab. Vorwärts! — Angriffsbeginn für Ihre Division ist das Morgengrauen des 29. November."

Aber General Bayerlein wußte, was seiner Division blühte, wenn er in den von den amerikanischen Streitkräften im Elsaß gebildeten Sack hineinrollte. Er sagte darüber:

„Die Amerikaner hätten mich für verrückt gehalten, wenn ich in diesen offenen Sack hineingerollt wäre. Aber Befehl war Befehl. Ich hatte mich daran zu halten. Doch wenn ich vorher Rauwiler und Schalbach nahm, dann hatte ich eine Chance."

Um 16.00 Uhr des 24. November setzte sich die P.L.D. in Bewegung, und am Morgen des 25. 11. wurde Rauwiler erreicht. Die von der Anwesenheit einer deutschen P.D. völlig überraschten Amerikaner wurden in schnellem Zupacken geworfen. Wieder einmal rollte der Angriff. Die Panzerjäger stießen tief in die Flanke des Gegners vor und erreichten Bärendorf.

In Rauwiler wurde ein ganzes amerikanisches Inf.Btl. gefangengenommen. Hier zeichnete sich das Pz.Pi.Lehr-Btl. 130 besonders aus. Ein überraschender amerikanischer Gegenstoß auf Bärendorf jedoch traf die Pak der Division, die nach erbittertem Kampf in die Hand des Gegners fiel.

Am 26. November fuhr dann das Pz.Rgt. 130 mit aufgesessener Infanterie der Regimenter 901 und 902 einen Angriff auf Schalbach. Dieser Angriff blieb liegen, weil der Gegner sich dort mit starken Panzerkräften festgesetzt hatte. Diesmal bezahlten auch deutsche Panzer den Angriff auf Schalbach mit der Vernichtung.

Major Kuhnow, der nach dem Tode von Major Welsch bei dem Großangriff im Raume Canisy das Pz.Gren.Lehr-Rgt. 902 übernommen hatte, war weit vorn an der Spitze der Stabskompanie, als diese von starken amerikanischen Panzer- und Infanterieverbänden angegriffen wurde. Noch einmal sah ihn die Bedienung einer Selbstfahr-Lafette des Pakzuges. Von dem Zeitpunkt an gilt Major Kuhnow als vermißt. Erst nach dem Kriege klärte sich das Schicksal des Regimentsführers auf. Er war in Gefangenschaft geraten.

Oberstleutnant Joachim Ritter von Poschinger übernahm das Regiment als neuer Kommandeur.

Der Gegner jedoch stürmte am Morgen des 27. 11. weiter vor. Die P.L.D. war zu schwach, um ihn wirklich halten zu können. Ihr gelangen nur Nadelstiche, und als am Mittag des 27. 11. die dichte Wolkendecke aufbrach und wieder günstiges Flugwetter herrschte, begannen die Kampfbomber erneut über die P.L.D. herzufallen.

General Bayerlein befand sich gerade beim Rgts.Gef.Stand des Rgts. 902 in Wolsthof, als ein Bomberpulk den Gefechtsstand anflog und seine Bomben warf. Es entstanden starke Ausfälle. Das Art.Rgt., das in den Wäldern nördlich von Eywiler lag, wurde ebenfalls erkannt und angegriffen. Es erlitt starke Ausfälle. Schritt um Schritt mußte die P.L.D. zurückgehen. Durch Mackwiler und Domfessel ging es bei wechselndem Flugwetter, und die Bombardierungen ließen etwas nach.

Am 30. November befahl Generalfeldmarschall von Rundstedt, daß die P.L.D. aus dem Kampfraum in die Reserve zurückgezogen wurde.

Der Feldmarschall, der im Sommer 1944 wegen Meinungsverschiedenheiten mit Hitler als O.B.-West abgelöst worden war, war nach dem Freitode des Feldmarschalls von Kluge am 18. August 1944 wieder als O.B.-West eingesetzt worden. Er wollte die P.L.D. für eine neue große Offensive auffrischen lassen.

Er ließ die P.L.D. in den Raum Eifel zurückrollen und dort sammeln. Wieder mußte General Bayerlein alle Panzer zurücklassen, die unter den Befehl der 11. P.D. traten. In ständige Verteidigungskämpfe verwickelt, erreichte die P.L.D. am 6. Dezember Lauterecken. Hier wurde die Division von einem starken Luftangriff zweimotoriger Bomber und Jabos getroffen. Zwei lange Transportkolonnen standen entlang der Bahnlinie

Lauterecken und erlitten schwere Schäden. Der Bahnhof wurde ebenfalls von Bomben umgepflügt.
Doch es gelang, die Division bis nach Kochem (Mosel) zur Ruhe und Auffrischung zurückzuführen. Noch immer wußte General Bayerlein nicht, daß die „Ardennen-Offensive", in deren Plan Hitler schon Ende Oktober die Feldmarschälle von Rundstedt und Model eingeweiht hatte, unmittelbar bevorstand.

Schon in der ersten Dezemberwoche hatte die deutsche Führung 28 Divisionen für diese Ardennen-Offensive versammelt.

In seiner Einweisung an die Oberbefehlshaber West, der Heeresgruppe B und der 5. Pz.-Armee, am 3. November 1944 im H.Qu. des Feldmarschalls Model, trug Generaloberst Jodl im Auftrage Hitlers vor, daß der nunmehr befohlene Angriff d o r t angesetzt worden sei, wo mit den zur Verfügung zu stellenden Kräften mit Sicherheit ein Durchbruch erzielt werden könne.

„Für den Durchbruch halte die Oberste Führung aufgrund der schwachen Feindbesetzung den Abschnitt Monschau (Eifel) — Echternach am besten geeignet. Der Verschleiß der gegnerischen Kräfte in den bisherigen Angriffsschlachten sei bedeutend; er habe seine Reserven im wesentlichen frontnah gebunden, und seine Versorgungslage sei angespannt. Infolge der dünnen Besetzung der Front und der Tatsache, daß der Gegner einen deutschen Angriff, wenn überhaupt, in diesem Gelände nicht erwarten würde, könne, bei voller Wahrung der Überraschung und bei einer für die gegnerischen Luftstreitkräfte ungünstigen Wetterlage durchgeführt, am ehesten mit einem schnellen Durchbruch der eigenen Kräfte gerechnet werden.
Damit sei dann die Bewegungsfreiheit für Panzerverbände erzwungen, die in schnellem Vorstoß Brückenköpfe über die Maas zwischen Lüttich und Namur gewinnen sollten, um im weiteren, unaufhaltsamen Vorgehen nach Westen, ostwärts Brüssel vorbei, Antwerpen zu erreichen.

Es sei anzunehmen, daß der Angriff der Panzerverbände nach Überwindung der Maas die rückwärtigen Verbindungen der 1. US-Armee abschneiden würde, die mutmaßlich im Maastal verliefen. Sobald der Raum Brüssel — Antwerpen erreicht sei, würde auch die 21. brit. Heeresgruppe in ihren rückwärtigen Verbindungen entscheidend bedroht und, falls Antwerpen genommen, gleichfalls abgeschnitten werden.

Noch habe der Gegner diesen leistungsfähigen und für ihn unentbehrlichen Hafen nicht voll ausnutzen können. Bald werde er aber so weit sein, dann werde er uns mit der Masse der in Antwerpen ausgelandeten Truppen und Nachschubgüter aller Art erdrücken. Wäre deutscherseits dieses Ziel erreicht, seien die Voraussetzungen gegeben, um den Kampf gegen die von ihrer Versorgung abgeschnittenen Kräfte der 1. US-Armee und gegen die 21. britische Heeresgruppe von allen Seiten aufzunehmen. Damit würden 20 bis 30 Divisionen zerschlagen, und der gelungene Angriff müsse außerdem zur Erbeutung bzw. zur Vernichtung riesiger Materialmengen aller Art führen, die allgemein und insbesondere für die Mitte Dezember zu erwartende Offensive der Alliierten, durch den Westwall zum Rhein, in dem abgeschnittenen Raum aufgestapelt seien.

Der Durchbruch der gesamten Angriffsfront sollte durch die Stellungsdivisionen erfolgen. Das Angriffsverfahren mußte gewährleisten, daß der Einbruch in die gegnerischen Stellungen schnell erfolgte, damit die Panzertruppen selbst frühzeitig angesetzt werden konnten. Sie sollten, die Schockwirkung beim Gegner ausnutzend, unverzüglich nach Westen antreten.

Bei den Panzerdivisionen komme es darauf an, daß sie sich beim Vorstoß auf die Maas nicht aufhalten ließen. Sie hätten stark verteidigte Ortschaften und Stellungen, die nicht gleich zum Einsturz gebracht werden könnten, zu umgehen und dürften sich auch durch offene Flanken nicht aufhalten lassen — ein Verfahren, das wir im Ostfeldzuge 1941 mit großem Erfolg angewendet hätten. Bastogne wäre jedoch auf ausdrücklichen Befehl Hitlers zu nehmen. Bei der Einweisung an die versammelten drei Oberbefehlshaber durch Jodl wurde der 25. November als Angriffszeitpunkt genannt. Keine Zweifel ließ Jodl von vornherein darüber, daß Hitler an dem weitgesteckten Ziel der befohlenen Gliederung und dem Ansatz der Kräfte festzuhalten gewillt sei." *)

In Cochem erhielt die P.L.D. auf ihrer kurzen Rast 25 neue Panzer der Typen Panther und Tiger, eine Artillerie-Abteilung, Verstärkungen für die Flak-Abt. und insgesamt 2 000 Mann Panzergrenadiere als Ersatz.

Was der Division jedoch besonders fehlte, waren Transportmittel und hier insbesondere die 18-to-Zugmaschinen zum Abschleppen der beschädigten Panzer. Diese Zugmaschinen waren bisher in einer Maschinenfabrik bei Breslau hergestellt worden. Die Sowjets hatten dieses Werk jedoch völlig zerbombt.

General Bayerlein, der persönlich die Neuausrüstung der Division mit allem Nachdruck vorwärtstrieb, machte immer wieder auf die durch die rollenden Luftangriffe zerbombten und ausgebrannt liegengebliebenen Tanklaster aufmerksam. Sie waren die schwerwiegendsten Verluste. Am 10. Dezember wurde General Bayerlein in das HQu. des XXXXVII. Pz.Korps nach Kyllburg gerufen. Man wollte dort mit ihm die Möglichkeiten des Angriffes auf Meuse besprechen. Nach kurzer Einleitung

*) Anführungstext mit freundlicher Genehmigung des seinerzeitigen OB der 5. Pz.Armee, General der Panzertruppe Hasso von Manteuffel, aus seinem Werk „Die Schlacht in den Ardennen 1944 — 1945".

wurde er dann speziell darüber befragt, ob er mit seiner Division im Stande sei, Bastogne zu erobern.

General Bayerlein bejahte diese Möglichkeit und stellte dazu fest, daß allerdings n u r ein Überraschungsangriff Erfolg haben könne, und daß dieser Überraschungsangriff gut vorbereitet und durchdacht sein müsse. Man machte ihm den Vorwurf, daß er nicht aggressiv genug sei.

General Bayerlein glaubte heraushören zu können, daß man im allgemeinen der Ansicht war, die Eroberung von Bastogne sei ein besserer Spaziergang. Aber noch immer wurde General Bayerlein nicht in den Gesamtoffensivplan eingeweiht.

General Bayerlein fuhr noch am gleichen Tage zu seiner Division zurück und betrieb mit Nachdruck die Spritbeschaffung. Alles, was er an Brennstoff bekommen konnte, ließ der General vorsorglich in dem großen Eisenbahntunnel westlich von Cochem unterbringen.

Die Bahnlinie Koblenz — Cochem wurde von durchrollenden Transporten dicht befahren. Das schlechte Wetter ließ nur wenige alliierte Luftangriffe zu, und so kam der größte Teil der Transporte heil durch.

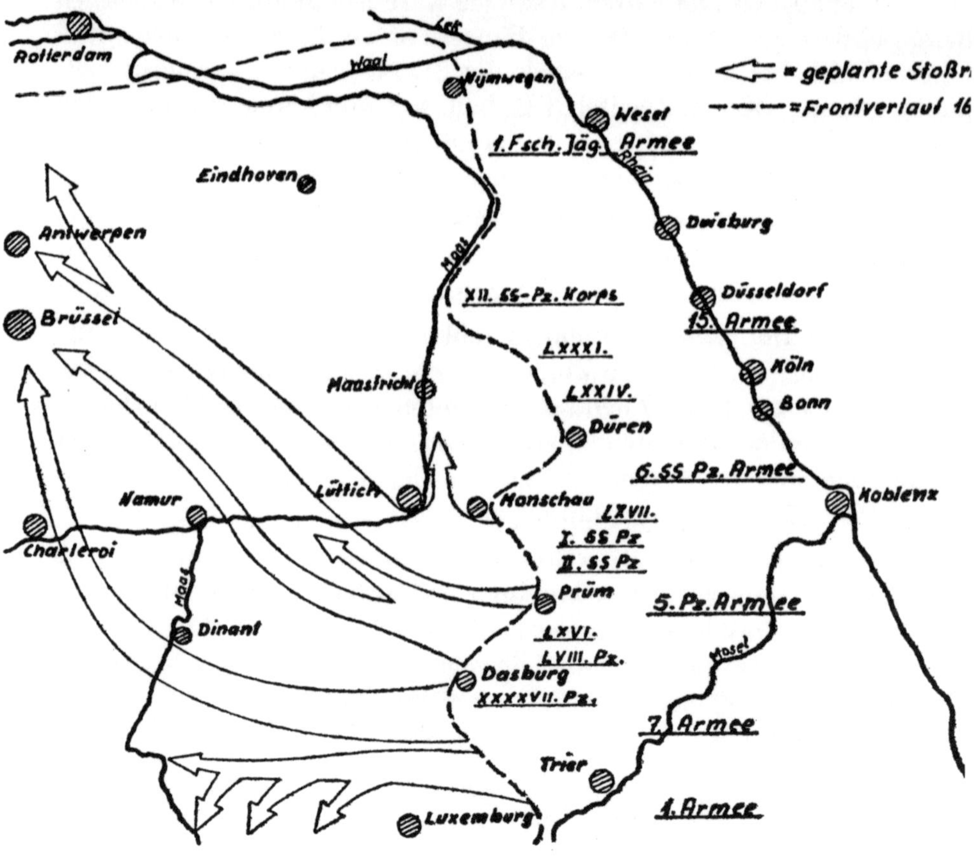

12

DEN SIEG VERLOREN

Die Schlacht in den Ardennen

Winterkämpfe um Bastogne

Vorstoß bis Rochefort

Rückzug

Am Mittag des 12. Dezember traf eine Nachricht des Oberbefehlshabers West im Divisionsgefechtsstand der P.L.D. ein, in der befohlen wurde, daß General Bayerlein um 16.00 Uhr des gleichen Tages ohne Fahrzeug und ohne Begleitoffizier in das HQu. des O.B.-West zu kommen habe. General Bayerlein ließ sich sofort nach Ziegenberg fahren, wo das HQu. in einer mittelalterlichen Burg untergezogen war.

Hier fand er alle Divisions-, Korps- und Armeeführer versammelt. Sie aßen zusammen zu Mittag, und dann wurde ihnen befohlen, mitzukommen, um ihre speziellen Aufträge und Befehle in Empfang zu nehmen. Es wurde ihnen ferner befohlen, ihre Pistolen und Aktentaschen in einem Garderobenraum zu deponieren und zu einem bereits vor dem Lagezimmer wartenden großen Autobus zu gehen.

Ein Blick auf seine Uhr zeigte Fritz Bayerlein, daß es gegen 17.00 Uhr war. Es war schon dunkel geworden. Die Wolken hingen tief, und es regnete. Nach einer halbstündigen Fahrt, von der General Bayerlein den Eindruck hatte, daß sie im Kreise herumging (ein Eindruck, der sich auch hinterher bestätigte), hielt der Bus vor dem ebenfalls hierher verlegten Führer-Hauptquartier.

Als die Generale den Autobus verließen, mußten sie durch eine Doppelreihe grimmig aussehender SS-Männer gehen und erreichten einen langen Gang, der unterirdisch in einen tief angelegten Bunker führte.

In dem Hauptraum des Bunkers sahen sich die Generale ebenfalls wieder SS-Männern gegenüber. Sie mußten sich diesen Beobachtern gegenüber an einen großen rechteckigen Tisch setzen. Ihre Stühle standen in gut einem Meter Abstand zueinander. Die Stirnseite des Tisches blieb frei.

Aus einer Tür im Hintergrund trat wenig später Hitler heraus. Er wurde von Generaloberst Jodl und Feldmarschall Keitel begleitet. Zwei weitere Offiziere mit Unterlagenmappen folgten.

Mit einem Blick erkannte General Bayerlein, daß Hitler alt und gebrochen aussah. Sie setzten sich an das Kopfende des Tisches. Hitlers Hände zitterten, als er das vorbereitete Manuskript seiner Rede hielt und davon ablas. Er setzte sich vorher eine Brille auf, mit der General Bayerlein ihn noch niemals vorher gesehen hatte.

Hitlers Rede begann mit einer ausführlichen Geschichte der Partei und der Wohltaten, die diese Partei Deutschland erwiesen habe. Jeder der Generale hatte diese Präluminarien schon oft genug gehört. Aber niemand von ihnen zeigte Unruhe. Steif aufgerichtet saßen sie alle auf ihren Stühlen. General Bayerlein gibt die Atmosphäre in wenigen skizzierenden Worten so wieder:

„Die SS-Beobachter kontrollierten buchstäblich j e d e Bewegung eines jeden einzelnen. Man durfte nicht wagen, in die Tasche zu greifen und ein Taschentuch hervorzuziehen, wenn man nicht Gefahr laufen wollte, als Meuchler angesehen und erschossen zu werden." (Diesen Eindruck hatten dagegen andere Divisionskommandeure nicht, die sich völlig ungezwungen fühlten.)

Nach gut einer Stunde kam Hitler auf den Zweck der Versammlung zu sprechen. General Bayerlein hatte richtig vorausgesehen. Es ging um eine große Offensive: die „Schlacht in den Ardennen".

Hitler führte aus, daß er alles zusammengeholt habe, was diesem Großangriff den Erfolg sichern mußte. Für den Fall, daß dieser Angriff erfolglos bleiben sollte, sei Deutschland verloren.

General der Panzertruppe Hasso von Manteuffel sollte mit der 5. Pz.-Armee Antwerpen nehmen. General der Waffen-SS Dietrich mit der 6. SS-Pz.-Armee Lüttich, und damit würde erreicht werden, daß die 21. brit. Armee-Gruppe eingekreist sein würde. Die politischen Folgen dieses deutschen Sieges würden sein, daß Kanada sich aus dem Kriege zurückziehen würde. Die USA würden nach dem Verlust einer ganzen Armeegruppe ebenfalls entmutigt sein und seien damit nur noch ein untergeordneter Faktor. Und als Knalleffekt fügte Hitler zum Schluß hinzu, daß die alliierte Luftwaffe durch einen Überraschungsangriff von 3 000 deutschen Jägern vom Himmel heruntergeholt werden würde.

Nach zwei Stunden Redezeit zog sich Hitler zurück. Die Generale blieben noch zu einer Gesellschaft zusammen, auf der der 70. Geburtstag von Feldmarschall von Rundstedt gefeiert werden sollte. Feldmarschall Model hielt die Glückwunschansprache.

General Bayerlein zog sich so früh wie es eben anging zurück. Er wollte zu seiner Einheit zurückfahren und unterwegs noch eine Stunde bei seiner Familie in Würzburg haltmachen. Er sagte dazu:

„Ich vermutete, daß dies wahrscheinlich mein letztes Zusammentreffen mit den Meinigen sein mußte."

Am 13. Dezember war General Bayerlein wieder bei seiner Division und bereitete alles für diesen „Wahnsinnsangriff" vor. Noch am gleichen Tage trafen einige neue Panzer und auch Brennstoff ein. Aber obgleich der P.L.D. Brennstoff für einen 500-km-Marsch in Aussicht gestellt worden war und sie diese Menge auch dringend benötigte, wurde nur eine Menge für 200 km angeliefert. Und diese Menge würde für die Wegeverhältnisse in der Eifel und in den Ardennen wahrscheinlich nur für 100 km reichen. Ein ganzer Eisenbahnzug mit Treibstoffwagen war durch Luftangriffe vernichtet worden.

In Nachtmärschen stieß die P.L.D. bis in den Raum Kyllburg vor. Die letzten Einheiten des Rgts. 901 (ohne die 9. Kp., deren 4 Selbstfahrlafetten noch in Hellertshausen festlagen) trafen in der Nacht zum 16. Dezember im Raume Kyllburg ein.

General Bayerlein hatte die Panzer im Bahntransport zur Front geschickt. Bei Bensborn und Birresborn wurden sie umgeladen. Auch diese Transportzüge waren durch zweimotorige Bomber angegriffen worden, doch es hatte wenig Verluste gegeben.

Am Morgen des 16. Dezember 1944 — einem Samstag — erhielt General Eisenhower einen Brief von Feldmarschall Montgomery, der ihn daran erinnerte, daß er — Eisenhower — vor einem Jahr gewettet hatte, der Krieg werde Weihnachten 1944 zu Ende sein. Eisenhower antwortete, er werde am Weihnachtstage zahlen, nicht eher. Denn „schließlich bleiben mir noch neun Tage".

Doch in diesen neun Tagen sollte der Sieg der Alliierten, der schon greifbar vor ihren Augen stand, einer Lage weichen, die Anlaß zu größter Besorgnis bot.

In den Ardennen bereitete sich die „Wacht am Rhein" vor. Nicht weniger als zwanzig deutsche Divisionen standen hier voll aufgefüllt bereit. 250 000 Soldaten standen entlang der 140 Kilometer langen „Geisterfront" bereit. Kurz vor Mitternacht vom 15. zum 16. Dezember verlas auch der Ia der P.L.D. den angetretenen Soldaten den Angriffsbefehl von Feldmarschall von Rundstedt:

> „Soldaten der Westfront!
> Eure große Stunde ist gekommen. Starke Angriffsarmeen sind gegen die Angloamerikaner im Vormarsch. Mehr brauche ich euch

nicht zu sagen. Ihr wißt selbst, was das bedeutet. Wir setzen alles auf eine Karte! Ihr habt die heilige Verpflichtung, Euer Bestes zu geben und für Führer und Vaterland Übermenschliches zu leisten."

Mitternacht war vorüber. Der 16. Dezember 1944 brach an. Noch herrschte geisterhafte Ruhe.

Wenige Stunden später, um 5.30 Uhr, spie die Geisterfront in den Ardennen, an der die Divisionen unbemerkt vom Gegner aufmarschiert waren, Feuer.

Auf einer Breite von 140 km brüllten Nebelwerfer, plopptenGranatwerfer, zischten Raketen feindwärts. Flakbatterien feuerten. Die Erde zitterte unter den Einschlägen unzähliger Granaten. Aus dem Hinterland feuerten 28- und 38-cm-Eisenbahngeschütze.

Eine Stunde lang trommelten alle deutschen Waffen mit einem nicht mehr für möglich gehaltenen Feuer auf die Feindstellungen. Dann schwieg das Feuer.

Sekunden später zerrissen die Lichtbahnen riesiger Scheinwerfer die Dunkelheit des Dezembermorgens. Die neue deutsche Waffe „Künstliches Mondlicht" trat in Aktion. Gleichzeitig lösten sich überall die in Schneehemden gekleideten Grenadiere aus ihren Stellungen.

Hunderte von Motoren der Panzer, Schützenpanzer, der Selbstfahrlafetten, der Panzerjäger und Mannschaftswagen röhrten; der deutsche Angriff rollte. Die Panzer der 5. Pz.-Armee unter General von Manteuffel rollten über die Brücke von Dasberg in Richtung auf Clervaux. Der kleine drahtige General, einer der jüngsten und befähigtsten deutschen Panzergenerale, regelte selbst den Verkehr über diese Brücke, die hier die Our überspannte.

Die Pioniere der P.L.D. unter Hauptmann Kunze hatten in der Nacht zum 16. Dezember Brücken bei Gemünd, Dasberg und Vianden über die Our geschlagen. Elf Kilometer südlich von General von Manteuffel gingen die Einheiten der P.L.D. am Morgen des 17. Dezember über die Our. Am Vortage war es unmöglich gewesen, den Fluß zu überqueren. Vor Ungeduld kochend, hatte sich die P.L.D. in langen Kolonnen auf der Straße ostwärts der Our gestaut. Die Straße war völlig von pferdebespannten Fahrzeugen verstopft. Auf den Böcken dieser Fahrzeuge saßen Hiwis, die kein Wort Deutsch verstanden.

Dann aber rollte die P.L.D. doch noch über die Our. Sie hatte Befehl, auf Bastogne vorzustoßen und diese Stadt zu nehmen.

General Bayerlein hatte seinen Männern nur einige wenige Worte gesagt. Doch diese Worte hafteten jedem einzelnen im Gedächtnis:

„Unser Ziel ist die Maas! Dies ist die entscheidende Schlacht des Krieges, und ich erwarte von jedem Opfermut und Einsatz."

Dann war der General zur Vorhut vorgerollt und hatte sich an die Spitze seiner Division gesetzt. Als der Stab ihn zurückhalten wollte, sagte er nur den einen Satz:
„Es ist unwichtig, ob ich falle oder nicht."
Die Panzer-Lehr-Division war erfüllt von Opfermut und rücksichtslosem Siegeswillen. Sie wollte diesen Angriff durchstehen und ihn als Sieger beenden. Diesmal waren keine Flugzeuge in der Luft, die schon ihren Aufmarsch zerschlugen. Gewiß, sie war ausrüstungsmäßig nicht mehr die alte P.L.D. der ersten Invasionstage, aber sie war vom gleichen Geiste beseelt.
Ohne nennenswerten Widerstand zu finden, durchstieß die P.L.D. Draufeld am 17. Dezember. Am 18. 12. wurde gegen 14.00 Uhr Eschweiler erreicht, und um 19.00 Uhr stand die Spitze der P.L.D. im Gebiet von Ober- und Nieder-Wampach.
Mit der P.L.D. waren die anderen Divisionen des XXXXVII. Pz.Korps (General Frhr. von Lüttwitz) auf einer Breite von 20 km vorgestoßen. Die 116. P.D. des Korps stieß am 18. 12. auf Houffalize, während neben der P.L.D. noch die 2. P.D. und die 26. Volks-Gren.-Div. direkt auf Bastogne stießen.
Die P.L.D. stand genau nordöstlich von Wiltz, als sie einen Funkspruch des Korps-Kommandeurs, General von Lüttwitz, erhielt, die Stadt Wiltz und Wilerwiltz zu nehmen und dann weiter auf Bastogne zu marschieren.
Lassen wir auch hier einen Augenzeugen dieses Angriffes auf Wiltz berichten. Es ist Unteroffizier Eduard Job, Richtschütze eines Jagdpanthers der 3./Pz.Jäg.Lehrabteilung 130, die von Oberleutnant Wagner geführt wurde. Kommandant des Jagdpanthers war Oberfeldwebel Erich Stolz, ein alter Hase.
„Wir erhielten Befehl, mit fünf Panzerjägern zu der Kolonne zu stoßen, die unter dem Befehl des Kommandeurs Wiltz nehmen sollte. Ein Bataillon des Regiments 901, unsere Pioniere und Teile der II./Pz.Lehr.Abt. 130, unter Hauptmann Ritgen, rollten mit einiger Artillerie nach Südwesten. An der Spitze der Kampfgruppe fuhr der Kommandeur in einem gepanzerten Halbketten-Befehlswagen.
Wir erreichten die Stadt am späten Nachmittag. Aus der Ortschaft dröhnten uns die Abschüsse der Feindpak entgegen. Vor uns tauchte eine Panzersperre auf.
‚Jagdpanther umgehen die Sperre und rollen auf Südeingang von Wiltz vor.'
Der Befehl unseres Zugführers, Leutnant Schönrath, der im vordersten Panzerjäger als Kommandant saß, ließ unseren Kommandanten sofort handeln.
‚Ommes, rechts einschlagen.'

Der Fahrer, Ömmes Krenstedt, schlug ein. Wir rumpelten an der Sperre vorbei und Ömmes legte noch einen Zahn zu, weil wir beschossen wurden. Kleinkalibrige Granaten klackerten gegen die Seitenschürzen. Der Turm klingelte wie eine Glocke. Dann hatten wir einen bergenden Hohlweg erreicht. Unsere vier Kampfwagen rollten hindurch, und am Ende des Hohlweges, der in ein Wäldchen hineinführte, drehten wir wieder auf den Ortsrand ein.

‚Erstes und drittes Geschütz: 10.00 Uhr. Zweites und viertes: 14.00 Uhr.' Die Türme der Panzerjäger drehten sich in die angegebene Richtung. Hart ruckte unser Wagen, als Ömmes durch einen Graben rollte. Vor uns peitschten ein paar Feuerstrahlen aus einer niedrigen Hecke.

‚Fünfhundert. Zwölf Uhr — Pak!'

‚Ziel erkannt!' meldete ich, als ich den zweiten Abschuß der Feind-Pak aufblitzen sah. Ich richtete nach und drückte die Abfeuerung durch. Unser Panther zuckte zurück, wie ein Rennpferd.

‚Treffer!' berichtete Oberfeldwebel Stolz.

‚Vorziehen!' kam die Stimme von Leutnant Schönrath wieder.

Mit einem Ruck zog Ömmes an. Mein Ladeschütze, Jupp Heller, hatte schon die nächste Granate reingeschoben. Als ich den Feuerstrahl einer Bazooka aus einem der ersten Häuser herauszischen sah, drehte ich das Geschütz ein und feuerte. Die Panzergranate hämmerte dicht oberhalb des Kellerfensters in die Wand und durchschlug sie. Sekunden später zischte eine lange Flamme aus dem Fenster heraus, und dann schien auf einmal das Dach Flügel zu bekommen. Steine, Balken und Stahl prasselten auf unseren Panzer herunter.

Wir rollten nun in das Südende des Dorfes hinein. Alle vier Panzerjäger feuerten, was das Zeug hielt. Ein Zaun verschwand unter den Raupenketten unseres Panthers. Dann rumpelten wir gegen die Seitenwand eines Hauses und donnernd kam die ganze Wand auf unseren Turm herunter. Weiter rechts, wo unser vierter Panzerjäger rollte und feuerte, hörten wir auf einmal ein paar dumpfe Schläge.

Oberfeldwebel Stolz ließ sofort eindrehen. Wir sahen eine Gruppe amerikanischer Infanterie, die eben den vierten Panther außer Gefecht gesetzt hatte.

Unser automatisches MG im Turm legte los und ratterte den Platz um den Kameraden-Panzer frei, so daß die Männer ausbooten konnten, ehe der Kasten in Flammen aufging.

Dann rollten wir zu den Kameraden hinüber, die in einem Haus in Dekkung gegangen waren. Sie kamen herausgestürmt und saßen hinten auf. Darauf schwenkten wir auf Befehl des Zugführers nach Norden, von woher Kampflärm dumpf durch unsere Stahlwände schlug. Zwei Widerstandsnester wurden von Leutnant Schönrath zusammengeschossen. Vor unserer Kanone zeigte sich ein amerikanischer Spähwagen, der in rasender Fahrt nach Süden rollte. Der schnelle Schuß traf ihn am Heck, und bevor er hinter den Häusern verschwand, blaffte eine Benzinexplosion in die Höhe und riß den Wagen auseinander."

Vorn an der Panzersperre aber hatte General Bayerlein Hauptmann Ritgen den Befehl gegeben, die Sperre mit drei Panzern zusammenzuschießen.

Die drei Panther rollten vor. Drei Salven ließ die aus Bäumen und Feldsteinen provisorisch errichtete Panzersperre auseinanderbrechen.

„Panzer auseinanderziehen. Durch die Obstgärten nach Wiltz vorrollen, damit unsere Panzerjäger nicht in der Klemme stecken."

General Bayerlein hörte den ersten Kampflärm am Südende der Ortschaft und handelte dementsprechend. Im Panzerschutz gingen die Panzergrenadiere vor. Die Artillerie machte sich zum Feuerschlag auf Wiltz fertig. Der Spähwagen mit dem Divisionskommandeur rollte weiter vor. Als es vor ihm aufblitzte und die Granaten aus der gutgetarnten Paksperre dicht am Befehlswagen vorbeizischten, ließ General Bayerlein nach links einschlagen.

„Panzer im Frontalangriff gegen Paksperre antreten!"

Die Panther der II./130 rollten an. Rot lohten die Mündungsblitze durch die schnell einfallende Dunkelheit. Granaten hämmerten in die Paksperre hinein. Ein Geschütz fiel aus. Dann traf es einen Panther, der mit zerschossener Kette liegenblieb. Die Besatzung bootete aus und ging mit den Panzergrenadieren weiter vor.

Generalleutnant Bayerlein dirigierte, an der Spitze fahrend, den Angriff. So hatte er es schon in Afrika gehalten, und so hatte sein großer Lehrmeister, Feldmarschall Rommel, es ihn gelehrt: daß ein Panzerkommandeur *von vorn* führen mußte, damit jede sich darbietende Chance auch *sofort* ausgenutzt werden konnte.

Die Panther rollten vor, blieben stehen, um zu feuern und ruckten dann abermals an. Sprungweise folgten die Grenadiere. MG sägten durch die Dunkelheit. Amerikaner tauchten auf und ergaben sich. Die Pioniere sprengten die Widerstandsnester. Im geschlossenen Ansturm aller Panzer und im Stoß der Panzerjäger aus Süden wurde Wiltz genommen.

„Herr General, Funkspruch vom Korps!"

Der Nachrichten-Offizier der Divisions-Funkstelle reichte dem Kommandeur den soeben eingegangenen Funkspruch. General Bayerlein las den Befehl:

„P.LD. nimmt Bastogne schnellstmöglich. Bastogne ist Treibstoff-Depot des Gegners. Millionen Gallonen Sprit lagern dort."

„Kampfgruppe fertigmachen! — Folgen!"

Die Kampfgruppe setzte sich wieder in Bewegung und erreichte um 21.55 Uhr Nieder-Wampach. Noch vor dem Gros der Division. Damit stand sie noch 15 km vor Bastogne.

Als schwaches Feindfeuer vor der Spitze der Division durch die Nacht hallte und in die Vorhutkolonnen hineinschlug, ließ General Bayerlein halten.

„Wir haben von hier aus drei Möglichkeiten, Kauffmann", wandte er sich an seinen Ia. „Wir können entweder nach Norden eindrehen und Longvilly über die gute Straße von St. Vith erreichen, oder auf dieser Straße weiterrollen. Drittens aber können wir die Nebenstraße dort vorn direkt nach Magaret benutzen. Von Magaret aus sind es noch genau sechs km bis Bastogne."

„Die letzte Möglichkeit wäre die beste, Herr General. Vorausgesetzt immer, daß die Karte stimmt. Wenn wir wüßten, ob die Straße nach Magaret in Ordnung ist."

Wieder studierte General Bayerlein die Karte. Den ganzen Tag hatte sich die P.L.D. auf den verschlammten Nebenstraßen abgerackert. Und zu allem Überfluß hatte der Teil der Division, der in der südlichen Kolonne nach Westen rollte die Straße noch mit der 26. Volks-Gren.-Div. teilen müssen.

General von Lüttwitz aber erwartete, daß sie Bastogne noch in der Nacht erreichten. Er bestand sogar darauf, denn der Stab des XXXXVII. Korps hatte eine amerikanische Funkmeldung abgefangen, in der es hieß, daß sich die 81. und 101. US-Luftlande-Division aus Frankreich her Bastogne näherten. General Heinrich von Lüttwitz mußte nun alles einsetzen, damit die vorderste seiner Divisionen — die P.L.D. — als e r s t e in Bastogne war. Dann mußte der wichtige Straßen- und Eisenbahnknotenpunkt kampflos in deutsche Hand fallen.

In diesem Augenblick des Überlegens wurde ein Zivilist zum Stabswagen gebracht, den die Vorhut aufgegriffen hatte.

„Was können Sie zur Beschaffenheit der Straße nach Magaret sagen?" ließ General Bayerlein den Mann fragen.

Der Zivilist erklärte, daß sie gut befahrbar sei, und das entschied die Wahl der Straße. Die P.L.D. rollte über die direkt auf Magaret führende Straße, die den Weg verkürzte und offensichtlich nicht verteidigt wurde. Gefolgt von 15 Panzern des Pz.Rgts. und einem Bataillon Infanterie auf SPW rollte General Bayerlein an der Spitze dieser Kampfgruppe gen Magaret. Schon nach 2 km hörte die Straßenpflasterung auf.

„Weiter!" befahl der General.

Dieser Befehl war an sich überflüssig. Die Division hatte k e i n e andere Wahl mehr. Sie konnte nicht mehr umkehren, ohne viel zuviel Zeit zu verlieren. Und so hatte man immer noch die Hoffnung, daß dies schlechte

Straßenstück bald zu Ende sein würde. Doch die Straße wurde immer schlechter. Bald war sie nur noch eine „Wildschweinsuhle". Immer mehr Wagen blieben stecken und mußten zurückgelassen werden. Die Marschgeschwindigkeit der Kolonne sank mehr und mehr, bis nur noch im Schritt gefahren werden konnte. Erst in der Frühe des 19. Dezember, gegen 2.05 Uhr, erreichten die Panzer Magaret.

Der Zivilist an der Straßengabel hatte — bewußt oder unbewußt — Schicksal gespielt. Er hatte Bastogne und darüber hinaus vielleicht sogar mehr gerettet.

Die Panzerspitze der P.L.D. stieß hier in Magaret auf den Gegner. Ein nächtliches Feuergefecht entbrannte. Die durchgekommenen Panzer feuerten auf die schemenhaft sichtbar werdenden Gegner. Im Licht der aufzuckenden Brände jedoch erkannte der Panzerkommandant, daß es sich um eine amerikanische Sanitätskolonne handelte. Er gab seine Wahrnehmung sofort über Funk weiter, und General Bayerlein ließ das Feuer einstellen.

Auch hier in Magaret wurde ein Belgier zum Stabswagen gebracht.

„Haben Sie amerikanische Panzer gesehen?" wurde der Belgier gefragt.

„Vor ein paar Stunden ist eine starke amerikanische Panzereinheit hier durchgerollt."

„In welche Richtung?"

„In Richtung Longvilly."

„Wie viele waren es?"

„Es waren mindestens 50 Panzer und nicht viel weniger gepanzerte Wagen."

Generalleutnant Bayerlein ließ sofort die Straße nach Longvilly untersuchen. Andere Spähwagen wurden nach Süden geschickt. Die Aussage des Belgiers bestätigte sich. Dort waren vor nicht langer Zeit viele Panzer entlanggerollt. Der Gegner stand also irgendwo — wahrscheinlich bei Longvilly — im Rücken der P.L.D.

Es war — wie sich später herausstellte — eine Panzerabteilung unter Captain Cherry mit insgesamt 30 Panzern, der zur Verstärkung der amerikanischen Verteidigungslinie (unter Colonel Gilbreth) in die zerklüfteten Hügelketten von Longvilly gerollt war.

Ein Zug der Pz.Aufkl.-Lehr-Abt. 130 rollte daraufhin zur Aufklärung in Richtung Longvilly. Andere Spähpanzer rollten nach allen Seiten auseinander. General Bayerlein durfte die P.L.D. nicht in einen hier offengehaltenen Kessel hineinrollen lassen. Er mußte aufklären lassen, ehe er den Weitermarsch auf Bastogne fortsetzte.

Noch am Vormittag des 18. Dezember befanden sich in Bastogne keine anderen Kräfte als das amerik. Generalkommando. Versprengte der 28. US-Division, die über die Our nach Bastogne zurückgekommen waren, berichteten dort von der völligen Zerschlagung der Truppen vorn. Die nächste Reserve, die zur Verteidigung von Bastogne in Frage kam, war ein Kampfkommando der 10. US-P.D. Sie wurde sofort nach Bastogne befohlen und traf bei Sonnenuntergang des 18. Dezember in Bastogne ein. Diese Kampfgruppe begann mit der Sperrung der drei von Osten und Nordosten nach Bastogne führenden Straßen. Sie hofften, die deutschen Panzer bis zum Eintreffen der 101. Luftlande-Division (unter Generalmajor Maxwell Taylor. Jedoch zu dem Zeitpunkt vertretungsweise geführt von Brigadegeneral Anthony C. McAuliffe) aufzuhalten.

Diese Division lag in dem 160 km weit entfernten Reims. Wie der alarmierende Funkspruch den stellvertretenden Divisionskommandeur erreichte, sei hier von den amerikanischen Kriegsberichtern Robert Richards und Richard C. Hottelet berichtet. Aus diesem Bericht spricht die Überraschung und die verzweifelte Lage von Bastogne mit größter Eindringlichkeit.

„Der kleine Mann mit dem breiten Gesicht und einem Stern auf jeder Schulterklappe machte sich gerade fertig, zur ‚Champagna Bowl' zu gehen, wie wir unsere Footballspiele nannten. Es sollte eine richtige Holzerei werden, wie wir von der 101. Luftlande-Division der US-Army sie liebten. Es würde alles beinahe so sein, wie zu Hause. Fußball mit Schnee, Wein und klarer Sonne. Und mit zwei amerikanischen Regimentsmannschaften, die seit Jahren große Rivalen waren. Wir lagen in Ruhe und hatten ein Recht darauf, uns einen Spaß zu machen.

Dann rief ein Ferngespräch den kleinen Mann — unseren Brigadegeneral McAuliffe, der sich selber als der ‚alte Crock' bezeichnete — hinein. Es war ein kleiner verschlüsselter Spruch mit dem Text:

‚Courts in Aufregung. Jim reist am Morgen ab. Sie haben Dienstag bei Tagesanbruch aufzubrechen.'

Nun, Dienstag war der 19. Dezember, und dieser Spruch, der für die Deutschen unverständlich war, war klar genug für den General, der unsere Division befehligte. Court bedeutete, daß Generalleutnant Courtnay H. Hodges, 1. US-Army, in einer argen Klemme war. Das Wort über Jim sollte mitteilen, daß ein Kamerad von McAuliffe schon auf dem Wege war, zu helfen, und nun hatte man auch noch die in Ruhe liegende 101. Division aufgeboten. Warum, das wußte der alte Crock nicht; aber er vermutete, daß es schlecht stand.

Und o b es schlecht stand! Oben im Norden, im H.Qu., sah der Korpskommandeur auf eine große schwarz-weiße Karte, die die Wand bedeckte. Auf dieser Karte breitete sich ein unheilvoller, mit fettem Rotstift gemalter Baum aus. Ein Baum, der auf der Seite lag, mit einer großen Wurzel im Osten und dem Stamm mit vielen Ästen westwärts über Straßen, Hügel, Flüsse und Dörfer hinausreichend. So war es am Sonntag, als McAuliffe seinen FT-Spruch erhielt. Und dieser wild wuchernde Baum war das Muster des deutschen Durchbruchs. Der Beginn der ernstesten Niederlage der Armee der USA seit Bataan.

Seit 36 Stunden wurde dieser Baum jede Minute verlängert, hatte der Rotstift versucht, mit den nach Westen durchbrechenden deutschen Panzern Schritt zu halten, die die alliierte Front durchbrochen hatten. Eineinhalb Tage lang hatten die total erschöpften Männer im US-Hauptquartier die Telefonanrufe erhalten, waren sie aufgestanden und hatten an dem Baum weitergemalt und kleine Fähnchen auf diese Karte gesetzt. Diese Fähnchen bezeichneten die erkannten deutschen Divisionen. Eine nach der anderen sprenkelten diese Fähnchen die Karte, bis der Raum wie eine Ruhmeshalle für die deutsche Armee aussah. Namen tauchten auf, wie die 1. SS-P.D., die den Namen Adolf Hitler trug, und die Panzer-Lehr-Division, des Stabschefs der Wüstenfüchse in Afrika, Generalleutnant Bayerlein.

So begann es für uns und für McAuliffe. Und als der General gerade dabei war, den Flecken Bastogne auf der Karte zu suchen, läutete das Telefon noch einmal. Es war die bekannte Stimme aus dem Korps-H.Qu., und sie sprach:

‚Wir sagten Dienstag bei Tagesanbruch, Crock. Es tut uns leid, aber Sie müssen noch am selben Tag um 14.00 Uhr aufbrechen. Schlagen Sie alle Rekorde. Es wird verdammt eilig.'

Der alte Crock trommelte seine Männer zusammen. Er hatte es schwerer, weil er nur stellvertretender Kommandeur war. Lastwagen aller Größe wurden zusammengeholt. Unsere Division war ein Haufen Jungens, die schon in der Normandie abgesprungen und in Carentan eingedrungen waren. Nur 16 Tage hatten wir in Ruhe gelegen. Und während sie in einem wilden Gedränge zu den LKW eilten und den alten Crock sahen, riefen sie:

‚Zur Hölle, Crock, warum gibst du uns keine Rollschuhe?'

Und dann fuhren sie los. Die Regimenter 502 und 506 fuhren zusammen. Sie hätten am gleichen Tage in der Champagna Bowl gegeneinander gespielt, aber nun rollten sie zum harten Einsatz nach Norden. Dem härtesten während des ganzen Feldzuges.

Das war am Montagmittag, dem 18. 12., um 14.00 Uhr. Und zur gleichen Zeit hatten Tausende deutscher Panzer schon die verschiedensten amerikanischen Panzer- und Infanterie-Divisionen verschluckt und verdaut. Bereits 9 deutsche I.D., 6 P.D. und 1 Fallschirmjäger-Division waren festgestellt worden. Und im Osten standen noch mehr, die den Stoß nach Westen verstärken sollten.

Mehr und mehr breitete sich der deutsche Baum nach Westen aus, und unsere Stabsoffiziere schüttelten die Köpfe, als sie die weit vor ihren

Truppen sondierenden deutschen Späheinheiten in die Karte eintrugen. Und immer mehr blaue Flaggen wurden aus der Karte herausgenommen. Das waren unsere überrollten Einheiten.

Keine 15 Minuten von unserem Korpshauptquartier entfernt waren deutsche Fallschirmjäger niedergegangen und überfielen einzeln fahrende Wagen. Die Deutschen verschlangen eine blaue Flagge nach der anderen. Nur noch e i n e steckte in der Karte. Es war die von Bastogne.

Und diese steckte nur dort, weil Oberst William L. Roberts aus Louisiana mit seiner 10. P.D. dort stand. ‚Der Stein', wie wir Roberts nannten, hatte sich geweigert, zurückzugehen. Er war mit seinen Panzern nach Bastogne hineingestoßen und verteidigte die Stadt.

McAuliffe war der Truppe vorausgefahren und erreichte Bastogne am Montagabend. In der Nacht rollten die ersten Vorhuten in die Stadt ein, und in den ersten Morgenstunden traf das Gros ein, und ein Regiment warf sich zum Nordrand der Stadt, nach Noville, wo sich die Panzer-Lehr-Division Bastogne näherte."

Gegen 5.30 Uhr entschloß sich General Bayerlein, den Stoß auf Bastogne fortzusetzen. Wenn er nicht durch den Zivilisten in die Schlamm-Mulde gelockt worden wäre, säße die Division bereits in der Stadt, denn die Einheiten der 10. US-P.D. waren zu schwach, um der P.L.D. wirksamen Widerstand leisten zu können.

Nach einem Kilometer rollte der Spitzenpanzer der I./Pz.Lehr-Rgt. 130 auf eine Mine und flog in die Luft.

„Pioniere vor!" befahl der General, und Hauptmann Kunze ging an der Spitze seiner Pioniere nach vorn und nahm die umfangreiche Minensperre auf. Die Vorhut der P.L.D. erreichte den Bahnhof Neffe, unmittelbar vor Bastogne.

Zur gleichen Zeit, als die Vorhut Neffe erreichte, ging das I. und II./Fsch.Jäg.Rgt. 501 unter Colonel Julian Ewell aus Bastogne auf Neffe vor. General McAuliffe hatte dem Obersten den Befehl gegeben, vorzugehen, Feindberührung zu suchen und anzugreifen.

Colonel Ewell gewann mit seinen Fallschirmjägern einen Höhenzug ostwärts Bastogne. Es gelang ihm, seine neuen Spezialhaubitzen M-3 in Stellung zu bringen, bevor die Panzer der P.L.D. erschienen. Das ganze Regiment wurde nachgezogen. Es war gerade in letzter Minute eingetroffen.

Die wenigen Stunden, welche die P.L.D. in dem Schlammloch vor Magaret versäumt hatte, entschieden den Kampf zu Gunsten der Gegner. Im Morgennebel rollten die Panzer des Pz.Lehr-Rgt. 130 vor. Ein erbittertes Ringen um den Nordzugang nach Bastogne entbrannte.

Panther und Tiger versuchten, das Höhengelände zu nehmen. Doch der Gegner war im Vorteil. Er schoß neun deutsche Panzer ab. Als lodernde

Fackeln leuchteten sie durch den Morgen. Einige Spähwagen und SPW, die den Höhenrücken umrundeten, wurden von den in Stellung gegangenen Infanteristen beschossen.

Die Panzergrenadiere des Rgts. 901 und Teile von 902 griffen an. Drei Stunden versuchten alle Einheiten, diesen Sperr-Riegel zu knacken. Vergebens. Drei Stunden lang hämmerte das Feuer der Panzerkanonen gegen die M-3-Geschütze der Amerikaner. Es gelang, vier oder fünf dieser Geschütze zu vernichten. Doch die übriggebliebenen feuerten weiter.

Im Nebel eingeschlossen, auch von den Flanken beschossen, durch die Ungunst des Geländes benachteiligt, ließ General Bayerlein nach diesen drei harten Stunden den Kampf einstellen. Vor dieser Hügelkette, die Bastogne schützte, lagen brennende und glosende deutsche Panzer. Zwischen den Stacheldrahtzäunen eingezwängt, waren die Grenadiere der beiden Regimenter vorgestürmt — und vom MG-Feuer niedergemäht worden, das vom gesamten Höhenzug auf sie herunterschmetterte. Bis auf 2 300 Meter war die P.L.D. an Bastogne herangekommen. Hier blieb sie liegen.

Die Flakabteilung, die General Bayerlein bei Moiry und Remagne zum Flankenschutz aufgestellt hatte, wurde nun nachgezogen. Von den beiden in Richtung Libramont zur Aufklärung vorgeschickten Spähwagen kehrte nur einer zur Division zurück. Der zweite war offensichtlich abgeschossen worden. Und das zeigte, daß in dieser Richtung noch Feindkräfte liegen mußten.

Bei Noville, wo die 2. P.D. um die gleiche Zeit mit den Amerikanern in Kampfberührung trat, hielt Major R. Desobry seine Stellung. Von drei Seiten angegriffen, igelte er sich ein und schlug alle Angriffe ab.

Bei Longvilly kämpfte Oberstleutnant Cherry gegen Teile der P.L.D. Er wurde abgeschnitten, schlug sich durch den dünnen deutschen Sperr-Riegel und bezog weiter rückwärts neue Stellungen. Auch im Südteil der Rundumverteidigung hielten die Verteidiger dem deutschen Ansturm stand. Oberstleutnant James O. Hara, der diesen Abschnitt verteidigte, sagte:

„Es war uns nur möglich, diese gepanzerte deutsche Lawine abzulenken. Aufhalten konnten wir sie nicht."

Während das Pz.Gren.Lehr-Rgt. 902 und ein Teil der schweren Waffen der P.L.D. vor Bastogne liegenblieb und sich gemeinsam mit der 26. Volks-Gren.Div. eingrub, erschien General von Manteuffel auf dem provisorischen Divisionsgefechtsstand bei General Bayerlein.

„Sie stoßen mit der P.L.D. südlich an Bastogne vorbei und nehmen St. Hubert!"

General von Manteuffel gab seinen Befehl mündlich, und so marschierte die P.L.D. weiter, einen Teil der Verbände hier bei Bastogne zurücklassend.

Noch in den Vormittagsstunden des 20. Dezember traf die P.L.D. auf eine amerikanische Transportkolonne, die Bastogne von Südwesten her zu erreichen versuchte. Nach kurzem Gefecht wurde der gesamte Convoy aufgebracht. Es waren 55 beladene Lastwagen und 15 Jeeps. Wenig später stieß die P.L.D. auf eine von amerikanischen Pionieren errichtete Widerstandslinie. Der Vorstoß kam kurz zum Stehen.

Hier gelang es den Jagdpanzern, den Gegner zu werfen, der die Sperre flankierend schützte. Die amerikanischen Panzer wurden abgeschossen. Es gelang Unteroffizier Job, dem erfolgreichsten Richtschützen der Pz.Jäg.Lehr-Abt. 130, hier einen schweren amerikanischen Panzer abzuschießen. Es handelte sich um einen völlig neuen Typ, der dem O.K.W. noch nicht bekannt war.

Die Sperre wurde vernichtet, der Gegner geworfen, und wenig später erreichte die P.L.D. Morhet, 20 km westlich Bastogne.

Wie sahen deutsche Stellen die Lage nach dem ersten vergeblichen Versuch, Bastogne im Handstreich zu nehmen? Folgen wir hier den Ausführungen des Komm. Generals der 5. Pz.-Armee, Hasso von Manteuffel: „Es hieße, den Offensivgedanken bereits jetzt (am 19. Dezember) aufgeben, wenn die 5. Pz.-Armee alle Kräfte des XXXXVII. Pz.-Korps unter vorläufiger Einstellung der Vorwärtsbewegung nach Westen zur Wegnahme von Bastogne eingesetzt hätte, zumal der rechte Nachbar dieses Korps, die 116. P.D., im Angriff auf Houffalize war. Die Armeeführung befahl daher der 2. P.D., Noville, nordwestlich Bastogne, zu nehmen und unverzüglich weiter nach Westen anzutreten. Die P.L.D. sei mit Teilen unmittelbar auf Bastogne zur Unterstützung der 26. V.Gr.Div. anzusetzen, sie solle sich aber mit den übrigen Teilen bereithalten, um über Sibret, südwestlich Bastogne, nach Westen vorzustoßen.

Die Lage bei der P.L.D. entwickelte sich jedoch unglücklich. Die Division hatte sich durch die schlechte Vormarschstraße noch weiterhin aufhalten lassen. Hinzu kam, daß der Angriff der 26. V.Gr.Div. vor Bizory, nordostwärts Bastogne, liegenblieb. Dieser Mißerfolg bei Bastogne war um so bedenklicher, als die eigenen Kräfte der Armee nach Anzahl und Kampfkraft für beide Aufgaben — Vorstoß an die Maas und Deckung der langen Südflanke unter gleichzeitiger Abschnürung von Bastogne — schon vor dem Antreten zum Angriff als nicht voll ausreichend bezeichnet worden waren. Es trat nunmehr ein, was vor Beginn der Offensive befürchtet worden war: Bastognes Verteidigung blieb für den Gegner ein Anreiz, diesen Kampfraum durch Zuführung neuer Kräfte zum Ausgangspunkt eines entscheidenden Gegenangriffes zu machen.

Der 2. P.D. gelang es am 20. Dezember, den Raum um Noville zu erreichen. Um Mitternacht nahm sie Ourtheuville, wo ihr die unzerstörte Brücke über die Ourthe in die Hand fiel. Dort ließ sie Sicherungen zurück und setzte ihren Vormarsch nach Westen weiterhin fort.

Die Angriffe gegen Bastogne kamen gegenüber sich versteifendem Widerstand am 20. Dezember kaum vorwärts, der Einschließungsring wurde nach Nordosten verlängert, die Heeresgruppe bestand aber auf der Wegnahme von Bastogne.

Am 21. Dezember klarte das Wetter insofern auf, als die Wolkendecke stellenweise aufriß, so daß die ersten alliierten Jagdbomber, wenn auch zunächst in beschränkter Anzahl, über dem Kampfraum beider Panzerarmeen erschienen. Die 2. P.D. machte infolge Betriebsstoffmangels nur geringe Fortschritte und mußte sich am 21. Dezember damit begnügen, den Brückenkopf über die Ourthe bis Tenneville (nördlich Ourtheuville) zu erweitern.

Die Panzer-Lehr-Division erreichte im Vormarsch auf die Maas Morhet, die Aufklärungsabteilung, verstärkt durch ein Pionier-Bataillon (Pz.Pi.-Lehr-Btl. 130) noch Tillet — Gerimont — Amberloup (sämtlich halbwegs St. Hubert), nachdem die 26. Volks-Grenadier-Division nach hartem Kampf Sibret erobert hatte. Die Angriffe im Norden und Osten von Bastogne schlugen fehl.

Die Einschließung von Bastogne war, wenn auch nur mit geringen Kräften, bis auf den Abschnitt zwischen Champs und Senonchamps, ostwärts der Stadt, vollzogen. Am 22. Dezember lagen die Panzer der 2. P.D. zunächst wegen Mangels an Treibstoff fest. Ihre Kampfkraft reichte nicht aus, um das stärker besetzte Höhengelände um Marche im Angriff zu nehmen. Dort blieb eine Kampfgruppe zur Abriegelung zurück, während der Rest der Division noch am 22. Dezember Hargimont und On (halbwegs Rochefort —Marche) besetzen konnte.

Am 22. Dezember flogen angloamerikanische Luftstreitkräfte verstärkte Einsätze. Trotzdem stieß die Panzer-Lehr-Division auf St. Hubert vor, das in der Nacht genommen wurde.

Die 7. Armee teilte zur gleichen Zeit mit, daß die 5. Fallschirmjäger-Division im Laufe des Tages mehrfach angegriffen worden sei."

Soviel aus dem Bericht von General von Manteuffel über die allgemeine Lage. Wenden wir uns nun wieder den Geschehnissen bei der P.L.D. zu. Als am 22. Dezember 1944 bei schönem Wetter die ersten Jabos wieder erschienen, nahm General Bayerlein an, daß es nur Beobachter seien. An der Spitze einer der beiden Kampfgruppen der Division erreichte General Bayerlein mit 15 Panzern Forrieres um 16.00 Uhr am 23. Dezember.

Eineinhalb Stunden später tauchte Rochefort vor den beiden Kampfgruppen auf.
Major von Born-Fallois stieß an der Spitze des Aufklärungstrupps bis zur Stadt vor und meldete, daß sie feindfrei sei. Doch dies war ein Trugschluß, wie sich später herausstellte.
Es war dunkel geworden, und obgleich der Zugang zur Stadt durch eine Art von Engpaß führte, gab General Bayerlein den Befehl:
„Also los! — Augen zu und hinein!"
Die 15 Panzer dieser Kampfgruppe setzten sich in Bewegung. Als sie sich mitten in dem Engpaß befanden, gerieten sie in das massierte Abwehrfeuer der beiderseits auf den Hügeln aufgestellten Schweigebatterien, die die Aufkl.Lehr-Abt. 130 nicht ausgemacht hatte.
Der Kampf um Rochefort hatte begonnen. Die ersten beiden Panzer blieben an der Sperre liegen. Sie waren auf Minen gefahren, die ihnen die Ketten zerrissen hatten. Die Besatzungen büchsten aus und gingen sofort unter Feindbeschuß an die Arbeit, die Ketten wieder zu reparieren.
General Bayerlein ließ die Pioniere und eine Gruppe Panzergrenadiere des II./Pz.Gren.Rgt. 901 nach beiden Seiten in die Hügel hinein ausschwärmen, um den Gegner zum Schweigen zu bringen.
Die vordersten Panzer überrollten die Barrikaden und stampften sie in den Grund. Der Vorstoß ging weiter. Rumpelnd und röhrend erreichte die Kampfgruppe das Stadtzentrum von Rochefort. Hier empfing sie das Feuer der amerikanischen Pak und Haubitzen. Der Gegner hatte wohlüberlegt seine Waffen eingesetzt, die im überschneidenden Feuer alle Kreuzungen und Knotenpunkte unter Feuer nehmen konnten. Die ganze Nacht hindurch tobte der Kampf um Rochefort. Hier der Bericht des Obergefreiten Schüßler 7./901, der, unter Befehl von Oberleutnant Mahr stehend, zu d e n Grenadieren zählte, die unmittelbar hinter den Panzern vorgingen und in Rochefort eindrangen.
„‚Absitzen!' kam der Befehl des Zugführers, als es vor uns knallte und einer unserer Panzer sich binnen weniger Sekunden in eine rotlodernde Fackel verwandelte, die die Nacht mit zuckendem Feuer erfüllte.
Neben mir sprang Norbert Peltz, mein Schütze II, ab, und Höfer, der Schütze III, landete halb auf meinem Rücken. Wir rannten hinter unserem Zugführer her. Ich hörte das Geklapper von Eisen, dann wurde die Dunkelheit von zwei, drei Leuchtkugeln zerrissen, und unmittelbar darauf begannen Maschinenwaffen zu rattern.
Unser Panzer rollte ein Stück vor, stieß gegen eine niedrige Vorgartenmauer und schob sie um. Dann drehte sich der Turm, und der lange Rüssel der Kampfwagenkanone spie einen langen Feuerstrahl aus. Das Feind-MG, das hundert Meter vor uns vom jenseitigen Rande der Stadt gefeuert hatte, ging in einem krachenden Einschlag unter.
‚Folgen! Schnell, schnell!'

Wir rannten weiter. Hinter mir fiel einer mit gellendem Schrei. Ein Leuchtspur-Pfeil drehte auf uns ein und warf uns in die Deckung einer Mauer. Ich schob das MG mit Mittelunterstützung hoch, und als ich sah, wie der Leuchtspurstreifen erlosch, richtete ich den Ausgangspunkt an.
Als es dort drüben wieder aufzuckte, zog ich den Abzug. Das MG schütterte unter meinen Fäusten. Das Schloß fraß den Gurt und spuckte die leergeschossenen Hülsen aus. Drüben knallten die Einschläge. Abrupt schwieg das Feind-MG. Halblinks von mir ballerte das zweite MG unserer Gruppe los. Das Geratter hallte in unseren Ohren wider. Und immer wieder hämmerten die trockenen Abschüsse der Panzerkanonen, dazwischen bellten die Pak des Gegners, der diese Stadt offensichtlich mit allen Mitteln zu halten versuchte. Vor mir tauchte ein langer Schatten auf. Ich riß das MG herum und wollte gerade schießen, als Peltz neben mir meinen Arm umkrallte.

‚Das ist einer von uns!' rief er.

Es war Leutnant Becker, der Zugführer der Sechsten, die weiter rechts gleich uns aufgehalten worden war.

‚Gruppe Schüßler zu mir!' befahl Leutnant Becker.

Wir krochen zu ihm hinüber.

‚Was ist, Herr Leutnant?'

‚Die Sechste wird durch ein paar MG aus den Häusern dort drüben aufgehalten. Wir umgehen diese Häuser und setzen die MG außer Gefecht.'
Dort, wohin der Leutnant nun zeigte, krachten Werfergeschosse auseinander.

‚Der schwere Zug hat schon angefangen. Jetzt ist es für uns Zeit!'

Die vom Mondlicht übergossenen Häuser sahen aus, als träumten sie. Doch sobald die grellen Abschußblitze aufzuckten, wußten wir, daß diese Friedlichkeit trügerisch war. Wir eilten an der Mauer entlang, erreichten ein Haus und verschwanden in der Deckung desselben. Aus einem der Nebenhäuser wurden Handgranaten geworfen. Die berstenden Schläge ihrer Detonationen gingen in dem dreifachen Feuerstoß unserer MG unter.

‚Weiter, weiter!'

Dann erreichten wir den Hinterhof des Gebäudes. Im Laufen sah ich die grellgezackten Blitze der platzenden Werfergranaten, sah ich die dunklen ‚Mäuse' auf das Haus herunterfallen und ins Dach einschlagen.
‚Mensch, da sollen wir rein? Unsere eigenen Werfer machen uns dort zur Minna!' wisperte Höfer hinter mir.

‚Sprung auf — — — maarsch!'

Mit einem langen Satz schnellte Leutnant Becker hoch. Wir stemmten uns vom Boden ab und rannten gleich ihm auf die Hintertür des Hauses zu. Fünf Meter vor Leutnant Becker knallte ein Werfergeschoß in den

Hof. Aber der Leutnant hatte das Gejaule der niedergehenden Granate gehört und sich zu Boden geworfen.

Aus dem Qualm des Einschlages tauchte er wieder auf. Er erreichte die Tür und stieß sie auf. Als ich den dunklen Gang erreichte, hörte ich ihn schon über einen Flur nach vorn rasen. Hinter mir krachte Peltz hart zu Boden. Muni-Kästen polterten hinterher. Eine Tür seitlich von uns wurde aufgerissen.

‚What's the matter?' hörte ich einen Amerikaner.

Dann knallte eine MP. Vor uns bellte die MP. des Leutnants. Meine Gruppe war nun vollzählig in dem großen Erdgeschoßraum. Feuer spritzte uns entgegen. Ich schoß im Laufen. Kramschneider feuerte ebenfalls. Eine Handgranate flog über unsere Köpfe hinweg in den Raum. Ihr ohrenbetäubendes Krachen ließ uns zu Boden gehen. Dann schwiegen die drei Feind-MG, die hier zwischen den Sandsäcken der Fenster-Barrikaden aufgestellt waren.

Leutnant Becker schoß die vereinbarte Leuchtkugel. Das Werferfeuer und das Rattern unserer MG verstummte, und die Männer der Sechsten kamen angelaufen.

‚Jetzt durch! Nichts wie durchstoßen!'

Oberleutnant Winter, der Chef der Sechsten, tauchte an der Spitze seiner Kompanie auf."

Weiter ging der nächtliche Kampf um Rochefort. Die Panzer feuerten nur noch vereinzelt. Drei oder vier waren abgeschossen worden, die anderen zogen sich aus Rochefort zurück. Sie warteten darauf, daß die ausgeschickten Kampfgruppen die Stadt umzingelt hatten, um dann im konzentrischen Vorgehen Rochefort zu nehmen.

Als die Finsternis dieser Nacht zum 23. Dezember in der grünleuchtenden Morgenfrühe ertrunken war, hatten die Kampfgruppen der P.L.D. Rochefort von allen Seiten eingeschlossen. Eine Stunde später war die Stadt fest in deutscher Hand. Der Gegner hatte hier starken Widerstand geleistet und der P.L.D. empfindliche Verluste zugefügt.

General Bayerlein berief die Kommandeure zu sich. Er setzte die Pz.-Aufkl.Abt. 130 unter Major von Born-Fallois zur Aufklärung nach Süden, mit Ziel Libramont, in Marsch. Die Pz.Aufkl.Lehr-Abt. 130 stellte fest, daß auch Libramont stark feindbesetzt war. Sie wurde in Kämpfe gegen die amerikanischen Panzer verwickelt und zog sich befehlsgemäß nach Ausführung ihres Auftrages wieder auf das Gros der Division zurück.

Noch am gleichen Tage überquerte die P.L.D. nordwestlich Rochefort die Lesse über eine erhaltengebliebene Brücke. Die Pz.Aufkl.Lehr-Abt. 130 stieß in wuchtigem Ansturm durch die gegnerischen Stellungen und erreichte Ciergnon, auf halbem Wege zwischen Rochefort und Dinant.

Damit hatte diese Abteilung unter Major von Born-Fallois die Spitze aller deutscher Verbände (neben der Stoßgruppe Peiper der 1. SS-P.D.) erreicht.

Nach erbittertem Kampf und letztem Einsatz eines jeden einzelnen Mannes dieser Abteilung wurde Ciergnon am Nachmittag des 24. Dezember genommen. Wo der gegnerische Widerstand sich versteifte, dort setzte sich Major Gerd von Born-Fallois an die Spitze und riß seine Angriffsgruppen nach vorn. Seinem unermüdlichen Einsatz ist es zu verdanken, daß einzelne Gruppen nicht abgeschnitten und wieder andere vernichtet wurden.

Als der Abteilungskommandeur die Meldung von der Einnahme der Stadt an die Division zurückfunken ließ, glaubte General Bayerlein für einen Augenblick, daß sie es doch noch schaffen würden, daß es die P.L.D. sein würde, die als erste die Maas und damit das erste Operationsziel dieses Angriffes erreichen würde.

Doch nur wenige Minuten nach dieser Meldung seines Abteilungskommandeurs traf eine andere Meldung ein, die alle Dispositionen für ein weiteres Vorstoßen über den Haufen warf. Die nördlich der P.L.D. bei Marche stehende Spitze der 2. P.D. wurde vom Gegner aufgefangen und nach hartem Kampfe zurückgeschlagen. Die von General von Manteuffel sofort nachgeworfene 9. P.D. lag infolge Treibstoffmangels auf ihrem Anmarschwege fest, so daß mit einer Entlastung für die 2. P.D. durch den Einsatz der 9. P.D. nicht mehr gerechnet werden konnte.

Die P.L.D. erhielt den Befehl, durch einen sofortigen Angriff auf Humain und Buissenville diesen zum Teil eingeschlossenen Gruppen der 2. P.D. zur Hilfe zu eilen und sie herauszuschlagen.

Der neuen Situation Rechnung tragend, änderte General Bayerlein seine Pläne. Er gliederte die P.L.D. in zwei Kampfgruppen. Die erste Kampfgruppe, der er 12 Panzer zuführte, erhielt Befehl, in Richtung Humain zu operieren, während die zweite Kampfgruppe mit nur 5 Panzern Buissenville nehmen sollte.

Während es der ersten Gruppe gelang, Humain in direktem Angriff zu nehmen, schlug der Angriff auf Buissenville fehl. Beim Marsch durch Havrenne fanden die Männer der P.L.D. Beweise dessen, was mit den vorderen Teilen der 2. P.D. geschehen war. Hier lagen die zerschossenen Reste der Divisionsartillerie. Bei Humain wurden SPW einer ganzen Kompanie gefunden, alle ausgebrannt. Die Kampfgruppe, die auf Buissenville antrat, fand unmittelbar vor der Ortschaft 10 abgeschossene Panzer. Über alliierte Radiosendungen hörte General Bayerlein, daß mindestens 30 Panzer der 2. P.D. genau nordwestlich der P.L.D. eingeschlossen waren. Er versuchte sofort, diesen eingeschlossenen Gruppen zu helfen.

Wie konnte es zu so einem Debakel der 2. P.D. kommen? General Hasso von Manteuffel hat in seinem Werk „Die Schlacht in den Ardennen" umrissen, was zur Vernichtung der 2. P.D. führte. Folgen wir seinen Ausführungen:

„Die 2. P.D. hatte sich auf ihrem Vormarsch am 23. Dezember gegen anhaltenden Feinddruck nach Norden zu wehren und mußte immer wieder Teile zum Schutz ihrer nördlichen Flanke ausscheiden; so bei Hogne und Harvesin, westlich Marche. Die Aufklärungsabteilung dieser Division erreichte an diesem Tage Foy — Notre Dame, ostwärts Dinant. — — — Die Kräfte der Division mußten sich in zwei Gruppen, nach allen Seiten kämpfend, um Conneux verteidigen. Aber der bald fühlbar werdende Mangel an Treibstoff und der später einsetzende Munitionsmangel schwächten ihre Kampfkraft, so daß sie der feindlichen Übermacht unterliegen mußten. Am 24. Dezember wurde die 2. P.D. westlich Marche zurückgeschlagen. Der Division, die bis auf 5 km ostwärts Dinant an die Maas vorgestoßen war, drohte die Vernichtung. Teile der Division blieben durch Treibstoffmangel auf dem Marsch zu ihren vordersten Kampfgruppen liegen. Die tapfer kämpfende Aufklärungsabteilung erlag ebenfalls der feindlichen Übermacht. Vor zunehmendem Feinddruck wurde daraufhin die Masse der 2. P.D. auf Rochefort zurückgenommen. Damit ging auch das XXXXVII. Pz.Korps zur Verteidigung über. (Nach dem LVIII. Pz.Korps, dem der Durchbruch durch die amerikanischen Linien zwischen Soy — Hotton — Grandmenil nach Nordwesten nicht geglückt war.)"

Der vorgeschobene Gefechtsstand der P.L.D. war am 24. Dezember abends in Humain eingerichtet worden. Hier verlebte der vorgezogene Teil des Stabes der Division den Weihnachtstag 1944. Vom Fenster eines Hotels am Marktplatz in St. Hubert, wo das Gros des Divisionsstabes sich eingerichtet hatte, sah General Bayerlein am Mittag des 25. 12. die ersten Bomber anfliegen und ihre Bombenlasten auf die Stadt werfen. Anschließend kamen Tiefflieger. Einer stieß bis auf wenige zwanzig Meter herunter und beschoß die Fenster des Hotels. Er richtete zwar keinen Schaden an, aber er beeinflußte die Weihnachtsstimmung.

Die Luftangriffe in der Runde gingen weiter. Wieder flog die alliierte Luftwaffe „wie am Förderband" über die vorderste Frontlinie hinweg und bombardierte alles. Die meisten Verwüstungen wurden in Barrière und Champlon angerichtet, wo die Wrackteile der Divisionsfahrzeuge nach diesem Angriff schwelten.

Die Hauptangriffe der Lightnings jedoch trafen nicht die P.L.D., sondern die zurückbeorderten Teile der 2. P.D., die im Raume Hargimont standen. Durch ein starkes Fernglas sah General Bayerlein die Lastensegler, die nach Bastogne flogen, das — vollkommen eingeschlossen — aus der Luft versorgt wurde.

Aber während die Kampfgruppen der P.L.D. in der HKL nicht angegriffen wurden, traf es wieder einmal mehr die Versorgungstruppen der Division. Die Nachschubkolonnen bei Morhet, Tilet, Sibret und St. Hubert erlitten schwere Verluste. Eine Flakbatterie, die dem rollenden Angriff der anfliegenden Lightnings Paroli bieten wollte, ging in einem wahren Bombenregen unter. Kaum ein Mann dieser Batterie entging seinem Schicksal. Doch der schwerste Verlust, der die Division traf, war die vollständige Vernichtung ihrer beiden fahrbaren Panzerwerkstätten, die bei einem der Luftangriffe in einem Höllenorkan untergingen. Dies war um so schlimmer, als ein Befehl besagt hatte, sie sollten in Bergisch-Gladbach und Koblenz liegenbleiben, weil zu wenig Brennstoff vorhanden war. Der Divisionskommandeur hatte sie mitgenommen, um alle an der Front zu reparierenden Panzer schnellstmöglich wieder in den Einsatz bringen zu können.

Am gleichen Weihnachtstage wurde die dritte und größte Panzer-Reparaturwerkstatt der Division, die bei Birresborn nahe dem Bahnhof festlag, schwer bombardiert und fiel ebenfalls aus.

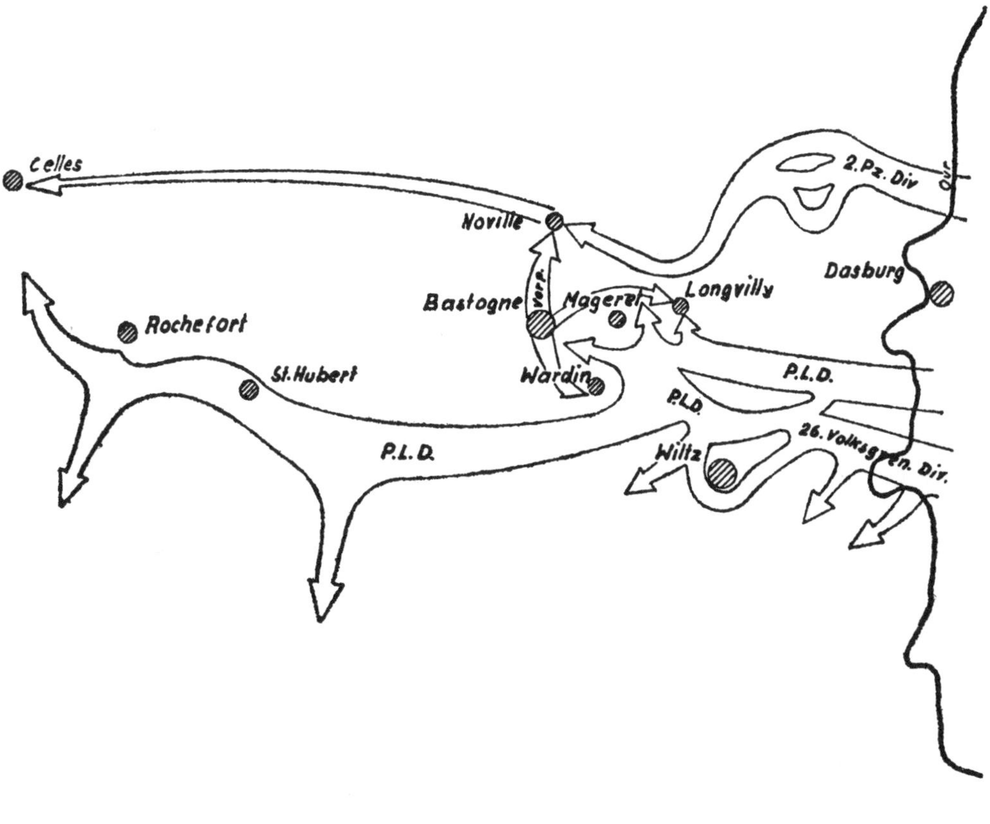

Vorstoß der Panzer-Lehr-Division vom 16.12.44.–3.1.45.

Treibstoff war wenig zu bekommen. Jeder Tropfen Sprit mußte per Lastwagen aus dem Großdepot bei Troisdorf herangebracht werden. Der lange Marsch dieser Wagen zur Front hatte die Division bisher schon den Verlust von 30 Tankwagen gekostet; ungerechnet solcher Tankwagen, die im Schlamm steckengeblieben, umgekippt und ausgelaufen, oder wegen sonstiger Schäden liegengeblieben waren.

In dieser Situation traf ein Befehl von Feldmarschall Model bei der Division ein, daß alle Fahrzeuge, die nicht zum direkten Angriff benötigt wurden, ihr Benzin an die Panzer abgeben sollten. General Bayerlein weigerte sich, diesem Befehl nachzukommen. Er sah den Tag nahen, an dem er selbst für s e i n e Panzer keinen Sprit mehr haben würde.

Noch am 25. Dezember erschienen auch Artillerie-Aufklärer der Alliierten am Himmel. Sie leiteten das Feuer der gegnerischen Artillerie auf alle Ziele, die sie ausmachen konnten. So fielen nicht weniger als 8 Panzerspähwagen und ebenso viele Lastwagen den direkten Artillerieschlägen zum Opfer, die diese Flugzeuge leiteten.

Hier konnte General Bayerlein — wie auch während des gesamten Ringens in der Normandie — die Feststellung treffen, daß diese Aufklärer das Artilleriefeuer auf den Meter genau zu lenken verstanden. Immer wieder hatte er durch KR-Funksprüche die eigene Luftwaffe aufgefordert, diese Aufklärer abzuschießen. Aber keine deutsche Maschine erschien über der HKL.

In der Nacht zum 26. Dezember zog sich auch die P.L.D. auf Rochefort zurück. Die Lightnings der Alliierten im Rücken, die noch in den Abendstunden des 25. Dezember einen Zoll von acht Lastwagen und mehreren Kübelwagen forderten, erreichten sie Rochefort in der Nacht.

Am Morgen des 26. Dezember erreichte die Division Custinne. Hier griffen die Panzer der 2. US-Div. die Flankengruppe und die Nachhut der P.L.D. an. Sie trieben einzelne Gruppen der deutschen 2. P.D. vor sich her, die sich der P.L.D. anschlossen und meldeten, daß die Spitzengruppe und ein Teil des Gros vernichtet sei. Der Angriff wurde abgeschlagen. Teile der I./Pz.Lehr-Rgt. 130 rollten zurück und vernichteten sieben Spitzenpanzer der Amerikaner, bevor sich diese zurückzogen.

In seinem Hauptquartier in La Roche, einem alten Ardennenschloß, legte General der Panzertruppe Hasso von Manteuffel am 26. Dezember 1944 Hitlers Adjutanten, Major Johann-Mayer, die Lage der 5. Panzerarmee dar. Er malte nicht schön. Er trug schonungslos die Sachlage vor und verlangte, daß der geplante Vorstoß nach Antwerpen sofort eingestellt werden müsse. Die 5. Panzerarmee müsse — wenn überhaupt etwas aus dieser Ardennen-Offensive heraussehen solle — sofort nach Norden eindrehen. Nur so könne es gelingen, wenigstens einen Teilerfolg zu erzielen, der immerhin sämtliche amerikanischen Truppen ostwärts der Maas in deutsche Hand bringen würde.

Der Adjutant Hitlers ließ sich von General von Manteuffel überzeugen. Er rief das F.H.Qa. an und verlangte Generaloberst Jodl, dem er die Lage vortrug. Aus dem Munde von Generaloberst Jodl erhielt General von Manteuffel seine Antwort:

„Der Führer hat noch keinen Entschluß gefaßt."

„Aber Sie wissen doch, daß die Entscheidung jetzt, daß sie sofort erfolgen muß!" General von Manteuffel verschwieg seinen Ärger nicht. „Und außerdem brauche ich sofort Unterstützung."

„Ich kann Ihnen nur noch eine Panzerdivision geben", antwortete Jodl, um sofort fortzufahren: „Und denken Sie daran: Der Führer will nicht, daß Sie auch nur einen einzigen Schritt zurückgehen. — Gehen Sie vor! — Niemals zurück!"

General von Manteuffel legte den Hörer auf.

Er hatte am gleichen Tage Befehl gegeben, auch bei Bastogne zur Verteidigung überzugehen, da die verfügbaren Kräfte und Mittel nicht ausreichten, um den Angriff auf die Stadt wieder aufzunehmen, den die Oberste Führung nach wie vor forderte.

Hier im Umklammerungsring vor Bastogne lagen die Panzergrenadiere des Rgts. 902 der P.L.D. seit dem 19. Dezember in ununterbrochenen, erbitterten Kämpfen. Es war ihnen einmal gelungen, den Feindriegel anzuknacken und bis in die Stadt einzudringen, um sich dort einzugraben. Doch dann wurde das Rgt. 902 wieder durch die ständig stärker werdenden Verteidiger in die alte HKL zurückgedrängt, wo jeder Meter Boden mit dem Blute der Regimentsangehörigen getränkt war.

Hier vor Bastogne starb das Regiment 902 zum drittenmal. Oberstleutnant Ritter von Poschinger lag vorn bei seinen Grenadieren.

Er selbst führte die Gegenstöße, die den Gegner immer wieder aus der HKL hinausjagten, die er in den Nächten erreicht hatte. Jedem seiner Grenadiere wird der Regimentskommandeur mit dem Löwenherzen unvergeßlich bleiben. Ritter von Poschinger war der erste, wenn es vorging und der letzte, wenn das Regiment einmal gewonnene Einbrüche wieder räumen mußte.

Für diesen vorbildlichen Einsatz erhielt er am 20. Februar 1945 das Ritterkreuz des Eisernen Kreuzes.

Am 22. Dezember griffen alle um die Stadt versammelten deutschen Einheiten an. Wieder war das Rgt. 902 dabei. Abermals stürmte der

Regimentskommandeur an der Spitze vor. Und wieder blieb der Angriff im Feuer der Verteidiger liegen.

Am 23. Dezember flogen erstmals wieder alliierte Bomber und Jabos Entlastungsangriffe. Thunderbolt-Jagdbomber und Lightnings kamen in dichten Pulks. Wieder begann die Bombenhölle, wie die Männer der P.L.D. sie bei Tilly-sur-Seulles erlebt und erlitten hatten.

Die dickbäuchigen Lastensegler des Typs C 47 brachten Nachschub. Es waren zweihundert Maschinen, die dicht bei dicht anflogen. Sie warfen Legionen ihrer roten, gelben und grünen Fallschirmbomben ab.

Am Heiligen Abend wurde der letzte große Angriff auf Bastogne gestartet. Eine Stunde lang feuerte die gesamte deutsche Artillerie auf die Stadt, und um 3.00 Uhr des 25. Dezember griffen die 26. VolksGren.Div. und die 15. Pz.Gren.Div. von Nordwesten an, während die 5.Fsch Jäg.Div. den Angriff aus Südosten auf die Stadt vortrug.

Im Verband der 26. Volks-Gren.Div. kämpfte auch das Pz.Gren.Lehr-Rgt. 902. Abermals stießen die Männer von Oberstleutnant von Poschinger gegen die Stellungen der Amerikaner vor. Hinter den Panzern erreichten sie die HKL des Gegners. Champs wurde genommen. Ein wilder Nahkampf begann. Männer fielen und starben im Schnee. Auf beiden Seiten wütete der Tod. Von den um die Stadt verteilten deutschen Panzern blieben 27 brennend und zerhackt auf dem Kampffelde stehen. Einer wurde vom Gegner erbeutet und schoß bald darauf gegen die deutschen Angreifer.

Der deutsche Angriff blieb liegen. Die letzte Möglichkeit, Bastogne doch noch zu nehmen, war damit vorbei, denn nun trat ein Ereignis ein, das die Verteidiger dieser Stadt bedeutend stärkte. Lassen wir wieder Robert Richards und Richard C. Hottelet berichten:

„Wir wußten schon, daß Pattons Männer (3. US-Armee) nur noch wenige Meilen südlich Bastogne standen. Der ‚Messinghut' (General Patton) befahl nach einem Funkspruch aus Bastogne, der ihm die Gefahr der Stunde aufzeigte, der 4. amerik. P.D. aufs Gas zu treten. Ebenso feuerte er die 80. US-I.D. zu größtmöglicher Beschleunigung an, denn in Bastogne waren die Männer der 9. US-P.D., der 10. P.D. und der 28. I.D. neben den Fallschirmjägern der 101. Luftlande-Division in einer schlimmen Lage.

Die Stadt Bastogne war völlig zerstört. Was noch vorhanden war, waren Ruinen und Häuserschutt. Im Frieden war Bastogne eine häßliche Stadt gewesen, aber im Kriege war sie noch häßlicher. Wie ein Soldat, dessen Gesicht von einer Gewehrkugel verwundet ist.

Nun war die Verteidigung von Bastogne vor einem anderen Schauplatz in den Hintergrund gerückt: dem Unterstützungsangriff, der von den zwei bekanntesten Divisionen von Pattons 3. Armee geführt wurde. Es waren die 4. P.D., die von den Deutschen als ‚Roosevelts Metzger" bekannt und gefürchtet war, und die blauen Ridge Mountains-Boys der 80. I.D. Sie kamen von einem erfolgreichen Kampf im Süden, und sie kamen mit dem Vertrauen von Soldaten, die den Deutschen bereits begegnet waren und die sie durch ganz Frankreich zurückgeschlagen hatten.

Die 80. I.D. hatte in der Nähe von St. Avold in Ruhe gelegen. Sie hatte am 19. Dezember Befehl erhalten, auf Bastogne zu marschieren. Die 4. P.D. war wie ein Geschoß herangekommen. Sie hatte die 240 km von Fenstrange bis zum Südrand von Bastogne innerhalb von 48 Stunden zurückgelegt. Auf der Straße Arlon — Bastogne hatten sie sich durchgeschlagen, und bei Chaumont hatten beide Divisionen den ersten harten Kampf zu bestehen. Der Ort wechselte dreimal den Besitzer. Die Panzer kämpften, die Infanterie kämpfte, und der Schnee war gesprenkelt mit den Körpern der Gefallenen.

Zwei Männer waren es, die unseren Angriff beflügelten: Oberstleutnant George Jacques, der das 53. Pz.Inf.Btl. befehligte, und Oberstleutnant Creighton Abrams, der die 37. Pz.Abt. unter sich hatte.

Am 26. Dezember rauchte Abrams seine letzte Weihnachtszigarre. Er war gerade bei Clochimont, er stand aufrecht in seinem Sherman-Befehlspanzer, als er sagte:

‚Wir gehen heute noch nach Bastogne!'

Die Panzer der 37. Pz.Abt. rollten bis Assenois, nur wenige hundert Meter nordwestlich Bastogne. So schnell kamen sie, daß unsere eigene Artillerie noch eine Reihe ihrer Spähwagen und Spitzenpanzer vernichtete. Leutnant Hoggess rollte mit vier seiner Shermans, aus allen Rohren feuernd, durch den Belagerungsring und öffnete eine Lücke. Ihm folgte Hauptmann William Dwight, und hinter ihm kamen die SPW der 80. Division. Und dann auf einmal waren sie durch, und Leutnant Hoggess rief den Leuten, die er vor sich erkannte, zu: ‚Hallo, kommt raus da!'

Er war nicht sicher, ob es eigene Leute oder Deutsche waren. Ein amerikanischer Offizier trat aus dem Haus heraus. Es war Leutnant Webster von den 101. Pionieren.

‚Ich bin verdammt glücklich, euch zu sehen', sagte Webster.

Sie hatten *wirklich* die Stadt erreicht und den deutschen Belagerungsring durchstoßen. Und General McAuliffe, unser alter Crock, warf sich in seinen Wagen und rollte den Panzern entgegen. Es war genau 17.10 Uhr am 26. Dezember, als er den Befehlspanzer von

Hauptmann William Dwight erreichte. Er wußte noch nichts von dem einen blauen Fähnchen, das sich einsam behauptet hatte. Er ahnte nichts davon, daß er eine historische Rolle übernommen hatte, als er die Verteidigung von Bastogne übernahm. Er machte auch keine historischen Worte, als er Dwight die Hand schüttelte, nein: Der alte Crock sagte nur ganz einfach:

‚Captain, ich bin glücklich, Sie zu sehen!'

Bastogne war gerettet. Bastogne würde sich nun gegen jede Streitmacht der Deutschen halten können."

In der Nacht zum 27. Dezember erreichte die P.L.D. den Raum Rochefort. In Zilly richtete General Bayerlein in einem Chateau sein Hauptquartier ein. Zilly war ein kleiner Flecken nördlich der La Vacherie.

Als die 3./Pz.Jäg.Lehr-Abt. 130 am Morgen des 28. Dezember Aufklärung fuhr, wurde der Zug von starken Feindkräften angegriffen. In den Kämpfen wurde der Kompaniechef, Oberleutnant Wagner, vom Gegner überrascht, als er gerade vor einem Bauernhaus aus dem Panzer gestiegen war. Die Besatzung mußte sich fluchtartig vor den überraschend angreifenden Gegnern zurückziehen und alle Unterlagen in einem Koffer zurücklassen.

Noch am gleichen Tage — der Rückzug dieser amerikanischen Vorausgruppe der 11. US-P.D. war gemeldet worden — rollte Leutnant Schönrath im Panzer von Oberfeldwebel Stolz nach vorn, um den Koffer zu suchen und zurückzubringen, in dem sich auch die persönliche Habe von Oberleutnant Wagner befand. Der Panzer rollte nach Westen. Weiter ging der Marsch. Schon wollte Leutnant Schönrath den Befehl zum Rückmarsch geben, als auf einmal hundert Meter hinter ihrem Panzerjäger drei amerikanische Panzer aus dem Wäldchen herausrollten.

„Links einschlagen!" befahl der Leutnant.

Fahrer Krenstedt drehte den Panzer, während Unteroffizier Job bereits den Turm in die Feindrichtung drehte. Alles kam nun darauf an, der schnellere zu sein.

Als der Panzer genau halblinks gedreht hatte, hatte Unteroffizier Job auch den Turm weit genug herum.

Er bekam den ersten Sherman-Panzer ins Visier. Der Feindpanzer, der eben erst diesen deutschen Panzer erspäht hatte, ging beim ersten Schuß in Flammen auf. Wieder ruckte Krenstedt etwas herum. Als Job den zweiten Gegner auffaßte, hatte Ladeschütze Heller schon die nächste Panzergranate in die Kammer gelegt. Der Verschluß schnickte zu, und der nächste Schuß ließ den zweiten Amipanzer aufbrennen. Der dritte Feindpanzer feuerte nun. Die erste Granate schlug weiter hinten in eine Hecke. Dann knallte der dritte Abschuß des Panzerjägers. Unteroffizier Job, einer der besten Richtschützen der Division, hatte mit drei Schüssen drei Feindpanzer abgeschossen. „Nun aber im Schweinsgalopp zurück!" befahl der Leutnant. Mit Vollgas rollte der Panzer ohne Rücksicht auf Verluste in die eigenen Linien zurück. Ohne Koffer zwar, aber um drei Panzer-Abschüsse reicher.

Am 29. Dezember wurden der 3. US-Armee zwei weitere Divisionen unterstellt. Es waren die von Südwesten auf Bastogne vorstoßenden 87. US-Div. und die 11. US-P.D., die in den ersten Morgenstunden des 30. Dezember mit ihren Spitzen ungefähr den Raum etwa fünf bis zehn Kilometer westlich Sibret erreichten. Mit diesen beiden frischen Divisionen wollte Patton den von der 2. P.D., der P.L.D. und der 26. Volks-Gren.-Div. gebildeten Keil ostwärts Bastogne abschneiden, indem er sie nach Norden, mit Stoßrichtung Houffalize, ansetzte.

Zum gleichen Tage hatte General von Manteuffel der P.L.D. und dem I.R. 77 (der 26. V.-Gren.Div.) den Auftrag erteilt, von Westen und Nordwesten — nach Südosten vorstoßend —, den Bastogner Korridor anzugreifen und zu unterbrechen. Gleichzeitig damit sollten die 1. SS-P.D. und die 167. V.Gren.Div. von Osten nach Westen vorstoßen. Diese Zange sollte sich südlich Bastogne schließen und die Stadt endgültig abschneiden.

Die P.L.D. und die 26. V.Gren.Div. stießen mitten in den Angriff der 11. US-P.D. hinein, die ebenfalls um 3.00 Uhr ihren Angriff nach Norden begonnen hatte. Es kam zu einem kurzen, harten Kampf. Die deutschen 8,8-cm-Geschütze schmetterten in die Panzer der 11. P.D. hinein. Die wenigen Panzer der P.L.D. rollten gegen den Gegner, hielten ihn auf und schlugen ihn dann zurück. Die von Osten her angreifende 1. SS-P.D. erreichte Villers-la-bonne-Eau, wo sie dann vor den Stellungen der 35. US-Div. liegenblieb.

Das waren die letzten Kampfhandlungen der P.L.D. im Jahr 1944. Am 1. Januar 1945, um 1.05 Uhr, richtete Adolf Hitler seine Neujahrsbotschaft an das deutsche Volk. Mit zuversichtlicher Stimme rief er ins Mikrophon:

> „Dieses Volk und dieser Staat und seine führenden Männer sind unerschütterlich in ihrem Willen und unbeirrbar in ihrer fanatischen Entschlossenheit, den Krieg unter allen Umständen erfolgreich durchzukämpfen. —
>
> Die Welt muß wissen, daß dieser Staat niemals kapitulieren wird. —

> So, wie Phönix aus der Asche, so hat sich zunächst aus den Trümmern unserer Städte der deutsche Wille erst recht aufs Neue erhoben. Wir werden kämpfen, bis das Beginnen unserer Feinde eines Tages ein Ende findet. Der deutsche Geist und der deutsche Wille werden es erzwingen! Das, meine Volksgenossen, wird einmal eingehen in die Geschichte als das Wunder des 20. Jahrhunderts.
>
> In dieser Stunde will ich daher als Sprecher Großdeutschlands gegenüber dem Allmächtigen das feierliche Gelöbnis ablegen, daß wir treu und unerschütterlich unsere Pflicht auch im neuen Jahr erfüllen werden, des festen Glaubens, daß die Stunde k o m m t , in der sich der Sieg endgültig demjenigen zuwenden wird, der seiner am würdigsten ist: dem Großdeutschen Reich."

Am gleichen Morgen erließ auch General Patton, der O.B. der 3. US-Armee, einen Tagesbefehl an die ihm unterstellten Soldaten. Er war nicht weniger lang. Und am Schluß standen die Worte:

> „Ich kann keinen besseren Ausdruck für meine Gefühle finden, als euch die unsterblichen Worte zuzurufen, die General Scott bei Chapultepec sprach:
>
> ‚Tapfere Gewehre, tapfere kampferprobte Schützen! Ihr seid mit Feuer und Blut getauft und zu Stahl geworden!' "

So begann auf beiden Seiten der erste Tag des Jahres 1945, das noch Monate des schrecklichsten Kampfes auf deutschem Boden bringen sollte.

In der Frühe des 3. Januar 1945 begann die alliierte Gegenoffensive. Sie hatte das Ziel, mit starken Kräften von Süden und Norden den Raum Houffalize zu erreichen und somit alle westlich dieser Linie stehenden deutschen Verbände — darunter auch die P.L.D. — abzuschneiden.

Doch hierzu kam es nicht. Der starke Schneefall begünstigte die deutschen Einheiten, die die Kämpfe im Zuge der Straßen aus Rußland her kannten. Unter dem Schutz tapferer Nachhuten gelangen die Absetzbewegungen. Eine der Nachhuten war die P.L.D. General Bayerlein, der noch immer in seinem Gefechtsstand in Zilly saß, erhielt am 5. Januar den Befehl, die Linie St. Hubert — Pironpre „bis zur letzten Patrone" zu halten.

Die P.L.D. ging von diesem Tage an nur schrittweise zurück und immer in Nachtmärschen.

Das Pz.Pi.Lehr-Btl. 130, welches das Neujahrsfest alles andere als festlich in Amberloup begangen hatte, erreichte am 3. Januar 1945 La Vacherie. Es gelang ihm mit anderen Teilen der Division den sich schließenden Kessel von Houffalize am 13. Januar zu verlassen. Das Btl. stand vom 14. bis 17. Januar in Luxemburg im Einsatz und erreichte am 18. Januar den „Modelwald" bei Leidenborn (Kreis Prüm/Eifel).

Die 9./901, die es bis Weihnachten in ihren Quartieren in Hellertshausen schaffte, die 4 Selbstfahrlafetten einsatzbereit zu machen, rollte vom 28. Dezember an im Eisenbahnmarsch über Wittlingen — Bitburg und Hosingen nach Fischbach in Luxemburg. Hier zog die Kompanie unter und erwartete ihren Einsatzbefehl, der nicht lange auf sich warten ließ.

Im mot-Marsch erreichte die schwere Kompanie am 2. Januar 1945 von Fischbach über Clerf — Tavigny — Nisramont St. Hubert und wurde wieder in den Verband des Regimentes 901 übernommen.

Der Ort St. Hubert war in den Tagen des amerikanischen Angriffes vom 30. zum 31. 12. 1944 von den Amerikanern genommen worden. Am 5. Januar begann der Angriff der A-Kompanie des Rgts. 901 mit zwei Zügen der neuen Selbstfahr-Lafetten auf St. Hubert. Trotz erbitterten Einsatzes gelang es nicht, durchzukommen. Der Angriff lief sich an den Pak-Sperren und den in Deckung gegangenen US-Panzern fest.

In den ersten Morgenstunden wiederholte der Regiments-Sturmzug diesen Angriff. Mit allen vier Sfl zog die Neunte mit dem Sturmzug vor. Haus um Haus wurde genommen. Die Sfl rollten durch den Schnee auf den steilen Straßen vor. Sie hämmerten den Feindwiderstand zusammen, und in einem letzten verzweifelten Ansprung wurde St. Hubert genommen.

Doch schon im Morgengrauen des 7. Januar 1945 setzte der amerikanische Gegenangriff unter starker Artillerie-Vorbereitung ein. Nach wechselvollen Kämpfen gelang es dem Gegner, die dünne Linie des Regimentes aufzureißen. Unter Mitnahme von 70 Gefangenen setzte sich die 9./901 ab und ging hinter die Ourthe zurück. Der Pi.Zug sprengte die einzige Brücke über den Fluß, um das schnelle Nachdringen des Gegners zu verhindern. Die Kompanie richtete sich bei Tavigny zur weiteren Verteidigung ein.

Nach und nach kamen alle Teile des Regimentes im Raume Tavigny an.

Sobald das Wetter klar war, wurden die Absetzbewegungen der P.L.D. wieder durch Luftangriffe gestört. Die vorgeschobene Panzer-Reparaturwerkstatt wurde bei La Vacherie wiederholt angeflogen. Dies zusammen mit der erschütternden Tatsache, daß in der Zeit vom 11. bis 15. Januar insgesamt 53 Panzer an den Straßenrändern wegen

Spritmangels und Mangel an Ersatzteilen liegengelassen und gesprengt werden mußten, ließ die Kampfmoral der Division sinken.

Am 9. Januar sprengte auch die 9./901 ihr erstes Geschütz. Immer mehr Gerüchte sickerten durch, daß das Bastogne-Unternehmen abgeblasen werden sollte.

Bei den letzten Luftangriffen war ein großer Benzintransport getroffen worden, auf den auch die P.L.D. alle Hoffnungen gesetzt hatte.

Die Wege durch Houffalize waren durch die ständigen Luftangriffe vollkommen unpassierbar geworden. Brennstoff mußte zum Teil am Tage nach vorn gebracht werden und so kamen die Flieger — die sich solche Ziele nicht entgehen ließen — zu leichten Erfolgen.

Als die Reste der P.L.D. — das Pz.Pi.Lehr-Btl. 130 an der Spitze — am 13. Januar durch Houffalize zogen, begannen stärkste Bomber- und Jabo-Angriffe auf alle nach Osten führenden Straßen. Zum Glück für die P.L.D. hatte sie bei diesen Angriffen nur Wagenverluste zu beklagen. Andere Einheiten verbluteten förmlich unter dem Hagel der Bomben und Bordwaffen.

Auf der Straße Diekirck — St. Vith ging die stolze P.L.D. von Süden nach Norden zu Fuß durch die Stadt. Bei meterhohem Schnee wurden die Männer von den Jabos vorwärtsgetrieben.

Damit war die Ardennen-Offensive zu Ende. In den Ardennen mußten die Angehörigen der P.L.D. erkennen, daß alles nur noch eine einzige Improvisation war. Oberst Gerhardt hat dazu einen treffenden Bericht erstellt, aus dem an dieser Stelle noch einmal zitiert werden soll:

„Als die Ardennen-Offensive befohlen wurde, war unsere Division noch kaum zur Hälfte wiederaufgestellt und ausgerüstet. Sie wurde aber als volle Kampfkraft gewertet. Das heißt mit knappen Worten: Die Panzerverbände waren eine im Kampf zerschlagene, nicht voll wieder ausgerüstete Truppe, deren Soldaten tiefes Mißtrauen in die oberste Führung und in die noch vorhandenen Möglichkeiten zur Führung des Kampfes gegen einen frischen, glänzend ausgerüsteten Gegner, ergriffen hatte.

In dieser Stimmung erreichte uns der Einsatzbefehl, der mit seinen weit gesteckten Zielen zu den tatsächlich verfügbaren Kräften und dem vorhandenen Bestand an Kraftstoff und Munition in krassem Widerspruch stand. Dazu kam noch, daß z. B. bei uns, die wir am linken Flügel des Angriffskeiles der 5. Pz.Armee eingesetzt werden sollten, zur Sicherung der linken Flanke nur eine neugebildete „Volks-Grenadier-Division" zur Verfügung stand, die aus kampfunerfahrenen, in der Etappe und der Heimat zusammengesuchten Soldaten bestand, deren Kampfwert infolge mangelnder Erfahrung, primitiver Ausbildung, Überalterung und schlechter Ausrüstung gleich Null war.

Die ganze Aktion wurde deshalb von uns allen, von Rundstedt bis zum letzten Grenadier, nur noch als ein Akt der Verzweiflung gewertet, dessen Erfolglosigkeit schon vor Beginn feststand. Wir kamen uns vor wie in einer Festung Belagerte, die einen letzten verzweifelten Ausfall machen, um das Gesicht zu wahren, ehe sie dann doch kapitulieren müssen.

Am klarsten kam es bei uns dadurch zum Ausdruck, daß sich der Div.Kdr., Generalleutnant Bayerlein, persönlich an die Spitze des Angriffskeils setzte, was an sich nicht seine Aufgabe war; nur mit der Begründung, es gehe ums Letzte und er sei unverheiratet, er könne deshalb ruhig fallen.

Wir setzten für den Vorstoß deshalb auch nur die Mannschaften ein, die als Panzer-Besatzungen verwendet werden konnten, während alles übrige zurückblieb, um die Nachschubstraßen zu sichern, da wir den eigenen nachfolgenden Truppenteilen das nicht zutrauten. Bezeichnend für diese Offensive als Akt der Verzweiflung war es ja auch, daß uns auf unseren Einwand der vollständig ungenügenden Spritmengen gesagt wurde, wir müßten eben so schnell als möglich uns in den Besitz der gegnerischen Spritlager setzen und dort auftanken, obgleich bekannt sein mußte, daß wir für unsere hochgezüchteten Panzermotoren nur Spezialsprit verwenden konnten. Lediglich ein Spezial-Kommando wurde uns mitgegeben, das den evtl. erbeuteten Sprit auf seine Verwendbarkeit untersuchen sollte.

Ein weiteres Erschwernis war, daß nach ausdrücklichem Befehl des OKW keine Erkundungen durchgeführt werden durften, um die Geheimhaltung nicht zu gefährden. Für das Vorgehen und den Nachschub waren die kartenmäßig größten Straßen ausschließlich für Mot.-Fahrzeuge vorgesehen, während die pferdebespannten Inf.-Divisionen auf Nebenstraßen eingesetzt waren.

Als der Vormarsch begann, stellte sich heraus, daß diese Nebenstraßen bei dem Winterwetter grundlos und selbst für die leichten Panje-Wagen unbefahrbar waren, so daß sich dann doch alles auf ein oder zwei Straßen hinter unserer Division zusammendrängte. Das führte zu einem heillosen Durcheinander, zumal die Fahrer der pferdebespannten Wagen meist Russen waren, die kaum Deutsch verstanden und verständlicherweise keinerlei Neigung zeigten, das ihre zur Entwirrung zu tun, oder sich einer Gefahr auszusetzen.

So blieben auch die wenigen mot.Nachschubfahrzeuge der P.L.D. in dem Durcheinander, vor allem bei Nacht, rettungslos stecken oder kamen nur schrittweise voran, wobei Stabsoffiziere vorangehen mußten, um ihnen die Vorfahrt zu erzwingen.

Als dann noch der ursprüngliche Plan (vor dem weiteren Vorgehen Bastogne durch die „Panzer-Lehr" einzunehmen, um sich die dort vermuteten Vorräte vor allem an Sprit zu sichern), umgestoßen wurde und die P.L.D. südlich an Bastogne vorbei weiter vorstoßen und die Einnahme von Bastogne den folgenden Inf.Divisionen überlassen sollte, begann das Desaster. Als dazu noch das Wetter aufklarte und dem Gegner den Einsatz der Luftwaffe ermöglichte, der an den ersten beiden Tagen nicht möglich war, da war jedem Einsichtigen klar, daß die Offensive schon am 3. Tag praktisch festgefahren war und es sich nur darum handeln konnte, die Rückkehr in die Ausgangsstellungen nicht zu einem vollendeten Desaster werden zu lassen. Was wir vorausgesehen hatten, trat ein. Die P.L.D. mußte angehalten werden, da die rückwärtigen Divisionen ihre Aufgabe, die linke Flanke abzuschirmen oder gar Bastogne zu nehmen, nicht erfüllten, und bald auch unsere rechte Flanke bedroht war, da der rechts neben uns vorgehende Stoßkeil der 2. P.D. nicht mehr vorankam und der Gegner dadurch die Möglichkeit bekam, unsere Angriffsspitze von zwei Seiten und die einzige Nachschubstraße von Norden und Süden her unter Artilleriefeuer zu nehmen und sie damit praktisch abzuriegeln.

Nachdem die Division in dieser äußerst prekären Lage mehrere Tage ausgehalten hatte, ohne daß sich hinter und neben uns die Lage änderte, wurden auch wir, beinahe zu spät, in die Ausgangsstellungen zurückbefohlen. Damit war das Unternehmen gescheitert, das letzte Vertrauen zur Führung bei der Truppe verlorengegangen und in dieser Lage unersetzbares Material geopfert worden.

Von dem versprochenen Großeinsatz der Luftwaffe war ein einziger, mehr als Demonstration wirkender, Einsatz einiger hundert Jagdbomber und Jäger übriggeblieben, der den Ablauf vielleicht verlangsamen, aber nie ändern konnte. Wäre schon am 1. Tag Flugwetter gewesen, wäre die Offensive bestimmt schon an diesem Tage steckengeblieben, da wir ja der gegnerischen Luftwaffe nichts entgegenzusetzen hatten.

Der Sinn dieser Offensive blieb der Fronttruppe um so unverständlicher, da wir wußten, wie schwer an der Ostfront gekämpft wurde und wie wenig Kräfte auf deutscher Seite dort zur Verfügung standen. Und wir wußten ja auch, wie viel gefährlicher für unsere Heimat der russische Gegner war. Da uns seit spätestens 1943 klar war, daß dieser Krieg nicht zu gewinnen war, hätten wir es viel eher verstanden, wenn alle noch verfügbaren Kräfte an die Ostfront geworfen worden wären, wo der Kampf noch einen Sinn hatte, aber für das Unternehmen Ardennen konnten wir kein Verständnis mehr aufbringen. Und ein Urteil trauten wir uns schon zu, nachdem ich z. B. alle Feldzüge: Polen, Frankreich, Rußland, Afrika, Italien und nochmals Frankreich mitgemacht hatte."

So weit der Bericht von Oberst Gerhardt.

Das am 15. 1. 1945 abgelöste Regiment 901 sammelte sich wieder in Fischbach. Hier blieb das Regiment bis zum 20. 1. 1945. Ein schwerer Tieffliegerangriff ging unmittelbar über die 9./901 hinweg. Viele Angehörige der Kompanie blieben tot oder verwundet liegen. Als dieser Angriff vorüber war, war von der Neunten nur noch ein Kompanietrupp und ein Zug übriggeblieben. Dieser eine Zug wurde — unter Führung von Leutnant Gierke — nach Weiler — Wallhausen geworfen, um dort eingesetzt zu werden. Alle anderen Teile des Regimentes gingen nach einem FT-Spruch von der Division über den Westwall und sammelten sich in Reif.

Am 26. 1. 1945 geriet auch der Zug Gierke in arge Bedrängnis. Er mußte sich in Richtung Gemünd absetzen und erreichte — andauernd in Kämpfe mit den nachdrängenden Gegnern verwickelt — die 1. Zone des Westwalles. Hier wurde der Zug Gierke von seinem Auftrag entbunden und sammelte ebenso wie alle anderen Restteile des I./901 in Baden.

Mit dem letzten Tropfen Sprit erreichten die mot.Teile den O.U.-Raum am 28. Januar.

Die schadhaften Geschütze und Fahrzeuge waren unter Führung von Stabsfeldwebel Wollesen in Reif liegengeblieben. Hier mußte am 29. 1. 1945 ein weiteres Geschütz auf Sfl gesprengt werden. Ein „Muli", das mitten in der HKL stand und keinen Kraftstoff mehr hatte, erfuhr das gleiche Schicksal. Erst am 5. Februar traf soviel Kraftstoff in Reif ein, daß Stabsfeldwebel Wollesen mit den fahrbereiten Resten abrollen konnte.

Ungefähr 200 Mann der P.L.D. — Angehörige fast aller Regimenter und Abteilungen — erreichten Hoscheid, um diese Stadt vor den von Norden vorstoßenden Amerikanern zu verteidigen. Es war eine gespenstische Situation. Zerfallserscheinungen häuften sich. Völlig zerschlagen und in alle Winde zerstreut, versuchten immer wieder Teile der P.L.D. zum Gros zurückzukehren, und um den 21. 1. waren fast alle Reste in Hoscheid versammelt. Hier erlebte die P.L.D. den Einflug einer gewaltigen Formation von Bombern und Jagdbombern, die über ihren Köpfen zum Sammeln kreisten und riesige Bogen beschrieben. Ihr Ziel war die Brücke von Dasburg.

Als General Bayerlein in seinem Volkswagen zum neuen Divisions-Gefechtsstand nach Übereisenbach fuhr, das jenseits des Flusses gegenüber von Ober- und Niedereisenbach lag, mußte er die einzige noch intakte Brücke bei Gemünd überqueren.

Einige Tage schlechten Flugwetters — und damit fehlender Luftangriffe — hatten den Verkehr über diese Brücke und auf der Rollbahn bis dahin sorglos werden lassen.

Als am 21. 1. 1945 die Sonne herauskam, hatten sich lange Wagenkolonnen vor der Brücke gestaut, und beiderseits der Brücke nach Osten und Westen waren die Straßen mit Wagen aller Art dicht verstopft. Auf dieses Ziel stürzten sich nach Aufklaren des Wetters die Jabos. Vor allem in der Gegend von Hosingen war die Straße völlig verrammelt. Und hier ging eine wahre Hölle auf die Fahrzeugkolonnen nieder. Alles, was sich nicht sofort in Sicherheit brachte, ging in diesem Wirbelsturm aus Stahl und Feuer unter.

Als General Bayerlein am Abend des gleichen Tages Hosingen erreichte, war es ihm kaum möglich, zwischen den noch immer brennenden Wrackteilen hindurchzukommen. Tote Pferde und ausgebrannte Material-Lieferwagen lagen umher. Viele brannten noch. Der General zählte über 300 zerschossene und brennende Fahrzeuge. Die ganze riesige Kolonne mußte in eine Panik geraten sein. Wagen waren rettungslos ineinandergekeilt. In dem Bestreben, schnell von der Straße herunterzukommen, wurden sie vom Tod ereilt. Nur diese Brücke bei Gemünd und eine weitere bei Dasburg führten auf viele Kilometer Breite über die Our nach Osten.

Am 23. 1. 1945 ging Hoscheid verloren, und die P.L.D. mußte bis hinter die „Siegfriedlinie" zurückgehen. Hier ließ General Bayerlein die Division sammeln und die Stärkenmeldungen anfordern. Es zeigte sich, daß die Division seit Beginn der Ardennenoffensive vor fünfeinhalb Wochen abermals fast völlig zerschlagen worden war.

Die Division hatte noch 10 Panzer und 6 Panzerjäger. 70 Panzer waren verlorengegangen. Von den intakten Kampftruppen standen noch 400 Mann zur Verfügung. Achtzig Prozent Ausfälle an Mannschaften hatten die Kampftruppen getroffen. Die Divisions-Nachschubtruppen hatten noch eine Stärke von 5 000 Mann. Sie hatten zum Glück weniger Verluste erlitten. 30 Halbkettenfahrzeuge und 200 Lastwagen waren — größtenteils durch Luftangriffe — verlorengegangen.

Wieder einmal hatte die P.L.D. praktisch aufgehört zu bestehen. Sie wurde zum Auffrischen in den Raum südlich Neuerburg geschickt. Aber hier erreichte sie schon wieder ein Einsatzbefehl. Die Division wurde in Richtung Köln in Marsch gesetzt, um den alliierten Vormarsch durch den Reichswald auf Kalkar und Goch — Udem aufzuhalten.

Aus seinem Frontbereich auf der Linie Nijmwegen — Kleve — Gennep — Kevelaer — Geldern traf Feldmarschall Montgomery die Vorbereitungen für die neue alliierte Offensive, die sich unter dem Deckwort „Operation Veritable" verbarg.

Mit dieser Großoffensive auf den Reichswald bei Kleve sollte der Kampf um den Niederrhein zu Gunsten der Alliierten entschieden werden. Die vor dem linken Niederrhein eingesetzten deutschen Truppen sollten überrannt und vernichtet werden, ohne daß es größeren Einheiten gelang, das rechte Rheinufer zwischen Rees und Wesel zu erreichen. Die Tage vor der Großoffensive waren von verdächtiger Stille.

Die P.L.D. erreichte am 6. Februar den neuen Einsatzraum, wo sie eine neue Panzerabteilung mit 60 fabrikneuen Panthern erhielt, deren Besatzungen eben frisch ausgebildet von den Panzertruppen-Schulen kamen. Auch die beiden Panzergrenadier-Regimenter wurden aufgefrischt.

Gleichzeitig mit dem Gros der P.L.D., zu dem die Kompanien des Pz.Pi.Btl. 130 gestoßen waren — setzte sich auch das Regiment 901 aus dem Raume Baden in Marsch. Über Tondorf und Marienbaum erreichte das Regiment Udem und ging im Udemer Bruch in Stellung. Ganz überraschend für Fritz Bayerlein, erreichte ihn am 7. Februar der Befehl, die P.L.D. an seinen Nachfolger, Generalmajor Horst Niemack, abzugeben und als Kommandeur das LIII. Panzerkorps — das von dem Zeitpunkt an unter dem Namen „Korps Bayerlein" bekannt wurde — zu übernehmen. Damit unterstanden General Bayerlein alle Panzer der hier eingesetzten Armeekorps. Er erhielt den Auftrag, den Raum Jülich — Düren bei dem bevorstehenden alliierten Angriff zu verteidigen.

Mit Generalmajor Horst Niemack erhielt die P.L.D. einen neuen Kommandeur, dem am 6. Juni 1944 für die Kämpfe ostwärts des Sereth als 69. Soldaten der Wehrmacht die Schwerter zum Eichenlaub des Ritterkreuzes verliehen worden waren. Seit Oktober 1943 hatte Niemack das Panzer-Füsilier-Regiment „Großdeutschland" geführt, er war zur Nachfolge des Divisionskommandeurs General Hasso von Manteuffel ausersehen, bis ihn eine schwere Verwundung im Raume Doblen niederwarf. Mit diesem am 10. 3. 1909 geborenen Offizier erhielt die P.L.D. einen jungen Kommandeur, der schon mit 35 Jahren die Generalsstreifen trug.

Am frühen Morgen des 8. Februar 1945 erlebten die ersten Teile der P.L.D., die schon im Einsatzraum eingetroffen waren, um 4.40 Uhr das Einsetzen des alliierten Trommelfeuers. Zwölf Stunden lang hämmerten alle verfügbaren feindlichen Geschütze auf die deutsche HKL herunter.

Aus über 2000 Rohren aller Kaliber heulte glühender Stahl durch die Luft. Die HKL glich einem feuerspeienden Vulkan. Dann trat die 1. kanadische Armee aus dem Gebiet zwischen Maas und Rhein an. Das XXX. amerikanische Korps (Horrocks) stieß durch den Reichswald auf Goch vor, und südlich davon ging die 9. US-Armee von Düren über die Rur vor. Sie sollte ihre Anstrengungen auf die Eroberung des Rheinstreifens südlich Wesel, zwischen der Weseler Lippemündung und dem Fährübergang Voerde — Mehrum, richten.

Um dieser Übermacht überhaupt standhalten zu können, wurden deutscherseits in der Frühe des 8. Februar, als der Großangriff erkannt war, die Rheindeiche unterhalb Emmerich bis Pannerden durchstochen. Dadurch floß das Hochwasser des Rheins ins linksrheinische Kampfgebiet nördlich der Reichsstraße Nijmwegen — Kleve — Kalkar.

Mitten im Artilleriefeuer der Alliierten erschienen auch noch riesige Bomber- und Jabo-Verbände über der deutschen HKL. In dichten Wellen rasten die Jabos im Tiefflug über die deutschen Stellungen. Bombenteppiche größten Ausmaßes kündigten an, daß dies tatsächlich die Großoffensive war.

Auf der Straße Wyler — Kranenburg rollten die feindlichen Panzer vor. Ihr Mündungsfeuer war deutlich zu erkennen. Dazwischen blafften die riesigen Fanale der Flammpanzer.

Als sich gegen Mittag des 8. 2. der Bodennebel hob, schossen die Engländer einige Tausend Nebelgranaten, um den weiteren Angriff zu decken. Der Reichswald verwandelte sich in eine Lärmhölle. Aber noch gelang es dem Gegner nicht, den Reichswald zu durchschreiten.

Am 17. 2. traf das Regiment 901 im Kampfraum ein, zog im Üdemer Bruch unter und schoß sich hier ein. Unterwegs war der Kompanieführer der 9./901, Oberleutnant Lankhorst, verunglückt und mußte schwerverletzt ins Lazarett gebracht werden. Sein Nachfolger wurde Leutnant Jähningen, der am 19. 2. 1945 zusammen mit seinem Burschen, dem Gefreiten Jinczok, fiel. Die Gefechtskompanie wurde ab 19. 2. 1945 durch Oberfeldwebel Rohrhofer geführt.

In erbitterten Kämpfen versuchte die P.L.D. den am 22. 2. angreifenden Sturzwogen des XXX. Korps standzuhalten. Noch einmal kämpften Grenadiere, Pioniere, Flak, Pak und Panzermänner gemeinsam mit letztem Einsatz. Doch die Übermacht der Alliierten, ihre gewaltige Vernichtungsmaschinerie, trug den Sieg davon. Es war der alliierten Luftwaffe gelungen, schon in der Nacht zum 15. Februar das H.Qu. der 15. Armee schwer zu treffen. Dadurch wurden auch noch die Befehlsverhältnisse verwirrt.

Schon am 20. 2. mußten die Absetzbewegungen des Regimentes 901 eingeleitet werden, wenn es nicht Gefahr laufen sollte, gefangengenommen zu werden. Wenig später zogen sich auch die Panzer zurück und erhielten den Auftrag der Division, nach Süden vorzustoßen und sich mit den von Süden nach Norden angreifenden Divisionen des Korps Bayerlein zu vereinigen, um die feindliche Panzerspitze, die bereits Glehn erreicht hatte, zu vernichten.

Das Panzerregiment und die Panzergrenadiere sammelten sich und stießen nach Süden hinunter. Am 27. Februar rollte der Angriff, der sich jedoch schon am ersten Tage festlief. Die Panzergrenadiere blieben liegen. Es kam zu harten Kämpfen, in deren Verlauf wieder einmal die 9./901 schwer getroffen wurde. Oberfeldwebel Rohrhofer wurde hier vermißt. Auf dem Gefechtsfelde übernahm Oberfeldwebel Holland-Kunz die Kompanieführung. Es gelang ihm, die Kompanie aus der drohenden amerikanischen Umklammerung zu lösen. Die zusammengeschlagenen Reste zogen sich auf Tönisberg zurück.

Das von Süden nach Norden vorstoßende LIII. Pz.-Korps nahm bereits am Vormittag des 27. Februar Kapellen. Doch gegen Mittag wurden die vorrollenden Panzerkolonnen von Lightnings und Thypoons angegriffen und schwer bombardiert. Sechs Panzer wurden direkt getroffen. Andere durch detonierende Bomben lahmgelegt. Der Angriff des Korps kam zum Erliegen.

Am Abend des gleichen Tages stießen US-Panzerrudel in die linke Flanke des Korps und schlugen es wieder aus Kapellen heraus.

Die P.L.D. aber stand in starken Abwehrkämpfen allein vor Schiefbahn. Nun hatte sie sich ohne Unterstützung des Korps mit dem Gegner auseinanderzusetzen. Unmittelbar vor dem Panzerregiment und den aufgesessenen Panzergrenadieren erreichten die Amerikaner den Ort und nahmen ihn. Die Regimenter 901 und 902 gerieten in Gefahr, bei schnellem Weiterstoßen der Amerikaner abgeschnitten zu werden.
In dieser Situation befahl Generalmajor Niemack einen Gegenangriff auf Schiefbahn. Gelang es, Schiefbahn zu nehmen, dann war die amerikanische Panzerspitze gestoppt und soviel Zeit gewonnen, die Panzergrenadiere aus der Umklammerung zu lösen und zurückzuführen.

Noch einmal fuhren Panzer und Panzerjäger einen Angriff. Zwei Kampfgruppen, aus Angehörigen beider Panzergrenadierregimenter zusammengestellt, folgten den Panzern, als sie in die Bereitstellungen rollten. Lassen wir hier Unteroffizier Eduard Job von der 3./Pz.Jäg.-Lehr-Abt. 130 berichten, wie er den Nachtangriff auf Schiefbahn erlebte:

„In der Normandie mußte unsere Panzerbesatzung unter dem bewährten Kommandanten Oberfeldwebel Erich Stolz dreimal aussteigen. Ein Panzer wurde uns abgeschossen. Die beiden anderen mußten wir im geschlossenen Kessel von Falaise stehenlassen, weil sie nacheinander beschädigt wurden. Aber wir waren immer durchgekommen und hatten auch die Ardennen-Offensive und den Artillerie-Feuerschlag der Alliierten bei Üdem überstanden.

Am Abend des letzten Februar 1945 erreichte uns der Alarmruf. Wir sollten die mit Stoßrichtung zum Rhein vorrollenden amerikanischen Panzer im Gegenstoß aus Schiefbahn hinauswerfen. Neben unserer 3./Pz.Jäg.Lehrabteilung 130 fuhren ein paar Panzer des Panzerregimentes den Angriff mit. Teile der 1., 2. und 3./Pz.Gren.Lehr-Rgt. 901 waren ebenfalls abgestellt und dazu noch ein schwerer Zug mit sMG und Granatwerfern.

Oberfeldwebel Stolz, der wieder als Kommandant unseres Jagdpanthers eingestiegen war, hielt sich dicht hinter dem Panther des Zugführers.

Als Leutnant Schönrath die ersten Abschüsse der Feindpanzer an der Straßenkreuzung unmittelbar vor Schiefbahn feststellte, ließ er den Zug nach beiden Seiten auseinanderrollen.

Wir erkannten nun die Stellen, von wo aus der Gegner feuerte. MG-Feuer schnatterte durch das Rummsen der Panzerkanonen, und die Panzergrenadiere, die auch auf unserem Panther aufgesessen waren, mußten sich schon flachmachen, um nicht von den Untersätzen heruntergeholt zu werden.

Die vier Tiger des Pz.Lehr-Rgt. 130, die halbrechts von uns rollten, begannen zu feuern. Durch die Zieleinrichtung erkannte ich ihre Einschläge. Dann sah ich einen Gegner und richtete ihn an. Als wieder ein blendender Feuerstrahl aus der gegnerischen Deckung aufflammte, hielt ich genau einen halben Meter darunter und schoß.

Büsche flatterten hoch, und unter der wegfliegenden Tarnung erschien ein Amipanzer. Der zweite Schuß riß ihm den Turm herunter, noch bevor er zurückschießen konnte.

Alle Panzer standen nun im Gefecht. Durch die Stahlwände unseres Wagens klangen die Abschüsse und Einschläge nur gedämpft herein. Immer wieder rief Oberfeld Stolz uns seine neuesten Wahrnehmungen und Weisungen zu, so daß Ömmes Krenstedt — unser Fahrer, der uns schon über 3000 Kilometer durch die Normandie und die Ardennen gekarrt hatte — den Wagen drehen und ich die Ziele auffassen konnte.

Dreißig Meter rechts von uns hämmerte eine amerikanische Panzergranate in einen unserer Panzerjäger hinein. Obgleich ich durch meine Optik nichts erkennen konnte, sah ich doch das indirekte Flackern der Flammen und wußte, daß der Kameradenpanzer in Brand geschossen war. Eine halbe Sekunde lang dachte ich an die Kameraden, die sich dort in dem brennenden Sarg befanden. Waren sie noch rausgekommen?

In diesem Augenblick erschütterte ein schwerer Schlag unseren Wagen. Es krachte, daß es schien, als sei eine Granate durchgeschlagen.

Jupp Heller, unser Ladeschütze, ließ beinahe seine Granate fallen, als sich unser Panther weit überlegte und dann mit einem Satz nach vorne schnellte.

Ommes hatte sofort geschaltet und den Wagen mit Vollgas von der gefährdeten Stelle fortgebracht. Und so erreichte uns die zweite Granate n i c h t, die unmittelbar vor dem Bug herflitzte und weiter hinten gegen einen Baum schlug.

Wieder feuerte ich auf einen erkannten Feindpanzer. Alle anderen Panzer feuerten ebenfalls. Die Nacht wurde durchzuckt von den Abschußfahnen. Feuer loderten empor. Panzer brannten mit dicken Qualmsäulen. Doch unser Angriff blieb im Abwehrfeuer des Gegners liegen. Aus einem weiten Halbkreis um Schiefbahn feuerte der Gegner mit Pak und Panzern. Unsere Grenadiere wurden durch MG-Salven von den Panzern heruntergeholt.

‚Wenn wir da durchbrechen sollen, sind wir im Eimer. Warum lassen die Armleuchter uns nicht dies Feuer umgehen?' schrie Heller wütend.

‚Dir flattert wohl der Frack, was?' konterte Krenstedt.

Im gleichen Augenblick kam die Stimme des Kompanieführers, den wir vorher schon einigemale über Sprechfunk gehört hatten und der nun befahl:

‚Kompanie auf Punkt Dora 12 sammeln!'

Wir rollten zurück, und Oberleutnant Wagner erklärte uns, daß wir gemeinsam mit zwei Panthern des Panzerregiments und ein paar Granatwerfern von der Südwestflanke aus angreifen sollten, während eine andere Gruppe von der Ostflanke aus in Schiefbahn eindringen würde. Also rollten wir wieder los. Jeder hatte 10 Schuß Feuer frei bekommen, und das war schon eine Menge Holz.

‚Wenn wir erst angreifen, dann laden wie die Feuerwehr, Heller', sagte ich, als wir die Ausgangsstellung für den Angriff erreicht hatten.

Heller, unser Kumpel aus Augsburg, nickte. Er verstand sein Geschäft, und er wußte, daß es von ihm allein abhing, ob wir schnell genug schießen konnten. Und wer schnell schoß, wer der s c h n e l l e r e war, der überlebte. Über fünf Jahre Krieg in fast allen Ländern Europas hatten uns das gelehrt.

Schon hörten wir das Feuer des Ostkeiles durch die Nacht brüllen. Dann auch das MG-Feuer vom Gros her, wo sich die Grenadiere hinter den Panzern in Deckung geworfen hatten.

‚Gefechtsbereitschaft!' erklang die Stimme von Leutnant Schönrath über Sprechfunk.

‚Luken dicht!'

‚Beide Waffen geladen und gesichert!' meldete Heller sofort — wie aus der Pistole geschossen.

Nun war nichts anderes mehr zu hören, als die dumpfen Schläge der Panzerkanonen.

‚Panzer!' rief Oberfeld Stolz plötzlich.

Auf einmal hatte ich schon den ersten in der Optik. Schwarz stand er vor dem helleren Hintergrund des Himmels. Keine 50 m entfernt rollte er als plumper Schemen aus einem Gebüsch raus. Ich schoß, und auf einmal grellte unmittelbar vor der Optik eine rote Flamme empor. Ich wußte nicht: brennt nun *er*, oder sind *wir* es, die einen verpult bekommen haben? Aber es war doch der Gegner, der beim ersten Schuß in Brand geraten war.

‚Weiter, weiter!', so hieß der Befehl. Wir rollten vor. Die wenigen Panzergrenadiere, die aufgesessen waren, duckten sich hinter den Turm, als MG-Feuer uns bestrich und gegen die Panzerung klackerte. Und dann flammten auch von drei Seiten gleichzeitig die Panzerabschüsse durch die Nacht. Die beiden Panther des Panzerregimentes feuerten, und dann schoß unser Zug aus allen Rohren.

Leutnant Schönrath dirigierte uns. Dann gab er den Befehl zum Weiterrollen. Der Panzer von Feldwebel Dückert vernichtete einen der überraschenderweise vorpreschenden Amipanzer, und dann hatten auch wir wieder einen im Visier. Der erste Schuß stoppte ihn, und der zweite ließ ihn als hell lodernde Fackel im seitlichen Ortseingang stehenbleiben.

Wir erreichten Schiefbahn. Die Nacht wurde an dieser Stelle tobsüchtig. Ein Panzer schob sich von rechts an uns heran. Wir wußten es nicht eher, bis er feuerte und seine Granate unseren Turm streifte, daß es in unseren Ohren dröhnte.

Sofort ließ ich den Turm herumgehen, während Ömmes ebenfalls drehte. Das war immer unser Trick und brachte unser Geschütz am schnellsten in die angegebene Richtung.

Der zweite Schuß flitzte vor uns her, dann bekam ich den Panzer in die Optik, und gegen unsere Granate war er machtlos. Er fraß sie und explodierte.

‚Weiter vorrollen!'

Alle Panzerjäger feuerten. Leutnant Schönrath befahl uns, einzudrehen. Wir erreichten die Mitte der Ortschaft und blieben drehend auf einem

Marktplatz stehen. Ein zweiter Panzerjäger schob sich durch eine Seitenstraße ebenfalls auf diesen Platz. Drei, vier weitere folgten ihm.

Feldwebel Dückerts, des Leutnants und unser Panzerjäger feuerten gleichzeitig. Drei Flammen jagten aus den Rohren. Drei harte Treffereinschläge zeigten uns, daß wir alle getroffen hatten, und zwei Flammenfahnen stiegen aus den Feindpanzern in die Höhe. Der dritte — es war der von uns aufgefaßte — rollte ein Stück weiter, bis ich ihn wieder im Visier hatte. Die Granate traf ihn zwischen Turm und Unterwagen und riß seinen schweren Turm wie eine Streichholzschachtel herunter. Die Besatzung versuchte, auszubüchsen. Doch in dem Augenblick, da ihre Luken aufsprangen, schnellten sich drei, vier, fünf bunte Flammen aus ihrem Panzer in die Höhe, und dann krachte ihre Bereitschaftsmunition mit berstenden Schlägen auseinander.

Einige Panzergrenadiere tauchten auf. Alles war in der Finsternis und den flackernden Lichtern der brennenden Panzer irgendwie unwirklich. Sie stürmten auf ein Haus jenseits des Marktplatzes zu, aus dem noch zwei MG feuerten.

‚In die Keller halten!' kam wieder ein Befehl von Leutnant Schönrath. Wir richteten ein und feuerten Sprenggranaten in die Keller. Dann rollten wir ein Stück vor, erreichten das Ende des Marktplatzes und sahen uns einem Pulk von Feindpanzern gegenüber, die eben aus Westen anrollten.

Das Gefecht begann abermals aufzuflackern. Wir schossen noch zwei Panzer aus diesem Pulk heraus, Feldwebel Dückert ebenfalls zwei, und Leutnant Schönrath erwischte einen der abdrehenden Panzer.

Dann sammelten wir am Westausgang von Schiefbahn. Wir hatten den Ami aus Schiefbahn herausgehauen und waren im Besitz der Ortschaft. Und damit hatten wir zugleich unseren eingekesselten Kameraden die Möglichkeit verschafft, sich ungestört vom Gegner absetzen zu können.

Zum Schluß mußten wir noch einen eigenen Panther abschießen, den die Amis erbeutet hatten.

Die Panzergrenadiere säuberten die Ortschaft vom Gegner. Aus einem Keller holte ein Stoßtrupp 40 Amerikaner heraus, die sich bis zuletzt verzweifelt zur Wehr gesetzt hatten, weil sie glaubten, daß sie wieder durch einen Gegenstoß ihrer Panzer freigekämpft werden würden. Erst einige Handgranaten brachen hier den letzten Widerstand.

Doch auch wir hatten schwere Verluste erlitten. Vom Zug Leutnant Schönrath waren nur noch drei Panzer übriggeblieben. Die anderen waren in diesem großen Nachtduell abgeschossen worden."

So weit der Bericht von Unteroffizier Job, einem der Männer, die in selbstloser Pflichterfüllung vom ersten bis zum letzten Kriegstage ständig im Einsatz gestanden hatten.

In den Divisions-Tagesbefehl vom 2. März 1945 wurde dann folgende Meldung vom Nachtgefecht in Schiefbahn aufgenommen.

„Zur Belehrung der Kompanien folgende Tapferkeitstaten aus der Division:

1. Bei der Wiedereinnahme von Schiefbahn am 1. 3. 1945 schoß

Uffz. Eduard Job

3./Pz.Jäg.Lehr-Abt. 130

im schweren Nachtgefecht 5 feindliche Panzer ab. Job hat nunmehr als Richtschütze eines Jagdpanzers 38 Feindpanzer abgeschossen."

Unteroffizier Eduard Job, der bereits das Deutsche Kreuz in Gold trug, wurde im Ehrenblatt des deutschen Heeres genannt und erhielt dazu die Ehrenblattspange des deutschen Heeres; eine nur sehr selten verliehene Auszeichnung.

13

ÜBER DEN RHEIN - BRÜCKENKOPF WESEL

Im Ruhrkessel — Bis zum bitteren Ende

Am späten Abend des 28. Februar 1945 hatten die zerschlagenen Teile der 9./901 Tönisberg verlassen und waren über die Admiral-Graf-Spee-Brücke über den Rhein gegangen.
An der großen Brücke standen schon die Sprengkommandos bereit. Ein unendlich scheinender Zug marschierte mit und ohne Fahrzeuge über den Fluß. Aber noch war nicht das gesamte linksrheinische Gebiet verlorengegangen.
Am 1. März kam vom OKW die Weisung heraus, daß k e i n Stabsoffizier ohne besonderen Befehl den Rhein überschreiten dürfe. Die dauernde Anwesenheit der höheren und höchsten Offiziere bei der Truppe sollte deren Widerstandskraft stärken.
Korpfgefechtsstand des LIII. Pz.-Korps war in Rheinfeld. Am 3. März wurde dieser Gefechtsstand von US-Panzern beschossen. Die Offiziere und Mannschaften dieses H.Qu. wurden direkt an den Rhein getrieben, und in der Frühe des 4. März erhielt General Bayerlein die Genehmigung, den Rhein zu überqueren.
Bei Xanten und im Brückenkopf Wesel leisteten die Panzer und Panzergrenadiere der P.L.D., aus Schiefbahn nach Norden weichend und dem Gegner schwere Verluste zufügend, dem XXX. brit. Korps (Generalleutnant Horrocks) erbitterten Widerstand. Bei Veen kam es zu einer der letzten Panzerschlachten des Zweiten Weltkrieges. Es wurde ein Kampf, der auf beiden Seiten schwere Verluste kostete. Die wenigen deutschen Panzer standen einer Übermacht alliierter Panzertruppen gegenüber. Wieder erlitt das XXX. Korps schwerste Verluste. Aber auch die Panzer der P.L.D. wurden stark dezimiert.
Überschwere amerikanische Panzer rollten gegen die Panzerjäger der P.L.D. vor. In diesem Frontabschnitt erlebte Unteroffizier Job vor Rhein-

berg, dem südlichen Eckpfeiler des Brückenkopfes Wesel, einen gefährlichen Zwischenfall, der um ein Haar tödlich ausgegangen wäre. Lassen wir noch einmal Unteroffizier Job berichten:

„Als wir das Feuer auf die angreifenden Feindpanzer eröffnen wollten, konnte ich auf einmal meine Kanone nicht mehr drehen. Irgend etwas klemmte im Zahnkranz.

‚Los, schießen!' rief Oberfeldwebel Stolz.

Können! — Dafür schoß der Gegner. Zum Glück traf er nicht. Die Granate flitzte über uns hinweg und schlug in eine Ruine hinein.

‚Los, schießen! Schießen!' schrie unser Panzerkommandant abermals. ‚Er schießt gleich wieder!'

Fieberhaft suchte ich den Fehler. Und plötzlich entdeckte ich eine Panzergranate, die wir einmal zuviel gehabt hatten. Sie hatte sich im Zahnkranz eingeklemmt. Nichts wie weg damit. Nun konnte ich unsere Kanone wieder drehen.

Beim zweiten Schuß stand der Panzer in Flammen. Die ebenfalls nahe herangekommenen SPW des Gegners, die nun vorrollten und uns aus ihren kleinkalibrigen Spritzen beharkten, daß es ringsum an der Panzerung klirrte und schepperte, wurden mit schnellen Schüssen vernichtet.

Wieder einmal stand unsere Kompanie in hartem Abwehrkampf. Wir wußten, daß nichts mehr zu machen war, aber unsere Kameraden gingen eben zur Rheinfähre in Richtung Rheinberg, die noch intakt war. Wir mußten ihren Abmarsch über den Rhein sichern.

Auch wir rollten schließlich aus Rheinberg in Richtung zur Rheinfähre, als auf einmal drei durchgebrochene amerikanische Panzer vor uns auftauchten, die ebenfalls die Fähre zu erreichen und zu vernichten suchten. Wir waren der letzte Panzerjäger und drehten, um den nachrollenden Gegner aufzuhalten. Ich sah einen der Amipanzer direkt auf uns zurollen. Auf eine Entfernung von höchstens vierzig Meter jagte ich ihm frontal eine Granate in den Unterwagen hinein, und dann geschah alles sehr schnell.

Der Feindpanzer rollte steuerlos weiter, genau auf uns zu. Ehe wir drehen konnten, ehe Ömmes Krenstedt unseren Panzerjäger aus der Kollisionslinie herausbringen konnte, krachte der Feindpanzer auf unseren Bug. Unser Panzerjäger ruckte zurück, daß wir gegen Waffen und Gerät geschleudert wurden. Der Amipanzer drehte, lief im rechten Winkel von uns ab und rammte eine Hauswand, die auf ihn herunterprasselte.

Sofort war Oberfeldwebel Stolz wieder aus dem Luk heraus und hielt die aussteigenden Amerikaner in Schach, während die beiden anderen Panzer von den Kameraden abgeschossen wurden, die sofort nach dem Schuß gedreht hatten."

Damit war der Einsatz der P.L.D. im linksrheinischen Gebiet am Ende. Die einzelnen Kampfgruppen gingen über den Strom zurück und sammelten sich. Das Regiment 902 stand am 7. März mit der Masse bei Neviges — Heiligenhaus.

Am 9. März erschien Feldmarschall Model im Korps-Gefechtsstand in Oberpleis und befahl General Bayerlein, den Remagener Brückenkopf der Alliierten zu vernichten. Er gab dem Korps-Kommandeur einen Tag Zeit, die P.L.D. und die 9. und 11. P.D. zu versammeln und den Angriff vorzubereiten.

Dieser Brückenkopf war entstanden, als am 7. März die 9. amerikanische P.D., die als Marschspitze der 1. US-Armee entlang der Nordeifel auf Remagen vorstieß, zu ihrem größten Erstaunen die Ludendorff-Eisenbahnbrücke unversehrt vorfand. Hier fiel den Gegnern zu, um was sie sich auf der gesamten Rheinstrecke von Koblenz bis Duisburg vergebens bemüht hatten: eine unversehrte Brücke im Handstreich zu nehmen. Und die 9. US-P.D. nutzte die Gunst der Stunde. Es war genau 15.50 Uhr, als ein schneller motorisierter Zug über die Brücke raste, die um 16.00 Uhr gesprengt werden sollte. Während Pioniere jedes Zündkabel durchschnitten, rollten Infanterie und Panzer nach. Zwei schwache Sprengladungen konnten deutscherseits gezündet werden. Die Brücke erzitterte, aber sie fiel nicht. Verstärkungen ergossen sich hinüber, und als die Dunkelheit einbrach, hatte der Gegner einen starken Brückenkopf auf dem Ostufer des Rheins errichtet.

Als General Courtney Hodges, der O.B. der 1. amerik. Armee, das vorgeschobene amerik. H.Qu. in Namur anrief und die Einnahme meldete, schrie General Bradley ins Telefon:

„Donnerwetter, Courtney, das haut aber hin!“ Dann rief Bradley Eisenhower an, der antwortete:

„Nehmen Sie, was Sie brauchen und gehen Sie hinüber. — Aber sorgen Sie dafür, daß der Brückenkopf auch hält.“

So war der Pfahl im Fleisch der deutschen Verteidigung auf dem Ostufer des Rheins entstanden und schnell ausgebaut worden. Zwar kam es im Verlauf des 9. und 10. März zu kleineren Gefechten vor dem Brückenkopf, doch der Angriff auf den Brückenkopf selbst konnte nicht durchgeführt werden.

Die Einheiten der P.L.D., die weit verstreut eingesetzt waren, sammelten sich. Das Regiment 901, dessen Kompanien am weitesten verstreut waren, gab am 11. März den Neuaufstellungsbefehl heraus. Mit Wirkung vom 15. März wurde die Gefechtskompanie des Rgts. aufgelöst. Sie hatte keinen Gefechtswert mehr. Der einzige noch vorhandene Zug mit drei Geschützen trat unter die Führung von Stabsfeldwebel Wollesen. Alle anderen Kompanie-Angehörigen traten zum I./901.

Die 1./901, die schwer gelitten hatte, wurde am 17. März 1945 in Neviges neu zusammengestellt. Kompanieführer wurde Leutnant Hillermann. Der neu ernannte Bataillonsführer des I./901, Hauptmann Janzen, besichtigte noch am gleichen Tage die Kompanie. Was er vorfand, waren alte, treue Haudegen. Die Spreu hatte sich in alle Winde verstreut.

Folgen wir dem Regiment in den neuen Kampfraum im Siegkreis. Lassen wir Hauptfeldwebel Richard Wollesen von den letzten Tagen des Regimentes bis zum Tage der Gefangennahme berichten:

„Am 26. März wurden wir alarmiert und marschierten sofort ab nach Striefen (Siegkreis). Hier sollten wir einen Sperr-Riegel aufbauen, um den aus dem Raum Remagen angreifenden Gegner zu halten.

Heftige Kämpfe folgten, und manch einer meiner besten Leute, der bisher den ganzen Krieg gut überstanden hatte, fiel. Das Gefecht um Striefen dauerte bis zum Morgen des 27. März. Striefen brannte. Der Druck des Gegners wurde von Stunde zu Stunde stärker. Langsam setzte sich das I./901 kämpfend über Adscheid — Katzwinkel nach Niedersorge ab. Hier hatten wir eine kurze Verschnaufpause.

Doch bald griffen die Amerikaner wieder mit frischen Einheiten an. Der Gegner stieß so überraschend mit Panzerverbänden und schnellen Truppen in unsere provisorischen Stellungen, daß unser jetzt bei der 4. Kompanie stehende Sfl-Zug nicht mehr rechtzeitig Stellungswechsel machen konnte und mit allen Männern in Gefangenschaft geriet.

Meine Kompanie besetzte die Höhen bei Wormbach und konnte diese auch den ganzen 3. April hindurch halten. Der angreifende Gegner wurde immer wieder abgewehrt und blutig zurückgeschlagen. Dann wurde auch hier der Druck zu stark, und langsam wichen wir bis Altenhundem (Sauerland) zurück. Hier wurden wir abgelöst und rollten sofort weiter nach Neuenrade, wo wir erneut eingesetzt werden sollten. Ruhetage gab es nicht.

Auf der Anmarschstraße nach Neuenrade sah es toll aus. Überall marschierende Einheiten. Dazwischen viele ‚Einzelgänger', die an den Auffangstellen von der Feldgendarmerie aufgehalten und zu größeren Trupps zusammengestellt wurden. Auch wir wurden mit einem solchen Zug ‚beglückt'. Ich wies den Zug am Abend in die Stellung ein. Als der Morgen graute, war er mit allem, was er hatte, sang- und klanglos verschwunden. Aber wir trauerten ihnen nicht nach. Auf diese Haufen war kein Verlaß. Anders war es bei den Männern unserer Division. Sie hielten ihre Stellungen, bis der Absetzbefehl kam.

Am 4. April hielten wir in Neuenrade um 18.00 Uhr Einsatzbesprechung beim Bataillon. Mitten in diese Besprechung rauschte ein schwerer Feuerüberfall, der kurz darauf durch schwere Panzerangriffe abgelöst wurde. Wir rannten zu unseren Kompanien und versuchten, aus Neuenrade rauszukommen. Überall knallte es. Der Gegner hatte die Höhen rings um die Stadt besetzt. Wir saßen in der Falle.

Einzelnen gelang es noch, irgendwo durchzuschlüpfen. Die Masse blieb. Meine Kompanie, die noch 46 Gewehre stark war, sammelte sich nach und nach in einem am Stadtrand liegenden Haus. Unser Hiwi, der brave und tapfere Odilawadse, wurde in Zivil gesteckt und pirschte sich in die Stadt hinein, um die Lage zu peilen. Nach zwei Stunden kam er zurück und berichtete, daß Neuenrade voller Feindpanzer sei und daß die Masse des I./901 bereits in Gefangenschaft geraten sei.

Wir verbrachten eine ruhige Nacht. Nichts rührte sich bei uns. Dann setzten wir uns vom Gegner ab.

In der Nacht zum 13. 4. 1945 waren wir dann mit drei Trupps unterwegs, um eine weiche Stelle zum Durchschlüpfen zu finden. Hierbei verloren wir noch den Obergefreiten Weninger. Für mich stand fest, daß nun alles verloren war. Ich ließ die MG-Posten einziehen und alle Waffen vernichten. Kein Blutvergießen mehr, das war das einzige, was ich noch für die mir unterstellten Männer tun konnte, die bis zuletzt eisern gestanden hatten. Dann kam das Ende.

Am 13. 4. 1945 um 7.15 Uhr wurden wir von schwerbewaffneten Amerikanern umstellt und mußten abschnallen. Der Marsch in die Gefangenschaft begann, die zum Glück für alle nur wenige Monate dauerte. Wir wurden nach Sinzig gebracht.

Die Behandlung im Lager war schlecht. Die Verpflegung noch schlechter. Wir vegetierten, ohne Dach über dem Kopf, dahin, bis die Entlassungsstunde kam.

Noch ein Wort über die Männer. Sie zeigten sich auch in der Gefangenschaft von ihrer besten Seite. Das Wort Kameradschaft stand für uns alle nicht nur auf dem Papier. Bis zum letzten Tage hielt jeder erstaunliche Disziplin. Ich war stolz auf diese jungen 18jährigen, denen ich in schwerer Zeit Führer und Helfer sein durfte."

Gleich dem Regiment 901 wurden auch alle anderen Einheiten der P.L.D. vom 22. März an alarmiert und in den Ruhrkessel geworfen, um den erwarteten alliierten Angriff nördlich der Ruhr abzufangen. Die P.L.D. wurde im Zuge dieser Bewegungen in den Siegkreis verlegt.

Hier befahl Feldmarschall Model in der Frühe des 29. März den Kommandeur des LIII. Pz.-Korps, General Bayerlein, zu sich nach Olpe, in seinen Gefechtsstand. Bayerlein erhielt Weisung, mit der P.L.D. und den Resten einiger weiterer Divisionen, darunter den Überbleibseln der 3. Fallsch.Jäg.Div. (General Wilke), zur Sprengung des Ruhrkessels auf Schmallenberg vorzustoßen und von dort weiter nach Osten, auf Bad Wildungen, in Richtung Edertalsperre durchzubrechen. Damit sollte die

Verbindung mit den südlich des Kessels stehenden deutschen Truppenverbänden wieder hergestellt werden.

Es war 2.00 Uhr, als General Bayerlein den Gefechtsstand des O.B. verließ. General Bayerlein sagt — rückblickend — zu dieser denkwürdigen Besprechung:

„Es war ein Narrenhaus, in das ich geraten war. Meldungen liefen ein, die einander ständig widersprachen. Ebensolche einander widersprechende Befehle gingen aus dem H.Qu. hinaus. Und in diesem Tohuwabohu mußte ich versuchen, so viele Truppen wie möglich zusammenzutrommeln, um mit dem Vorstoß wenigstens einige Aussicht auf Erfolg zu haben. Ich fuhr nach Winterberg. Es regnete zum Glück, so daß kein Fliegerwetter war. Genau nordwestlich von Küstelberg stellte ich fest, daß US-Truppen schon vor mir durchgezogen waren. Sie hatten die dort stehenden 100 Mann des Volkssturmes entwaffnet und heimgeschickt."

General Niemack ließ die P.L.D. antreten. Noch einmal rollte ein Angriff. Die Panzer erreichten Hesborn und Liesen, südöstlich von Winterberg. Bei Medelon stießen sie auf starke amerikanische Panzereinheiten und wurden aufgehalten. Doch weitere Einheiten stießen hinzu, und Küstelberg fiel in deutsche Hand.

Hier fand Unteroffizier Hans Scholde mit seiner Panzerbesatzung den Tod. Als das einsetzende amerikanische Artilleriefeuer die Reste der Pz.Jäg.Abt. 130 voll traf, booteten die Besatzungen aus und verschwanden in den Kellern von Küstelberg und Deifeld. Als sie nach dem Artilleriebombardement die Keller wieder verließen, nahmen die in ihrem eigenen Feuer vorgerollten Amerikaner sie schon in Empfang. So geriet auch die Besatzung des Panzerjägers unter Feldwebel Dückert in Gefangenschaft.

Der Fahrer dieses Panzerjägers, Obergefreiter Benno Arndt, und sein Funker, Obergefreiter Adolf Baron, wollten das Glück noch einmal wenden. Als sie sich einen Augenblick unbeobachtet glaubten, sprangen sie in ihren Panzer. Sie schrien dem Feldwebel noch zu, ebenfalls aufzuspringen. Doch Dückert wurde von den Amerikanern festgehalten.

Die beiden Männer aber rollten mit ihrem Panzerjäger los. Nach ein paar hundert Metern machten sie kehrt, um auch die gefangenen Kameraden noch herauszuhauen. Sie nahmen die Amerikaner unter Feuer, daß diese auseinanderstoben und in Deckung gingen. Als sie die Stelle erreicht hatten, mußten sie feststellen, daß auch ihr Kommandant, Feldwebel Dückert, durch ihr e i g e n e s Feuer getötet worden war.

Die Panzer rollten weiter. Als jedoch am 31. März das Wetter aufklarte und die Jabos auf der Rollbahn Langenwiese — Schmallenberg ihre neue „Rennstrecke" einrichteten, stockte der Vorstoß.

Generalmajor Horst Niemack wurde schwer verwundet und auf Befehl von Feldmarschall Model aus dem Kessel ausgeflogen. Auf dem Gefechtsfelde übernahm Eichenlaubträger Oberst Paul von Hauser, der Kommandeur des Pz.Gren.Lehr-Rgts. 901, die Führung der P.L.D.

Medebach, Rhadern und Hillershausen wurden die nächsten Stationen. Lightnings schalteten in Tiefstangriffen die wenigen verbliebenen Flakbatterien aus. Westlich von Alt-Astenberg wurde das Gros der Panzer der P.L.D. ebenfalls durch solche Tiefstangriffe ausgeschaltet. Der Ausbruch aus dem Ruhrkessel war gescheitert, und in der Nacht zum 2. April 1945 wurden die Angriffsdivisionen — die jedoch nur noch Trümmer waren — wieder auf Winterberg zurückgenommen.

Am frühen Morgen des 4. April mußte auch Winterberg geräumt werden. Der Korps-Gefechtsstand wurde nach Lenneplätze verlegt.

Auch am 5. April griffen US-Truppen nördlich Winterberg die P.L.D. an. Zwischen dem Kahlen Asten (841 m und damit höchste Erhebung des Sauerlandes) und Silbach tobten heftige Kämpfe. Die Hauptlast des Kampfes lag auf den Schultern der Panzergrenadiere des Regimentes 902.

Oberstleutnant Ritter von Poschinger fiel an der Spitze seines Regimentes. Mit ihm fand auch Oberleutnant Rasmus, der Chef der 4./902, den Tod. Die gesamte vierte Kompanie des Regimentes wurde abermals zerschlagen.

Auf dem Gefechtsfelde übernahm Hauptmann Klein die Führung des Regimentes. Er führte das Regiment über Altena und Hemer nach Iserlohn, wo er mit seinen Männern am 15. April 1945 in alliierte Gefangenschaft geriet.

Unter sechs Kommandeuren hatte das Regiment 902 auf allen westlichen Schlachtfeldern drei Vierteljahre hindurch mit nie nachlassender Opferbereitschaft gekämpft.

Aus ihren versteckt gelegenen Bereitstellungen in den Sauerlandwäldern sahen die wenigen übriggebliebenen Panzerbesatzungen in den Tagen nach dem 5. April 1945, wie stundenlang amerikanische Infanterie und Panzer an ihnen vorbeizogen. Diesen gewaltigen Streitmächten hatten sie nichts mehr entgegenzusetzen.

Dann erschienen wieder die Jabos. Die P.L.D. war auf insgesamt 20 Panzer und Panzerjäger und 10 Kettenfahrzeuge zusammengeschmolzen. Das war von der größten und bestausgerüsteten deutschen Panzerdivision übriggeblieben.

Am 7. April traf sich General Bayerlein mit dem O.B. der Korps-Gruppe, General von Lüttwitz. Beide Generale waren sich darüber im klaren, daß die Sache hoffnungslos war, und daß jeder weitere Tag des Krieges nur sinnlose Opfer kostete.

Am 9. April ging Werl verloren. Zwei Tage später erreichten die Alliierten Dortmund.

In den frühen Morgenstunden des 15. April erschien General Bayerlein noch einmal bei den Resten seiner P.L.D. Er verabschiedete sich von seinen alten Kameraden und wies Oberst von Hauser an, die Division bei der ersten sich bietenden Gelegenheit dem Gegner ehrenvoll zu übergeben, um weiteres Blutvergießen zu vermeiden.

Von Stunde zu Stunde wurde der Kessel um die P.L.D. enger. Das Korps-H.Qu. in Rafflingsen wurde von der 7. US-P.D. bedrängt, die bereits Menden erreicht hatte. Am gleichen Tage noch ergab sich die P.L.D. mit 2 460 Mann, acht Panzern und Selbstfahrlafetten, 50 gepanzerten Fahrzeugen und einer einzigen noch einsatzbereiten Batterie des Artillerieregiments dem Gegner.

In einem Waldstück in der Nähe stieg um die gleiche Zeit, da die Meldung von der Übergabe durchgesickert war, Oberfeldwebel Stolz mit seiner Besatzung aus dem Panzerjäger, der sie über 3 000 Kilometer beschützt hatte. Ömmes Krenstedt, der Fahrer, sprengte seinen Panzer. Dann ging die Besatzung geschlossen in die Gefangenschaft.

Und wenn man Unteroffizier Job, den Richtschützen dieses Panzerjägers, nach seinem letzten Eindruck dieses Krieges befragt, dann nennt er den trockenen harten Knall, der aus dem Langrohr seines Panzerjägers ein Stück Schrott machte.

Aber noch immer war eine kleine Gruppe der P.L.D. nicht in Gefangenschaft geraten. Diese Gruppe von 131 Mann wurde von dem Abteilungs-Ingenieur der II./Pz.Lehr-Rgt. 130 geführt und hatte noch eine lange Odyssee zu bestehen. Lassen wir an dieser Stelle den damaligen Abteilungs-Ingenieur, Dr.-Ing. Wilhelm Cursiefen, über jene letzten Tage bis zum offiziellen Kriegsschluß Bericht erstatten:

„Mit 131 Mann erreichten wir nach einer wirklichen Odyssee über Wittenberge, Dresden, Regensburg, München und Miesbach Bayrischzell. Wir drangen in das Seitental nach Kufstein ein, das beim Zipfelwirt endet.

Ab Regensburg war ich der dienstälteste Offizier und hatte damit für diese letzten 131 Mann die Verantwortung. Wir besaßen noch 40 Fahrzeuge, darunter den schweren Maschinenwagen, ein dreiachsiges Ungetüm, das uns schon so oft geholfen hatte. Der Wagen blieb in Miesbach mit gebrochenem Differential liegen.

Dieser letzte Haufen von 131 Mann hielt bis zum Schluß beste Disziplin. Am 5. Mai hielten wir Kriegsrat: Leutnant Mann, unser Stabsintendant, alle Feldwebel und Unteroffiziere und ich.

Weiterer Kampfeinsatz wäre Unsinn gewesen. Ich ließ das noch vorhandene Geld als Sold-Vorauszahlung verteilen, und nach Rücksprache mit allen Männern wurde beschlossen, daß Leutnant Mann und ich am nächsten Tage mit den Amerikanern Verbindung aufnehmen sollten. Wir zogen wieder Panzer-Schwarz an; die Tarnanzüge wurden abgelegt.

Am Nachmittag des 7. Mai machten wir uns auf den Weg. In meinem Volkswagen fuhr uns ein Feldwebel bis vor die letzte Kurve nach Bayrischzell. An der Einmündung unserer Straße stand ein amerikanischer Panzer. Wir — Leutnant Mann und ich — saßen ab und marschierten auf den Panzer los. Als wir ihn erreichten, mußten wir unsere Pistolen abgeben, und nach einer Weile erschien ein Jeep, der uns nach Schliersee brachte. Hier nahm ein amerikanischer Major die Übergabe unserer 131 Männer entgegen.

Am nächsten Morgen fuhren wir auf einem Dreivierteltonner zu unserem Haufen zurück. Kurz vor dem Ziel ließen uns die Amerikaner aussteigen. Sie trauten dem Braten nicht. Darum mußten wir vorgehen. Wir erreichten unsere Männer wieder. Das letzte Frühstück in Freiheit begann. Dann hieß es antreten. Ermahnung zur Ruhe und zum Zusammenhalten folgte.

Alle Männer hatten ihre Auszeichnungen angelegt, auch die, die sie sonst in der Tasche trugen; es war wie selbstverständlich. Dann marschierten wir ab. Zum erstenmal seit dem 6. Juni 1944 ohne Fliegersorgen.

In Bayrischzell wurden wir ‚überwältigend' empfangen. Eingewiesen durch schwerbewaffnete Jeeps. Auffahrt vor dem Bahnhof. Hauptfeldwebel Trenczek ließ absitzen und antreten. Dann meldete er mit Blickwendung. Ein Mann, unser Hauptfeldwebel, wie man ihn selten antraf. Der amerikanische Major nahm die Meldung entgegen. Er sagte:

‚To see your people under control; i like that!'

Wir gaben unsere Waffen ab. Es ging weiter nach Kufstein, wo wir in einem großen Garten landeten. Hier erhielt die ‚goddam Panzer-Lehr' eine Ecke des Gartens angewiesen.

Am nächsten Tage erfolgte die Weiterfahrt nach Rosenheim. Immer hundert Mann auf einem Sattelschlepper. Im Lager Rosenheim erfolgte nächtlicherweile die große, sattsam bekannte ‚Urri-Urri-Aktion', mit Seitenblick auf sonstige Wertgegenstände.

Weiter ging es in Richtung Heilbronn. Dort kam es im Lager zu Schießereien. Blut floß um ein bißchen Trinkwasser, das rarer war als etwas zu essen.

Von Heilbronn — das wir gern verließen, auch wenn das neue Ziel im Dunkeln lag — ging es weiter nach Mannheim. Dort wurde ich von meinen Männern getrennt. Nur wenige traf ich später wieder. Das Schicksal vieler ist für immer in Dunkel gehüllt. Sie hatten den Krieg überstanden, um doch noch irgendwo zugrunde zu gehen.

Festhalten möchte ich abschließend nur noch eines: Die Männer, welchen Dienstgrad sie auch immer bekleideten — haben bis zum Schluß in vorbildlicher Disziplin und Pflichterfüllung und in bester Kameradschaft zueinander gestanden. Dinge, die in jenen Tagen nach Kriegsschluß durchaus nicht so selbstverständlich waren, wie man annehmen könnte. Wir waren die Letzten der P.L.D., einer Division, die von Beginn der Invasion bis Kriegsschluß in allen größeren Kämpfen im Einsatz stand und mehr als einmal völlig ausblutete."

Der Krieg war zu Ende. Keiner war unter den Soldaten, der den Kriegsschluß nicht herbeigesehnt hätte.

Und mit dem Kriegsschluß endet auch die Geschichte der P.L.D. Sie sollte ein Jahr vorher die Invasion ins Meer zurückwerfen. Allein die alliierte Luftwaffe war es, die die Panzer-Lehr-Division vom ersten bis zum letzten Tage immer wieder mit tödlichen Schlägen traf und ihre Entfaltung verhinderte. Geben wir Generalleutnant Fritz Bayerlein das Schlußwort:

> „Ohne die erdrückende Überlegenheit der alliierten Luftwaffe hätte diese Invasion niemals Erfolg gehabt. Wohl hätte eine Landung in der Normandie unter dem Schutz der versammelten alliierten Schiffsgeschütze gegen den Widerstand der örtlichen Verteidigung gelingen können. Aber spätestens am vierten Invasionstage wären die Alliierten durch die aus ihren Bereitstellungen vorstoßenden deutschen Panzerdivisionen ins Meer zurückgeworfen worden. Wenn nicht ihre Luftwaffe gewesen wäre, die alle meine Verbände vom ersten Tage an immer wieder traf, noch bevor sie überhaupt zum Einsatz kamen."

14

RITTERKREUZTRÄGER DER PANZER-LEHR-DIVISION

Generalleutnant Fritz Bayerlein

Fritz Bayerlein wurde am 14. 1. 1899 in Würzburg geboren. Am 5. 6. 1917 trat er nach bestandener Reifeprüfung in das 2. Jäger-Bataillon Aschaffenburg ein. Nach Kriegsschluß in die Reichswehr übernommen, wurde er am 21. 1. 1922 zum Leutnant befördert.

Nach Versetzung in den Generalstab war der spätere Generaloberst Heinz Guderian, der Schöpfer der neuen deutschen Panzerwaffe, sein Vorbild. Ende 1935 wurde General Guderian die Aufstellung dreier selbständiger Panzer-Divisionen übertragen. Hier diente Hauptmann Bayerlein im Generalstab des XV. A.K. Am 1. 6. 1938 wurde Bayerlein zum Major befördert und arbeitete als Ib unter dem Chef des Stabes Oberst Stever im Generalstab der 3. P.D. Am 1. 4. 1939 wurde Fritz Bayerlein Ia der 10. P.D. unter Generalleutnant Schaal, später nach dessen Verwundung unter Generalleutnant Stumpff. An den kühnen Operationen der Division in Polen und Frankreich hatte Fritz Bayerlein großen Anteil. In Anerkennung dessen wurde er am 1. 9. 1940 zum Oberstleutnant befördert. Generaloberst Guderian holte sich den begabten Offizier in seinen Stab. Gemeinsam mit Guderian erlebte Fritz Bayerlein die gewaltigen Panzerraids in die Weiten des russischen Landes. Dann stellte Guderian ihn nach Afrika ab, wo Generaloberst Rommel einen taktisch versierten, kühn operierenden Chef des Generalstabes des D.A.K. benötigte.

Mit seinem Landsmann Rommel verband Fritz Bayerlein von Anfang an eine aufrichtige Kameradschaft. Nach der Panzerschlacht von Sidi Rezegh wurde Fritz Bayerlein am 26. 12. 1941 mit dem Ritterkreuz des Eisernen Kreuzes ausgezeichnet.

Am 1. 4. 1942 erfolgte die Ernennung zum Oberst. Die folgenden großen Schlachten des D.A.K. in Afrika sind unlösbar mit dem Namen Bayerlein verknüpft. Bei Got el Ualeb, wo Oberst Westphal verwundet wurde, übertrug Rommel Fritz Bayerlein die Führung der Panzer-Gruppe Afrika als Generalstabschef. Einmal war er Stabschef, dann wieder Führer des D.A.K. und abermals Stabschef; wie die Situation es erforderte. Auf dem nur vier Meter hohen Tel el Mampsra erlebte Oberst Bayerlein das Höllenfeuer, das das D.A.K. an den Rand der Vernichtung brachte. Als General Ritter von Thoma hier in englische Gefangenschaft geriet, übernahm Bayerlein wieder die Führung des D.A.K. und führte es von el Alamein aus zurück.

Als dann General Messe im Februar 1943 in der Marethstellung die Panzerarmee-Afrika übernahm, bestand Feldmarschall Rommel darauf, daß Oberst Bayerlein zum Chef des Stabes der deutsch-italienischen Panzer-Armee ernannt wurde. Fritz Bayerlein rechtfertigte das in ihn gesetzte Vertrauen, indem er das D.A.K. aus der Mausefalle der Marethstellung herausbrachte. Am 6. 7. 1943 erhielt er dafür das Eichenlaub zum Ritterkreuz.

Knapp einen Monat später wurde Fritz Bayerlein zum Generalmajor befördert. Unmittelbar nach seinem 45. Geburtstage wurde Bayerlein mit der Führung der neu aufzustellenden Panzer-Lehr-Division beauftragt. Kein Geringerer als Generaloberst Guderian, der Generalinspekteur der Panzertruppen, hatte Fritz Bayerlein dazu vorgeschlagen.

In einer harten Ausbildung machte General Bayerlein die P.L.D. zu dem schlagstarken Verband, als der sich die Division in der Normandie bewies. Am 1. 5. 1944 erfolgte seine Ernennung zum Generalleutnant.

Am 6. 6. 1944 begann der Kriegseinsatz der P.L.D. Die Namen Tilly, Canisy, St. Lô, Avranches und Bastogne sind mit der Geschichte der P.L.D. unlösbar verbunden. Generalleutnant Bayerlein erhielt die Schwerter zum Eichenlaub des Ritterkreuzes am 20. Juli 1944.

Am 7. Februar 1945 übergab General Bayerlein die Divisionsführung an Generalmajor Horst Niemack und übernahm das LIII. Panzer-Korps, das er bis Kriegsschluß führte.

Generalmajor Horst Niemack

Am 10. März 1909 wurde Horst Niemack als Sohn eines Großkaufmannes in Hannover geboren. Schon als Kind saß er im Sattel. Diese Passion zum Reiten wurde von seinem Großvater mütterlicherseits genährt, der ein bekannter Veterinär-Mediziner und Hippologe war.

Nach bestandenem Abitur trat Niemack im April 1927 als Offiziers-Anwärter in die Reichswehr ein. Vier Jahre später wurde er Leutnant im Reiterregiment 18 in Stuttgart-Bad Cannstatt. Dies Regiment war aus sieben ruhmreichen Stammregimentern der Kaiserzeit im Jahre 1919 zusammengestellt worden.

Auf allen großen Turnieren zwischen 1930 und 1939 war Horst Niemack dabei. Schon 1934 erhielt er das Deutsche Reiterabzeichen in Gold. 1936 wurde er Lehrer der zur Kavallerieschule kommandierten Kavallerie- und Artillerie-Offiziere und zwei Jahre später wurde er als Rittmeister zum Master und Leiter des Jagdstalles an der Kavallerieschule ernannt.
Im Oktober 1939 kam Rittmeister Niemack als Schwadronschef zur Divisions-Aufklärungs-Abteilung 5 und wurde im April 1940 als einer der jüngsten Rittmeister deren Kommandeur.

Vom ersten Tage der Offensive im Westen an war Rittmeister Niemack mit seiner A.A. 5 weit vor der Division am Feind. Seine Vorausabteilung ging als erste über die Maas und stieß durch den Feind-Widerstand über die Aisne bis an die Marne vor. Beim Übergang über die Aisne vernichtete er als Führer eines Stoßtrupps 4 Panzer.

An der Marne schnitt die A.A. 5 großen Teilen des Gegners den Rückzug ab. Die 2. Armee konnte daraufhin am 11. und 12. Juni 1940 den gesamten Vesle-Abschnitt erobern. Der eigene Entschluß von Rittmeister Niemack, auf die Marne bei Damery vorzustoßen, brachte ihm das Ritterkreuz des Eisernen Kreuzes, das er als einziger Rittmeister während des Frankreichfeldzuges am 13. Juli 1940 erhielt.

Zu Beginn des Ostfeldzuges lag die A.A. 5 nahe der litauischen Grenze in einem Waldstück. Die A.A. 5 erzwang am 22. Juni 1941 den Memel-Übergang. An der Szczara, bei Zdzieciol verlegte Rittmeister Niemack den Divisionen des russischen Korps Timoschenko den Rückzug und hielt mit der Abteilung drei Tage lang trotz schwerer Verwundung einen Streifen von 10 km Breite. Damit schloß die A.A. 5 den Kessel von Bialystok. Horst Niemack wurde am 10. August 1941 als 30. Soldaten der Wehrmacht das Eichenlaub zum Ritterkreuz verliehen. Damit war er nach General Dietl der erste Truppenoffizier des Heeres, der diese Auszeichnung erhielt.

Zum Major befördert wurde Niemack nach seiner Genesung im Herbst 1941 Kommandeur der Kavallerie-Lehrgruppe in der Schule für Schnelle Truppen in Potzdam-Krampnitz. Im Februar 1943 übernahm er, eben zum Oberstleutnant befördert, das Panzer-Grenadier-Regiment 26 der 24. P.D., das nach der Dezimierung bei Stalingrad in der Normandie neu aufgestellt wurde. Er kam jedoch nicht mit diesem Regiment zum Einsatz. Am 15. Oktober 1943 wurde er Kommandeur des Panzer-Füsilier-Regimentes GROSS-

DEUTSCHLAND. Er führte dieses Regiment bis zu seiner schweren Verwundung am 24. August 1944 erfolgreich.

Der Name Horst Niemack ist mit den schweren Kämpfen von Kriwoj Rog, Ljubimowka, Targul Frumos, Wilkowischken, Schaulen und Doblen unlösbar verknüpft.

Als der Gegner am 2. Mai 1944 östlich des Sereth zum Sturm durch das „Tor nach Rumänien" antrat, hielt das Regiment Niemack den Feind auf. An der Spitze seiner Funker und Melder kämpfte Oberst Niemack 35 durchgebrochene Feindpanzer nieder. Am 6. Juni 1944 — am Tage, als die Invasion begann — erhielt Oberst Niemack als 69. Soldat der Wehrmacht die Schwerter zum Eichenlaub.

Die schwere Verwundung von Doblen, am 24. August 1944, brachte die Trennung von seinem Regiment.

Am 7. Februar 1945 übernahm Horst Niemack die P.L.D. in der Eifel. In den schweren Kämpfen führte er die zerschlagene Division über Xanten und den Brückenkopf Wesel ins Sauerland zurück. Hier unternahm er den Durchbruch zur Edertalsperre, wobei er wieder verwundet wurde und aus dem Ruhrkessel ins Lazarett ausgeflogen wurde. Im Lazarett Eutin geriet er in britische Gefangenschaft.

Im Jahre 1954 wurde General Niemack, der sich nach Kriegsschluß erfolgreich dem Neuaufbau der Deutschen Reiterei widmete, Vorsitzender der 1952 gegründeten Kameradschaft der ehemaligen Panzer-Lehr-Truppen. Darüber hinaus ist General Niemack auch Präsident der Ordensgemeinschaft der Ritterkreuzträger.

Oberst Rudolf Gerhardt

Rudolf Gerhardt wurde am 26. März 1896 in Greiz in Thüringen geboren. Nach dem Abitur trat er am 4. August 1914 in das Thür.Inf.Rgt. Nr. 96 ein und stand bereits am 24. September 1914 beim aktiven Regiment im Einsatz in Südpolen. Im November wurde er Unteroffizier. Anfang Dezember erhielt er das EK II. Klasse. Mitte Dezember wurde er zum erstenmal verwundet.

Am 22. 3. 1915 wurde Gerhardt zum Leutnant befördert. Im August wurde er zum zweitenmal verwundet und kam in ein Heimatlazarett, von wo aus er nach anschließendem dreimonatigem Kriegsschul-Lehrgang in Erfurt im März 1916 zum Regiment von Stülpnagel, Nr. 48, an die Westfront kam.

Als Kompanieführer kämpfte er bei Fort Douaumont und im Herbst 1915 in der Somme-Schlacht. Am 13. 10. wurde Gerhardt zum drittenmal verwundet. Er kam in die Heimat, und am 15. 10. wurde ihm für vorbildlichen Einsatz das E.K. I. Klasse nachgeschickt.

Am 2. 1. 1917 kam Oberleutnant Gerhardt zum Regiment Nr. 96, das in Flandern lag. Ab August 1917 stand er wieder mit seiner Kompanie im Brennpunkt der Kämpfe an der Somme und Scarpe, wo er zum viertenmal verwundet wurde.

Zur Truppe zurückgekehrt, wurde er am 20. August 1918 Bataillons-Adjutant und im November Ordonnanz-Offizier. Anschließend Regiments-Adjutant. Am 31. 7. 1919 schied Gerhardt aus der Reichswehr aus.

Im Oktober 1934 trat Rudolf Gerhardt wieder als Hauptmann in die Wehrmacht ein. Er war zum Kraftfahr-Lehr-Kommando nach Zossen einberufen und wurde im Oktober 1935 Kompaniechef im neu aufgestellten Panzer-Regiment 1 in Erfurt. Ein Jahr später ging er mit seiner Kompanie zur Aufstellung des Panzer-Regimentes 7 nach Ohrdruf in Thüringen und von dort im April 1938 in die neue Garnison Stuttgart-Vaihingen.

Am 1. 1. 1939 wurde Gerhardt zum Major befördert. Er führte nun die Panzer-Abteilung 66 in Eisenach, mit der er im September 1939 nach Polen einmarschierte. Hier wurde er zum fünftenmal verwundet und bekam die Spangen zu beiden Eisernen Kreuzen und das Goldene Verwundeten-Abzeichen. Im November 1939 ging er zum Panzer-Regiment 7 zurück, wo er Abteilungskommandeur wurde.

Im Mai 1940 erfolgte sein Einsatz im Westfeldzug. Mit seiner Abteilung ging Major Gerhardt über Sedan, Calais und die Weygand-Linie bei Amiens nach Lyon.

Im Mittelabschnitt der Ostfront kam Major Gerhardt vom ersten Tage an zum Einsatz. Bug-Übergang, Smolensk, Beresina waren die Stationen. Nach den schweren Kämpfen bei Jelnja, die immer wieder von Major Gerhardt selbständige, schwere Entschlüsse forderten, erhielt er am 22. 9. 1941 für vorbildliche Truppenführung und ebenso vorbildlichen, persönlichen Einsatz das Ritterkreuz. Am 22. November übernahm er im Vorstoß auf Moskau den Befehl über das Regiment. Am 1. 1. 1942 wurde er

Oberstleutnant und wenige Monate später, als er zum Regimentskommandeuer avancierte, am 1. 4. 1942 Oberst. Wenige Wochen darauf wurde sein abgekämpftes Regiment nach Frankreich verlegt. Die Neuaufstellung und Ausstattung für den Kaukasus erfolgte. Stattdessen ging das Regiment über Marseille und Neapel nach Tunesien. Schon bei der Überfahrt erlitt das Regiment schwere Materialverluste.

Im Raum Tunesien wurde das Pz.Rgt. 7 gegen einen Gegner eingesetzt, der mit erdrückender Materialüberlegenheit kämpfte. Am 23. 4. wurde Oberst Gerhardt zum sechstenmal verwundet und kam nach Deutschland ins Lazarett. Am 16. 5. 1943 erhielt er das Deutsche Kreuz in Gold.

Nach seiner Wiederherstellung wurde Gerhardt im September 1943 Waffenoffizier im Stabe Kesselring bei Rom. Mitte November übernahm er in Fallingbostel das Panzer-Lehr-Regiment, mit dem er nach Frankreich zur Ausbildung ging. Mit der P.L.D. erlitt Oberst Gerhardt ihre sämtlichen Rückschläge und ihre mehrfache Vernichtung.

Im Januar 1945 verließ er die P.L.D., um an einem Generals-Lehrgang teilzunehmen. Mit einer aus Ersatzeinheiten zusammengestellten Division kam er Anfang April 1945 zu einem letzten Einsatz an der Oderfront und geriet am 6. Mai 1945 in amerikanische Gefangenschaft.

Generalmajor Georg Scholze

Als junger Leutnant nahm Georg Scholze am 1. Weltkriege teil. Bei Verdun wurde er mit beiden Eisernen Kreuzen ausgezeichnet und bei Kriegsschluß schied er aus dem Militärdienst aus.

Nach Wiedereinführung der Wehrhoheit im Jahr 1935 reaktiviert, diente er als Hauptmann beim Infanterie-Regiment Nr. 9 und übernahm im Jahre 1938 als Major das II. Infanterie-Lehr-Regiment der Infanterieschule Döberitz-Elzgrund, im Olympischen Dorf.

Mit dem Regiment, das aus den besten Mannschaften und Unteroffizieren aller deutschen Infanterie-Regimenter aufgestellt war, nahm Major Scholze am Vormarsch durch Nordfrankreich teil.

Im Rußlandfeldzuge wurde das Inf.Lehr-Rgt. unter Führung von Oberstleutnant Müller-Bülow bei Olita und Kalinin eingesetzt. Oberstleutnant Scholze führte das Inf.Lehr-Btl. des Regimentes und erhielt hier die Spange zum E.K. I. Klasse.

Nach der Winterschlacht im Osten wieder in die Friedensstandorte zurückgekehrt, stieß die II. Abt. des Panzer-Lehr-Regimentes zum Inf.Lehr-Rgt., und aus beiden Einheiten entstand das Panzer-Grenadier-Lehr-Regiment 901. Sein Kommandeur wurde Oberst Scholze.

Das Regiment wurde im Dezember 1942 in den Raum Starobjelsk eingeflogen und der 19. P.D. unterstellt.

Unter Führung von Oberst Scholze kämpfte das Regiment hervorragend. Am 26. Februar 1943 erhielt Georg Scholze das Ritterkreuz des Eisernen Kreuzes. Zweimal wurde sein Regiment im Wehrmachtsbericht genannt.

Zur Auffrischung kam das Regiment wieder nach Deutschland zurück und von hier aus zum Banden-Einsatz nach Dalmatien. Im Dezember 1943 stieß das Panzer-Grenadier-Lehr-Regiment 901 als Stamm-Regiment zur in Neuaufstellung begriffenen Panzer-Lehr-Division.

Mit der P.L.D. stand Oberst Scholze nach der alliierten Landung in der Normandie an den Brennpunkten der Front bei Tilly im Einsatz. Georg Scholze war die Seele des Widerstandes. Wieder wurde das Regiment im Wehrmachtsbericht genannt.

Feind-Einbrüche im Bereich des Regimentes wurden von Oberst Scholze im harten Einsatz bereinigt. Im Juli jedoch wurde er nach Berlin abkommandiert. Er übergab sein Regiment an Oberst Paul von Hauser.

Hier in Berlin lehrte er an einer Infanterieschule. Am 20. April 1945 wurde er noch zum Generalmajor befördert. Wenige Tage später, als die Sowjets Potsdam eroberten, erschoß sich Generalmajor Georg Scholze. Er wollte dem Feind nicht lebend in die Hände fallen.

Hauptmann Karl Philipps

Als zweiter von fünf Söhnen eines evangelischen Pfarrers wurde Karl Philipps am 8. Mai 1920 in Höxter an der Weser geboren. Er ging in Berlin-Spandau zur Schule und „baute" dort im Frühjahr 1938 sein Abitur. Anschließend genügte er seiner halbjährigen Arbeitsdienstpflicht und trat am 1. Oktober 1938 als Rekrut in das Schützenregiment 3, Eberswalde, ein.
Im Jahre 1939 wurde er zum Fahnenjunker aus der Truppe ernannt und ging als Fahnenjunker-Unteroffizier in den Polenfeldzug. Als Gruppenführer errang er hier das Eiserne Kreuz II. Klasse.
Nach Rückkehr aus dem Polenfeldzug ging Philipps im November 1939 zum Offiziersanwärter-Lehrgang nach Wünsdorf und wurde nach Beendigung desselben zum Leutnant ernannt.
Mit der II./Panzer-Lehr-Regiment nahm Leutnant Philipps am Frankreich-Feldzuge teil. In Südfrankreich wurde er schwer verwundet und kam in ein Heimatlazarett. Nach seiner Genesung kehrte er dann zum II./Panzer-Lehr-Regiment zurück, mit dem er zur Lehrbrigade 900 stieß und als Schützenzug-Führer den Vorstoß auf Kalinin und den harten Einsatz im ersten Kriegswinter miterlebte. Hier wurde Philipps mit dem Eisernen Kreuz I. Klasse ausgezeichnet. Nacheinander wurde er Ordonnanz-Offizier und Adjutant der Brigade.
Auch unter Oberst Scholze ging Philipps, eben zum Oberleutnant befördert, wieder nach Rußland. In den Einsätzen bei Starobjelsk führte er die 5./Panzer-Grenadier-Lehrregiment in vielen Einsätzen. Das Deutsche Kreuz in Gold belohnte diesen Einsatz des hervorragend beurteilten Kompanieführers.
Im Herbst 1943 ging Oberleutnant Philipps dann mit seiner Einheit in den Balkaneinsatz. Hier war er vorwiegend zum Bandenkampf gegen die Tito-Banden eingesetzt, die aus ihren Verstecken immer wieder über Fahrzeugkolonnen und Züge herfielen und deutsche Soldaten massakrierten. In dem Einsatz Banja Luka, der von der Kampfgruppe Philipps den letzten Einsatz forderte, vernichtete dieselbe unter persönlicher Führung des Oberleutnants den Gegner. Oberleutnant Philipps erhielt für diesen Einsatz am 15. April 1944 das Ritterkreuz des Eisernen Kreuzes.
Im Verbande der Panzer-Lehr-Division im Invasionseinsatz stehend, hielt Hauptmann Philipps die vorgeschobenen Stellungen bei Tilly gegen wochenlange Angriffe des Gegners. Er führte zuerst seine Kompanie. Dann wurde er Kommandeur des I./901. Hier im Raume Tilly gelang es Philipps, einen Großangriff des Gegners auf Tilly mit letztem Einsatz abzuwehren. Oberst Scholze war es, der persönlich mit einer Handvoll Männern aus Stab und Nachschub-Einheiten im Gegenstoß den Gefechtsstand von Hauptmann Philipps entsetzte.

Für seinen vorbildlichen Einsatz während der Kämpfe um Tilly erhielt Hauptmann Philipps die Ehrenblattspange des deutschen Heeres und wurde im Ehrenblatt genannt.

Noch einmal machte Karl Philipps von sich reden, als er am Morgen des 11. Juli mit einer Kampfgruppe tief in die Flanke der 9. US-Panzer-Division hineinstieß und auf den Taute-Vire-Kanal zu operierte. Wenn er den Kanal erreichte, dann waren zwei US-Regimenter eingekesselt. Kurz vor Erreichen des Kanals blieb der Angriff liegen. Bis zu diesem Zeitpunkt waren von den 32 Panzern der Kampfgruppe 20 durch Jabos außer Gefecht gesetzt.

Hauptmann Philipps geriet in Gefangenschaft.

Im Kriegsgefangenenlager deutscher Offiziere in den USA setzte sich Karl Philipps nachdrücklich für die gute Behandlung der Gefangenen ein. Er wurde zum Lageradjutanten ernannt.

Nach dem Kriege in die Heimat entlassen, vollendete Karl Philipps seine Studien. Er wurde Pfarrer in einer Bergarbeitergemeinde im Ruhrgebiet und schließlich auch Superintendent des Kirchenkreises Gladbeck-Bottrop.

Weitere Ritterkreuzträger:

1. MAJOR JOACHIM BARTH
   (Als Krd. der Pz.Jäg.Abt. 13 am 15. 12. 1942)
2. MAJOR GERT VON BORN-FALLOIS
   (Als Kdr. der Pz.Aufkl.Lehr-Abt. 130 am 29. 1. 1945)
3. MAJOR WALTER BRANDT
   (Als Kdr. des Pz.Pi.Lehr-Btl. 130 am 5. 8. 1944)
4. FELDWEBEL RUDOLF BRASCHE
   (Als Obgefr. und Gruppenführer am 12. 11. 1942)
5. OBERST JOACHIM GUTMANN
   (Als Oberstleutnant und Rgts.Kdr. am 21. 9. 1942)
6. OBERST PAUL VON HAUSER
   (Ritterkreuz als Hauptmann am 26. 1. 1943,
   Eichenlaub als Oberstleutnant am 28. 10. 1944)
7. MAJOR JOACHIM, RITTER VON POSCHINGER
   (Als Kdr. des Pz.Gren.Lehr-Rgt. 902 am 20. 2. 1945)
8. OBERSTLEUTNANT PRINZ WILHELM VON
   SCHÖNBURG-WALDENBURG
   (Als Hauptmann und Chef 1. Pz.Rgt. 31 am 18. 5. 1941)
9. STABSARZT DR. HANS-JOACHIM SCHULZ-MERKEL
   (Als Abteilungsarzt einer Panzer-Division am 27. 12. 1943)
10. MAJOR KONRAD UTHE
    (Als Abt.Kdr. i. Pz.Gren.Lehr-Rgt. 901 am 25. 8. 1944)
11. OBERSTLEUTNANT WILLI WELSCH
    (Als Hauptmann und Kp.Chef einer Schtz.-Kp. am 29. 9. 1941)

Stellenbesetzung der Division

DIVISIONSSTAB:

Divisionskommandeur:	Generalleutnant Fritz Bayerlein (Generalmajor Horst Niemack) (Oberst Paul von Hauser)
1. Generalstabsoffz.:	Oberstleutnant Kurt Kauffmann
2. Generalstabsoffz.:	Major Berend Werncke
Div.Adjutant:	Hauptmann Otto Kuhnow
Ordonnanzoffz.:	Hauptmann Alexander Hartdegen
01	Hauptmann Frhr. von Funck und später
01	Hauptmann Anselm Hübner
02	Oblt. d. Res. Christian von Hesse
03	Oblt. d. Res. Franz Korn
04	Oblt. Hans Ritter
ab 13. 3. 1944	Lt. d. Res. Hermann von Heyden
Pz.Gren.Lehr-Rgt. 901	Oberst Georg Scholze (Oberst Paul von Hauser)
Pz.Gren.Lehr-Rgt. 902	Oberst Karl Marzahn (Bis Januar 1944) Oberst Joachim Gutmann (bis 10. 6. 1944) Oberstleutnant Willi Welsch († am 27. 7. 1944) Major Otto Kuhnow (verm. ab 22. 11. 1944) Oberstleutnant Ritter von Poschinger (gef. am 4. 4. 1945) Hauptmann Klein
Pz.Lehr-Rgt. 130	Oberst Rudolf Gerhardt
I./130	Major Markowski
II./130	Oberstleutnant von Schönburg-Waldenburg
Pz.Art.Lehr-Rgt. 130	Oberst Luxenburger
Pz.Jäg.Lehr-Abt. 130	Major Joachim Barth
Pz.Aufkl.Lehr-Abt. 130	Major Gert von Born-Fallois
Pz.Pi.Lehr-Btl. 130	Major Walter Brandt Hauptmann Kunze (ab August 1944)
Pz.Nachr.Abt. 130	Hauptmann Herbert Hauck
Div.Nachsch.Tr. 130	Major d. Res. z.V. Hermann Derfflinger
Heeres-Flak-Abt. 311	Hauptmann Gustav Weinkopf
Fhr.Verpfl.Troß	Hauptmann Rudolf Matthey
Fhr.Gep.Tr.	Oberleutnant August Plür
Fhr.Kfz.Stelle	Lt. d. Res. Hans-Heinrich Reppin
Kdt. Stabsquart.	Oblt. d. Res. Walter Dahm
Fachbearb. Mun.	Oberleutnant Armin Bez
Techn. Insp.	Kurt Balko
Techn. Waffen-Revisor	Otto Preuss
Stabszahlmeister	Erich Kalass
Oberzahlmeister	Hermann Brauer
Oberzahlmeister	Erich Geppert
Oberzahlmeister	Wilhelm Zöllmer

Oberstabsarzt	Dr. Wolfgang Schmidt
Stabsarzt	Dr. Wilhelm Heinemann
Divisionsrichter	Kriegsgerichtsrat Dr. Ludwig Schwarzmann
Heeres-Just.Insp.	Eduard Stolz
Oberstabsintendant	Intendant Dr. Horst Angermann
Obersekretär	Regierungsrat Alois Neubauer
Bearb. Feind-Nachr.	Lt. d. Res. Friedrich Fischer
Dolmetscher franz.	Sonderführer Edgar Beutel
Dolmetscher engl.	Sonderführer Herbert Koziol
Wehrm.Pfarrer evangl.	Pfr. Hans-Thilo Liebe
Wehrm.Pfarrer kath.	Kapl. Wilhelm Hausmann

Stellenbesetzung Pz.Gren.Lehr-Rgt. 901
Juni 1944

Rgts.Kdr.	Oberst Scholze
Rgts.Adjutant	Hauptmann Ehricht
I. Ord.Offz.	Leutnant Schulte
II. Ord.Offz.	Oberleutnant Hinz
Nachr.Offz.	Oberleutnant Möller
Kfz.Offz.	Oberleutnant Schneider

I./901

Btl.Kdr.	Major Uthe
Btl.Adj.	Oberleutnant Gehrke
Oberzahlmeister	Schmalisch
1/901	Oberleutnant Monz
2/901	Oberleutnant Mersiowski
3/901	Hauptmann Salzmann
4/901	?

II./901

Btl.Kdr.	Major Schöne
Btl.Adj.	Oberleutnant Lankhorst (später Lt. Genin)
Oberzahlmeister	Block
Btl.Arzt	Stabsarzt Dr. Selzer
Ord.Offz.	Leutnant Rheinländer
5/901	Hauptmann Philipps
	Leutnant Hillermann (Zugführer)
6/901	Oberleutnant Winter
	Leutnant Genin (Zugführer)
	Leutnant Becker (Zugführer)
7/901	Oberleutnant Mahr
8/901	Hauptmann Pfitzner

Rgts.Einheiten — Schwere Waffen

9/901 s.I.G.	Hauptmann Hennecke (ab September 1944 Oberleutnant Lankhorst)
10/901 Flak	Oberleutnant Klein

Zusammensetzung Stabskompanie / Pz.Gren.Lehr-Rgt. 902

Aufstellung durch:	Oberleutnant Rahneberg
Zugführer Pakzug:	Oberleutnant Rasmus
Zugführer Kradzug:	Leutnant Kieborz
Zugführer Nachricht.:	Leutnant Kleine-Hering
Zugführer Flammenwerf.:	Leutnant Röder
Zugführer s.I.G.	Leutnant Vogt

Wechsel in der Kompanieführung:

1. Oberleutnant Rahneberg (versetzt nach Rgt. 901)
2. Oberleutnant Rasmus (später Chef der 4./902)
3. Leutnant Kieborz (vermißt)
4. Oberleutnant Kleine-Hering (bis Kriegsschl. Nachr.Offz.)
5. Oberleutnant Jantzen (vermißt)
6. Leutnant Jopp (gefallen)
7. Hauptmann Behn (versetzt)
8. Leutnant Lotz (verwundet)
9. Hauptmann Pampel (gefallen)
10. Leutnant Hillesheim

Verluste des Stabes/902 und der Stabskompanie:

gefallen:	4 Offz.	3 Uffz.	10 Mannschaften
vermißt:	1 Offz.	5 Uffz.	29 Mannschaften
verwundet:	2 Offz.	9 Uffz.	25 Mannschaften

Gefechtseinsätze der Panzer-Lehr-Division

(Lehrbrigade 900 und Pz.Gren.Lehr-Rgt. 901)

Lehrbrigade 900 (mot)
Winter 1941 — 1942 Zwischen Leningrad und Moskau (Kalinin)

Pz.Gren.Lehr-Rgt. 901
Dezember 1941 — März 1943 Raum Starobjelsk (der 19. P.D. unterstellt)
Herbst 1943 Partisaneneinsatz — Dalmatien.

Panzer-Lehr-Division

8. 6.— 9. 6. 1944	Angriff auf Ellon
9. 6.—17. 6. 1944	Abwehrkämpfe Raum La Belle Épine — St. Pièves und Braurey
10. 6.—11. 6. 1944	Kämpfe bei Tilly, Villers-Bocage, Evrécy
11. 6.—13. 6. 1944	Abwehrkämpfe bei Marcel
13. 6.—14. 6. 1944	Angriffe Tilly-Lingèvres, La Belle Épine, Villers Bocage (Zehntägige Schlacht auf der Linie Tilly — La Belle Épine)
16. 6.—17. 6. 1944	Säuberung im Raume Cachty-Mauperthine
18. 6.	Kämpfe Fontenay — Hottot — Percy
9. 7.—16. 7. 1944	Abwehrkämpfe im Raume Pt. Hebert — Le-Camps
10. 7.	Le Losque
11. 7.	Angriff auf den Vire-Kanal
15. 7.	Abwehrkämpfe im Raume Le Mesnil
16. 7.—17. 7. 1944	Kämpfe Durandt — Sadot
24. 7.	Hebricrevon
25. 7.—27. 7. 1944	Schlacht bei St. Lô-Perriers
26. 7.	Abwehrkämpfe und Gegenangriff auf St. Gilles
1. 8.—10. 8. 1944	Kämpfe bei Argentan, Alencon, Soissons
13. 8.	Abwehrkämpfe bei Bouci
21. 11.— 4. 12. 1944	Angriffs- und Abwehrkämpfe im Raume Saarluckenheim
22. 11.	Gegenangriff auf die Zaberner Senke
2. 12. 1944	Abwehrkämpfe am Isenbuhl
16. 12.— 5. 2. 1945	Ardennen-Offensive. Angriffs- und Abwehrkämpfe auf und um Bastogne. St. Hubert, Celles, Rochefort
6. 2.— 6. 3. 1945	Abwehrkämpfe am Niederrhein, Brückenkopf Wesel
1. 3. 1945	Nachtangriff auf Schiefbahn
21. 3.—15. 4. 1945	Abwehrkämpfe im Raume Ruhr-Sauerland, Winterberg, Altena; Ruhrkessel

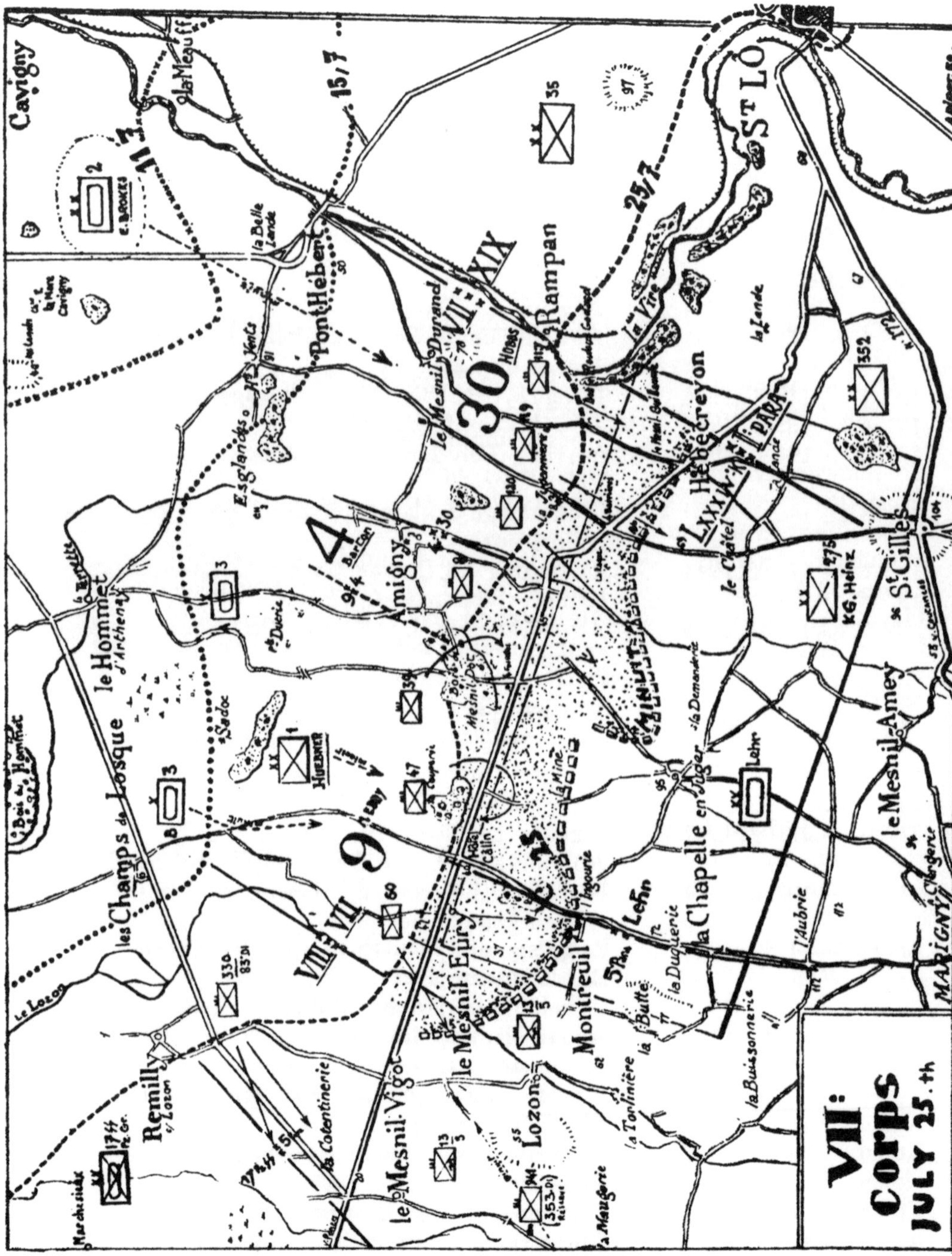

Der Kampfraum der Panzer-Lehr-Division aus der Sicht des Gegners.

Quellenangabe:

Alman, Karl: **Großlandung Seinebucht** (Rastatt 1960)

Bayerlein, Fritz: **Die P.L.D. vom D-Tag bis zum V-Tag** (i. Ms.)

Bayerlein, Fritz: **Panzer-Lehr-Division** in: „Sie kommen!" (1960)

Bernhard, Herbert: **Dann brach die Hölle los** (Wesel 1954)

Bernig, Heinrich H.: **Duell der Giganten** (Balve 1961)

Brasche, Rudolf: **Kampfberichte der 1./901** (im Ms.)

Bradtke: **Heeres-Flak-Abteilung 311** (im Ms.)

Carell, Paul: **Die Wüstenfüchse** (Hamburg 1958)

Carell, Paul: **Sie kommen** (Oldenburg 1960)

Churchill, Sir W.: **Memoiren** (Bd. 5, 2. Buch; Hamburg 1949)

Cramer, Hans: **Die Panzer-Aufkl.Lehr-Abteilung** (Minden o.J.)

Cursiefen, Dr.-Ing. Wilhelm: **Die letzten Tage** (im Ms.)

Ehricht, Gerhard: **Bericht des Pz.Gren.Lehr-Rgt. 901 und Stellenbesetzungsliste** (im Ms.)

Eisenhower, Dwight D.: **Invasion** (Hamburg 1949)

Ernst, R.: **Panzerschlacht von Tilly** (im Ms.)

Funck, Frhr. von und Hübner, Anselm: **Kriegstagebuch I und II der P.L.D.**

Gerhardt, Rudolf: **Von Wunstorf bis zu den Ardennen** (im Ms.)

Hayn, Friedrich: **Die Invasion** (Heidelberg 1954)

Hilter, Friedrich: **Panzerhusaren mit Anhänger** (Kriegsbericht)

Hoffmann, Karl: **Panzer-Lehr-Regiment 130 im Einsatz**

Hoffmann, Karl: **Invasion 1944**

Hoffmann, Karl: **Zur Geschichte der Panzer-Lehr-Truppe**

Hoffmann, Karl: **Gefechtseinsätze der P.L.D., Kampfberichte** (Alle im Mitteilungsblatt)

Hottelet, Richard C. und Richards, Robert: **Bastogne — Wie wir Rundstedt aufhielten**

Job, Eduard: **Kampfberichte der 3./Pz.Jäg.Lehr-Abt. 130** (im Ms.)

Keilig, Wolf: **Rangliste des Deutschen Heeres** (1944)

Keilig, Wolf: **Das Deutsche Heer 1939 — 1945** (beide Bad Nauheim 1955)

Kesselring, Albert: **Soldat bis zum letzten Tag** (Bonn 1953)

Kiefer, Martin: **Erlebnisse aus dem Sanitätsdienst beim II./Pz.Gren.Lehr-Rgt. 901**

Kollatz, Karl: **Tiger vor!** (Rastatt 1961)

Kollatz, Karl: **Generalleutnant Fritz Bayerlein**

Kollatz, Karl: **Generalmajor Horst Niemack**

Kollatz, Karl: **Feldwebel Rudolf Brasche** (alle Rastatt)

Korten, Hans-Joachim: **Oberst Georg Scholze** (Rastatt 1959)

Korten, Hans-Joachim: **Die Lehrbrigade 900 bei Kalinin** (Mitt.Bl.)

Lankhorst: **Stellenbesetzung Pz.Gren.Lehr-Rgt. 901**

Maertz, Joseph: **Luxemburg in der Rundstedt-Offensive**

Manteuffel, Hasso v.: **Die Schlacht in den Ardennen 1944/45** (Frankfurt am Main 1960)

Meyer, Kurt: **Grenadiere** (München)

Neumann, Dr. Johannes: **Die Kämpfe eines Pz.Gren.Lehr-Regimentes am Donez**

Neumann, Dr. Johannes: **Eine Minute vor zwölf**

Neumann, Dr. Johannes: **Augen zu und durch!**

Neumann, Dr. Johannes: **Stolze Stunden für ein Lehr-Regiment** (Alles Kriegsberichte)

Oventrop: **Südlich Rshew am 5. 8. 1941** und

Oventrop: **Der Gegenangriff vom 8. 8. 1941** (im Ms.)

Podzun, Hans-Henning: **Das Deutsche Heer 1939** (Bad Nauheim 1953)

Rommel, Erwin: **Krieg ohne Haß** (Heidenheim 1950)

Ruge, Friedrich: **Rommel und die Invasion** (Stuttgart 1959)

Seemen, Gerhard v.: **Die Ritterkreuzträger 1939 — 1945** (Bad Nauheim 1955)

Schulz, Joh.: **Unternehmen Overlord** (Balve 1961)

Speidel, Hans: **Die Invasion**

Stolpe, Erich: **Die Stabskompanie des Regimentes 902** (i. Ms.)

Thies, Ernst: **Sie kommen** (im Ms.)

Tönnes, Walter: **Das Panzer-Pi.Lehr-Bataillon 130** (im Ms.)

Toland, John: **Ardennenschlacht 1944** (Bern 1960)

Wilmot, Chester: **Der Kampf um Europa** (Braunschweig 1949)

Wollesen, Richard: **Die 9. (s.I.G. - Sfl.) Pz.Gren.Lehr-Rgt. 901** (im Ms. und Mitteilungsblatt)

Ferner: **Wehrmachtsberichte, Führer-, Armee-, Heeresgruppen- und Divisions-Befehle**

Zeitschriften:

Historical Review of the 28th Infantry-Division in World War II

Kristall Jahrgg. 1961 — 62: **Unternehmen Barbarossa**

Die Wehrmacht, Jahrgang 1944

Mitteilungsblatt der Panzer-Lehr-Truppen 1957 — 63

Westfälische Landeszeitung Rote Erde 1944 — 1945

Der besondere Dank des Autors gilt vor allem Herrn Generalleutnant Fritz Bayerlein für Überlassung des im Manuskript vorliegenden Gesamtberichtes über Einsatz und Untergang der **Panzer-Lehr-Division**.
Die Kameradschaft der ehemaligen Panzer-Lehr-Truppen führte in vielen Differenzen Klärung herbei und stellte Adressen-Material zur Verfügung.

INHALT

Keimzellen der Panzer-Lehr-Division .... S. 5

Geburtsstunde der Panzer-Lehr-Division .... S. 10
In Wien und Budapest .... S. 16
Der Marsch zur Front .... S. 30

Der Kampf um Tilly .... S. 47
Die Panzerreserve greift ein – Feldwebel Brasch vernichtet 5 Feindpanzer

Tage des Grauens .... S. 74
Major Uthe steht vorn bei seinen Soldaten
La Belle-Epine geht verloren

Neuer Großangriff .... S. 87
Panzer-Gefechte – Aufklärung – Tilly ist gefallen

Westwärts .... S. 94
Die Panzer-Lehr-Division greift an

Die Hölle
Vernichtungsschlag bei St. Lô .... S. 114

Allgemeine Übersicht .... S. 127
Rückzug – Kampfgruppe Panzer-Lehr

In Deutschland .... S. 142
Der Westwall exestiert nicht – Neuausrichtung

Den Sieg verloren .... S. 151
Die Schlacht in den Ardennen

Über dem Rhein – Brückenkopf Wesel .... S. 193
Im Ruhrkessel – bis zum bitteren Ende

Ritterkreuzträger der Panzer-Lehr-Division .... S. 203

Stellenbesetzung der Division .... S. 213

Gefechtseinsätze der Division .... S. 217

Quellenangabe .... S. 219

Pour le Mérite

FRANZ KUROWSKI
GENERALFELD-MARSCHALL ALBERT KESSELRING
Oberbefehlshaber an allen Fronten
352 S. – viele s/w. Abb. – geb. im Großformat – € 25,95. – Kaum ein anderer Befehlshaber wurde im Krieg auf so vielen Kriegsschauplätzen eingesetzt wie Albert Kesselring.

HERMANN NIEDERLEIG
MIT DER LEIB-STANDARTE AM FEIND
Meine Fronteinsätze bei der „Leibstandarte SS Adolf Hitler" und der 25. Waffen-Grenadier-Division der SS „Hunyadi"
192 S. – viele s/w. und farb. Abb. – geb. im Großformat – € 24,–. – Der Autor erzählt spannend, wie es wirklich war, in der Heimat und an der Front.

HROWE H. SAUNDERS
DER VERRATENE SIEG
Die alliierte Invasion in der Normandie 1944 und ihre Hintergründe
352 S. – viele Abb. – geb. im Großformat – € 25,95. – Die Geschichte hätte einen anderen Verlauf genommen, wenn es der deutschen Wehrmacht gelungen wäre, die feindliche Invasion in Nordfrankreich zurückzuschlagen.

WILHELM TIEKE
TRAGÖDIE UM DIE TREUE
Kampf und Untergang des III. (germ.) SS-Panzer-Korps
248 S. – viele s/w. Abb. – geb. im Großformat – € 22,80. – Verzweifelt werfen Freiwillige ihr junges Leben gegen den Bolschewismus in die Waagschale. Der Weg führt sie aus Rußland über das Baltikum und Pommern bis in den dramatischen Endkampf um Berlin.

PATRICK J. BUCHANAN
CHURCHILL, HITLER UND DER UNNÖTIGE KRIEG
Wie Großbritannien sein Empire und der Westen die Welt verspielte
368 S. – viele s/w. Abb. – geb. im Großformat – € 25,95. – Der Autor belastet Churchill schwer als Kriegstreiber und Politiker ohne Moral.

HEINZ MAGENHEIMER
STALINGRAD
Die große Kriegswende
352 S. – viele, teils farb. Abb. – geb. im Großformat – € 25,95. – Der Autor erweist sich als glänzender Sachkenner, der dem verzerrten Bild von der angeblichen Sinnlosigkeit am Festhalten Stalingrads entgegentritt und die strategische Wichtigkeit der Stadt an der Wolga aufzeigt.

Verlag für Militärgeschichte